Alles über Survival

Alles über Survival

JAN BOGER

Alles über SURVIVAL

Der große Überlebens-Digest

pietsch

Einbandgestaltung: Siegfried Horn

ISBN 3-613-50025-6

5. Auflage 1997
Copyright © by Pietsch Verlag, Postfach 10 37 43, 70032 Stuttgart.
Ein Unternehmen der Paul Pietsch Verlage GmbH + Co.
Nachdruck, auch einzelner Teile, ist verboten. Das Urheberrecht und sämtliche weiteren
Rechte sind dem Verlag vorbehalten. Übersetzung, Speicherung, Vervielfältigung und
Verbreitung einschließlich Übernahme auf elektronische Datenträger wie CD-Rom, Bild-
platte usw. sowie Einspeicherung in elektronische Medien wie Bildschirmtext, Internet
usw. ist ohne vorherige schriftliche Genehmigung des Verlages unzulässig und strafbar.
Satz und Druck: TC DRUCK Tübinger Chronik, 72072 Tübingen.
Bindung: Nething Buchbinderei, 73235 Weilheim/Teck.
Printed in Germany.

Inhalt

**Vorwort –
Survival-Überleben** 6

**I. Zur Entwicklung der
Survivalbewegung** 9

Ein Blick zurück in die Geschichte 13

Outdoor – ein neuer Sammelbegriff, eine Bewegung,
eine Philosophie? 16

Der amerikanische Survivalboom – das Geschäft mit
der Angst 19

II. Überleben 22

Fall I.: Die Donner-Gruppe 22

Fall II.: Carl H. McCunn 23

Survival fängt im Kopf an 27
    Panik 28
    Ruhe bewahren 28
    Nachdenken! 30

III. Die vier Survival-Grundelemente . . 31

Es ist alles nur eine Frage des Wassers 32
    Wasser in der Wüste 35
    Einwirkung von Hitze 38

Wärme und Kälte 39
    Einwirkung von Kälte 40
    Wind und Kälte 44

Hunger 45

**IV. Survival-Kenntnisse,
Ausrüstung und Ausstattung** 46

Survival-Rationen 46

Militärische Einheitsrationen 49

Ernährung aus der Natur 51
    Grundlagen der pflanzlichen Ernährung 52

Feuer als Freund im Überlebenstraining 59
    Wärme und Ruhe 63
    Brennmaterialien 64
    Auf der Flucht 65

Schutz und Ruhe – Das Einrichten einer Notunterkunft 66
    Kein Feuer 68
    Schutzbau in Schnee und Kälte 71
    Fast schon Komfort –
    Unterkunft mit Feuer 74
    Zelte 77

Das Allernotwendigste für den Ernstfall:
Der Survivalset – Basisausführung 84
    Notausstattung für das Fahrzeug 93

Schlafsäcke und Bettrollen 100
    Biwaksack 102
    Die Deckenrolle 106

Rucksack – den Haushalt auf dem Buckel! 107
    Rucksackersatz 111

Werkzeug und Waffen 117
    Auf der Suche nach einem Survivalmesser 117
    Jagdwaffen 121
    Jagdbogen und Armbrust 124
    Werkzeuge in der Wildnis 126

V. Abenteuertips – Extremtouren 129

Ein Fallbeispiel 129

    Alaska – Eines der letzten Abenteuer 141

Survival-Literatur 141

Bezugsquellen 145

Vorwort

Survival – Überleben

Der vorliegende Digest ist eine Sammlung von Aufsätzen zu einem Thema, das eigentlich alle etwas angeht. Vor einigen Jahrzehnten war das Überlebenstraining nur einer Handvoll Spezialisten, Forschern und Militärs vorbehalten. Ende der siebziger Jahre wurde Survival zu einem vielpublizierten Schlagwort, dem sich auch Illustrierte und das Fernsehen annahmen. Wie eine Modewelle war das neugewonnene Interesse an der »Überlebenskunst« aus den USA nach Europa gekommen und hatte, ähnlich einer Sportentwicklung, Fachzeitschriften, Lehrbücher, Ausstattungsgeschäfte und mehr oder weniger selbsternannte Spezialisten im Schlepptau mitgebracht. Auch in Deutschland und seinen Nachbarländern sprossen plötzlich Survivalschulen aus dem Boden, die zivilisationsmüden Abenteurern oder streßgeplagten Managern das Durchschlagen in der Eifel oder in der Steiermark beibringen wollten.

Was vordem nur eine kleine Gruppe von Verschworenen – Abenteuer-Touristen, Globetrotter und Jäger – praktizierten, wurde über Nacht zu einer neuen Form von Alternativurlaub. Man kann fast von einem neuen Hobby, in bestimmten Fällen sogar von einer Bewegung sprechen – wie in den USA, wo der Survivalismus in seiner extremen Ausformung nicht nur eine Art Freizeitgestaltung, sondern eine fragwürdige politische Grundhaltung beinhaltet. Ein kritischer Beobachter kann aber auch sehr schnell erkennen, daß es sich bei der neuen »Survival-Mode« nicht um ein in sich geschlossenes Phänomen, sondern um ein Konglomerat der verschiedensten Richtungen und Interessengruppen handelt, das von der militärischen Durchschlageübung über Katastrophenschutz, einer neuen Form von Abenteuerurlaub bis zum Spaß am Geländefahren mit Allradfahrzeugen reicht. Gleichzeitig ist Survival aber auch eine Grundeinstellung zum Leben und zur Umwelt, die ein Aufgeben in Notfällen und Extremsituationen verneint: Sich nicht nur auf die Errungenschaft unserer Zivilisation, unseres übertechnisierten Lebens verlassen – sondern sich durch Vorbereitung, Erlernen von Techniken und Selbstdisziplin in die Lage zu versetzen, mit weniger auszukommen, wenn es die Not erfordert, sich selbst und anderen zu helfen.

So ist dieser »Survivalismus« etwas, was nicht nur eine kleine Gruppe von Eingeweihten angeht, sondern eine Sammlung von Erfahrungen, Praktiken und technischem Wissen, das für viele Bedeutung hat – nicht nur für die Globetrotter, Bergsteiger, Camper und Tramper, Jäger und Abenteurer, die allgemeinhin in den Vorworten und auf

USA: Während einer Schneekatastrophe werden Bedürftige von abseits liegenden Ansiedlungen und Gehöften mit Hubschraubern evakuiert. Mangelnde Vorsorge und Vorratshaltung bringt jedes Jahr Tausende in Schwierigkeiten – Unwetter, Ölkrisen und andere Probleme können auch in unserer zivilisierten Gesellschaft über Nacht zu Versorgungsengpässen und Notsituationen führen.

Titelseiten als Adressaten angesprochen werden. In Extremsituationen kommt man nicht nur im afrikanischen Dschungel oder in Wüsten. Die großen norddeutschen Flutkatastrophen oder die Ereignisse im Winter 1979 sollten eigentlich jeden davon überzeugen, daß man auch im dichtbesiedelten und hochtechnisierten Deutschland plötzlich in schwere Bedrängnis geraten und von äußerer Hilfe abgeschnitten sein kann. Alljährlich gibt es in unseren Alpen rund tausend Bergtote. 80 % dieser Unfälle gehen auf eigenes Verschulden und Leichtsinn zurück – es sind nicht die Bergsteiger und Alpinisten, die hier zu Hunderten zu Tode kommen, sondern Durchschnittstouristen, die, mit Ski oder Turnschuh angetan, jede Vorsicht außer acht lassen.

Dieser Survival-Digest ist und will kein Überlebenshandbuch sein – man kann diese Praktiken und Erfahrungen genauso wenig aus einem Buch erlernen, wie man Schwimmen im Fernkurs daheim lernt. Man muß raus in die Natur und den Ernstfall praktizieren. Der Digest kann und will nicht die gesamte Palette der Überlebenspraktiken erfassen, beschreiben und erläutern. Das

Ob in der Gruppe oder allein, bei Extremtouren und Survivaltrips steht die Eigenerfahrung im Vordergrund – der Versuch, an die Grenzen der eigenen Leistungsfähigkeit zu stoßen.

würde nicht ein Buch, sondern eine ganze Buchreihe erfordern. Dies wird nicht das einzige Buch sein, aus dem der Leser sich Anregungen und Informationen besorgen muß. Es gibt zahlreiche Leitfäden, Handbücher und Informationsbroschüren zu den verschiedensten Themenbereichen, und wer sich auch nur ein bißchen mit der »Kunst des Überlebens« befassen will, der braucht mehr als nur eines dieser Werke, und bei der Theorie kann man es nicht allein belassen. Der Digest soll eine Einführung in das Hobby sein und als Leitfaden einen Wegweiser durch die Literatur, durch Ausrüstung und Gestaltungsmöglichkeiten dienen. In Form von Artikeln und Beiträgen werden die Entwicklung und Herkunft des Überlebenstrainings, einzelne Problembereiche, die Wahl von Ausrüstungsteilen und einige Alternativen des Survivalhobbys beleuchtet. Im Vordergrund steht dabei nicht eine Produktanalyse, denn ohnehin droht der Survivalismus im Ausrüstungsfetischismus zu versinken. Der Digest soll viel eher die vielen naturnahen Möglichkeiten dieser Art von Freizeitgestaltung aufzeigen, wie z.B. bei der Verbindung zum Western- und Vorderladerhobby.

Das vorliegende Buch behandelt deshalb die militärische wie auch die zivile Seite des Survivalismus und setzt sich kritisch mit der paramilitärischen Verfälschung der amerikanischen Politsurvivalisten auseinander. Natürlich kommt auch der Aspekt der Ausrüstung nicht zu kurz, aber an die Stelle eines Katalogs von Camping- und Bekleidungssachen setzt der Digest Tips und Hinweise, die dem Interessierten die Auswahl seiner individuellen Ausstattung erleichtern und ihn zur kritischen Betrachtung der in Läden und Versandhäusern angebotenen Ware führen sollen. Survival hat nichts mit magischen Tricks zu tun oder ist von kostspieligen Survival-Sets abhängig – man kann auch unter schwierigsten Bedingungen mit einem Nichts an Ausrüstung überleben, und viele der besten Überlebenshilfen sind Gegenstände des täglichen Gebrauchs. Die Kunst des Überlebens besteht in der richtigen Anwendung des menschlichen Gehirns: Logische Schlüsse ziehen, die Gefahren erkennen und einschätzen und das walten lassen, was die englischsprachige Welt so schön mit dem Begriff »common sense« beschreibt – den gesunden Menschenverstand. Die gleichen Kriterien gelten auch für die Auswahl des Konsumgutes »Ausrüstung«. Der Digest liefert solche Entscheidungshilfen für den Einkauf.

Der Verfasser wurde zuerst mit dem Komplex Survival als Mitglied und Ausbilder in einer Fallschirmjäger-Einheit bekannt und hat später das dort erworbene Wissen bei zahlreichen Abenteuer-Reisen in Kanada, den USA, Europa und dem Nahen Osten zur Anwendung bringen können. In vieler Hinsicht ist daher dieses Buch auch ein sehr persönliches; es spiegelt die individuelle Sicht des Verfassers und jener Personen wider, die am Entstehen des Digest mitgewirkt haben. Gleichzeitig ist er aber auch die Zusammenfassung aus den Erfahrungen Dritter, deren Gespräche und Testresultate in die Gestaltung der einzelnen Beiträge einflossen. Der Arbeit an dieser Publikation gingen Jahre des Studiums einschlägiger Fachliteratur und zahlreicher Artikel voraus, in denen die Notwendigkeit des vorliegenden Buches deutlich wurde.

Anders als einige der aus dem Englischen übersetzten Bücher bezieht sich der vorliegende Survival-Digest auf den deutschsprachigen Raum als Ausgangspunkt seiner Betrachtungen. Glücklicherweise folgte die europäische Aufnahme des amerikanischen Survivalbooms nicht dem Angstgeschäft der dortigen Survivalmilitanz, sondern ist eine naturnahe Freizeitgestaltung, für eine junge und junggebliebene Generation, denen Club Mediterané-Aktivitäten und der Pauschalurlaub auf Mallorca nicht als das Ziel aller Träume gilt. Überlebenstraining und Survivalismus ist in der hiesigen Ausprägung nicht die Bewegung einiger paranoider Spinner, die sich an Extremsituationen berauschen und sich von totgefahrenen Igeln und Spinnen ernähren – auch wenn einige Zeitungsschreiber dies so sehen. Survival beinhaltet eine sehr positive Grundhaltung zum Leben, in der Zukunftspessimismus, »no-future«-Denken oder eine videobeherrschte Freizeit keinen Platz haben.

Der Rahmen des Digest sieht den Survivalismus nicht als eine eng eingegrenzte Hobbyart, in der es lediglich um das Durchschlagen im Notfall geht. Mit diesem Buch sind alle angesprochen, die sich nicht damit zufriedengeben wollen, im Leben und in der Freizeit Gefangene einer übertechnisierten Umwelt zu sein. Die Mehrheit unserer Industriegesellschaft ist von den lange gepriesenen »Errungenschaften« der Technik abhängig geworden und würde in Panik verfallen und untergehen, sobald einer oder mehrere dieser technischen Grundelemente (wie Strom, mechanischer Transport, öffentliche Wasserversorgung usw.) ausfällt. Abseits des vermeintlichen Schutzes seiner Städte und Häuser erscheint der moderne Mensch hilflos, für Notfälle irgendwelcher Art ist er kaum oder überhaupt nicht vorbereitet. Er genießt die Exotik ferner Länder aus der Sicherheit sorgsam gehüteter Reisegruppen heraus und läßt sich daheim beim Dia-Abend von Freunden als weitgereister Expeditionsteilnehmer bewundern. Aber sobald er mit seinem geliebten Auto auf der Autobahn einschneit, ist sein Überleben von dem raschen Erscheinen irgendwelcher Hilfsdienste abhängig – auf sich allein gestellt, droht er zu erfrieren oder sich im Schneetreiben zu verirren.

Mehr oder weniger hat uns unser technischer Fortschritt alle eingeholt und uns zu Antihelden der eigenen Entwicklung gemacht. Selbst jene, die sich mit dem Modewort »alternativ« schmücken und ihr Anderssein geradezu krampfhaft nach außen zu dokumentieren trachten, sind in den Kreisläufen ihrer eigenen Zwänge, Ängste und Abhängigkeiten verstrickt. Und auch sie bleiben Produkte dieser Industriegesellschaft, der »Atomkraft – Nein danke«-Aufkleber auf dem Auto dokumentiert die Widersprüchlichkeiten. Selbst bei der Flucht vor dieser Art Leben fallen wir in die alten Fehler zurück: Der Drang »zurück zur Natur« droht unsere letzten Naturschutzgebiete zu zerstören. Wälder und Hochgebirgsauen drohen in einer Schicht von Wohlstandsmüll zu ersticken – von Ausflüglerkolonnen achtlos zurückgelassen . . . Das Beispiel par excellence lieferte 1983 ein deutscher Survival-Enthusiast in Finnland, der in einer Schonung beim Anfertigen eines Floßes festgenommen wurde. Seiner Begeisterung für Durchschlage-Szenarien war die Aufforstungsarbeit von Jahren zum Opfer gefallen.

Man muß nicht zu den Öko-Pax-Predigern gehören, um von der Notwendigkeit überzeugt zu sein, daß wir als Menschen einen Weg finden müssen, mit der Natur wieder in Einklang zu kommen. Dieser Weg zurück ist gleichzeitig ein Weg zu uns selbst, zu den eigenen Ursprüngen und Fähigkeiten. Nicht von ungefähr geht daher das Survivalinteresse mit der Outdoorbewegung zusammen.

I. Zur Entwicklung der Survivalbewegung

Ein Blick zurück in die Geschichte

Die heute gelehrten Survivalpraktiken sind keine Errungenschaft unseres Zeitalters. Die Geschichte des homo sapiens ist eine Geschichte des Überlebenskampfes über Jahrtausende – erst in jüngster Zeit haben soziale und technische Entwicklungen einem Teil der Menschheit dieses tägliche Bemühen zur Erlangung von Nahrung, Wärme und Schutz abgenommen. Der Zivilisationsmensch hat innerhalb eines relativ kurzen historischen Zeitraums Praktiken und Verhaltensmuster abgelegt und verlernt, die noch seinem Artgenossen aus dem Frühmittelalter geläufig waren und die von der Steinzeit bis zur Eisenzeit zum Alltäglichen gehörten. Lediglich einige Bevölkerungsgruppen in abgelegenen, klimatisch extremen Gebieten unseres Erdballs, wie Beduinen, Eskimos oder südamerikanische Indianer, haben das Wissen um die für ihre Regionen wichtigen Überlebenstechniken bis in unsere Tage lebendig gehalten. Etwas abschätzig klassifizieren wir diese Menschen als »Naturvölker«, ohne den Umkehrschluß dieser Nomenklatur zu erkennen – daß wir, die Herren von Zivilisation und Technik uns längst mit unserer Kultur vom natürlichen Leben abgekehrt haben und scheinbar jede Anstrengung unternehmen, die Natur, d. h. ihre Resourcen, ihr ökologisches Gleichgewicht, zu zerstören. Zahllose andere Naturvölker haben den Zusammenstoß mit den Segnungen unserer Kultur nicht überstanden, sie wurden ausgerottet oder aus ihren angestammten Wohngebieten verdrängt, in Reservate gepfercht und von Wohlfahrtsspenden abhängig gemacht. Die Indianer Nord-

Noch heute zeugen zahlreiche Überreste wie hier die Felsburgen indianischer Ureinwohner in einem Canyon in Arizona von der Fähigkeit früherer Kulturen, im Einklang mit der Natur zu leben und sich auch extremen Verhältnissen anzupassen.

amerikas, ein Paradebeispiel solcher Expansionsheldentaten des weißen Mannes, sind heute nur noch ein Schatten ihrer früheren Kultur. Ein großer Teil der in den Reservationen Lebenden hat den Bezug zu den Lehren der Vorväter verloren, so daß indianische Bewegungen heute Survivalschulen einrichten, in denen der jungen Generation etwas über die Lebensgrundlagen und Überlebenspraktiken ihres Volkes beigebracht werden muß.

Vieles von dem, was heute in Survivalschulen gelehrt oder in Handbüchern beschrieben wird, entstammt den Erfahrungen solcher Naturvölker. Noch immer gibt es nichts Besseres als das Iglu der Eskimos, um in einer Schneewüste zu überleben. Zwar erschließen uns heute neue Materialien und Technologien andere Dimensionen, wenn es um das Überleben in der Wildnis oder in Notfällen geht, aber die Grundprinzipien sind seit Jahrtausenden unverändert geblieben. Sucht man nach Ahnen, für die heutige Survival- und Outdoorbewegung, so findet man Vorläufer, die um Jahrzehnte und Jahrhunderte zurückliegen. Das Lagerfeuer, das der Extremurlauber bei seinem alternativen Campingtrip als Wärme- und Kochfeuer anlegt, bildet eine direkte Verbindungslinie zu den Nomadenstämmen, den Höhlenbewohnern, den Indianern und ersten Pionieren, die in die Wildnis vorstießen, um urbares Ackerland zu gewinnen oder neue Jagdgebiete zu erschließen.

Die Voyageure, Fallensteller und Pelztierjäger, Händler, Long Hunter und Mountainmen, die bei der Erschließung des nordamerikanischen Kontinents lange vor den Siedlern und Auswanderertrecks in die Wildnis vorstießen, können als die Vorläufer der heutigen Survivalbewegung betrachtet werden. Ihre große Zeit war die erste Hälfte des 19. Jahrhunderts, in der sie auf der Jagd nach Biberfellen in die Rockies und den kanadischen Westen vorstießen, die leeren Flecken der Landkarten mit Informationen füllten, Pässe, Handelswege und Flußverläufe erkundeten. Die Epoche dieser Trappeurs, Coureur de bois und Mountainmen begann mit der Expedition von Lewis und Clark und endete mit den Auswanderertrecks, die, dem Oregon-Trail folgend, nach Kalifornien vorstießen und die Zivilisation in die Rocky Mountains und die Gebiete jenseits der großen Wüsten brachten. Anders als Trecks und Siedlergruppen waren diese Mountainmen auf sich allein gestellt. Sie reisten als Einzelgänger oder in kleinen Gruppen mit leichtem Gepäck, ohne Versorgungszug oder Wagen, nur mit Waffen, Koch- und Feuergerät, Tauschware und Fallen. Ihre Kleidung, wie ihre Nahrung, kam aus der Natur. Um in den unwirtlichen Regionen des Westens zu überleben, mußten sie die »survivalskills« schnell erlernen. Ihre Lehrmeister waren die Indianer, und von ihnen übernahmen sie die Kenntnisse von Wurzeln und Beeren, Jagdtricks und das Wissen um Spuren, Wetter und Berge, Sie paßten sich an die Lebensgewohnheiten der Ureinwohner an, ihre Kleidung, die »buckskins« aus Wildleder, ihre Schutzhütten und Eßgewohnheiten hatten sie übernommen, weil sie den Verhältnissen vor Ort besser angepaßt waren, als das, was sie aus dem Osten mitgebracht hatten. Nicht allen gelang das Eingewöhnen in die veränderten Lebensumstände. Viele von denen, die in St. Louis aufgebrochen waren, um im Pelzhandel oder der Fallenjagd ihr Glück zu suchen, endeten als Skalplocke am Gürtel eines Blackfoot oder Schoschonen. Andere verhungerten in einem namenlosen Bergtal, erfroren im Schneesturm oder kamen in den Wüsten jenseits der Rokkies um. Aber jene, denen das Schicksal, die Indianer oder die Berge gut gesonnen waren, überlebten ihre Lehrlingszeit und wurden Meister im Handwerk der Berge. Anders als die Indianer, brachten die weißen Männer aus dem Osten technisches Wissen und ein kritisches Bewußtsein mit. Sie übernahmen die Survivalpraktiken der ansässigen Stämme ohne die Last des Rituellen, Mythischen und Religiösen, in das die Lehren vom Überleben in der Wildnis von Generation zu Generation mehr eingestrickt waren. Von diesem Ballast unabhängig, übertrafen die Mountainmen bald ihre Lehrmeister. Ihre Lebensläufe wurden zu Legenden, die mit Respekt auch an den Lagerfeuern der Indianer erzählt wurden. Sie wurden zu Spezialisten im Durchschlagen, denn oft genug waren sie auf der Flucht vor feindlich gesinnten Stämmen. Sie verloren nicht selten Waffen

Das Tipi der Plains-Indianer ist in seiner Einfachheit und Zweckmäßigkeit auch heute noch unübertroffen: Es erlaubt das Unterhalten eines Wärme- und Kochfeuers ohne Rauchprobleme, kann im Sommer durch das Hochziehen von Außenseiten gelüftet werden, ist extrem windschlüpfrig und auch für die kalten Jahreszeiten geeignet.

und Decken, Maultiere und Pferde und mußten Hunderte von Meilen zu Fuß bis zur nächsten Siedlung zurücklegen – und sie überlebten in einer Region, die zwanzig, dreißig Jahre nach ihnen manchem Siedler, Goldgräber oder Soldaten zum Verhängnis wurde – und selbst heute noch für Jäger, Wanderer und notgelandete Piloten lebensgefährlich sein kann. Ihre Überlebenskunst, durch jahrelange Erfahrungen verfeinert, half schließlich bei der Erschließung des Westens: Jedediah Smith hatte die Mojawe-Wüste durchquert und einen passablen Landweg nach Kalifornien gefunden, der die Umrundung des Kap Hoorns überflüssig machte. Kit Carson, Jim Bridger und andere wurden zu Pfadfindern der Armee oder führten in den vierziger Jahren die Einwanderer nach Utah und Kalifornien.

In der Survivalliteratur gibt es zahlreiche Beispiele von Schiffbrüchigen, gestrandeten Expeditionen, in Not geratenen Arktisforschern. Aber kaum einer dieser Fälle reicht an die Leiden des Hugh Glass heran, der 1823 in den Dienst der Ashley-Henry Pelzhandelskompanie trat und mit einer Expeditionsgruppe dem Lauf des Missouri folgte. Der Trupp wurde von den Arikaras (oder Rees-Indianern) überfallen und erlitt schwere Verluste, ein Teil der Männer folgte dann Major Henry Mitte August auf der Landroute durch die Prärie South Dakotas, um zum Yellowstone zu gelangen. Hugh Glass, früher Matrose in der Karibik, der auch ein Jahr bei den Piraten des Jean Laffite gewesen war, hatte fünf Jahre zuvor bei den Pawnees gelebt und war von ihnen adoptiert worden. Die in dieser Zeit erworbenen Kenntnisse waren das Kapital, das ihn dazu veranlaßte, eine Karriere als Trapper einzuschlagen. Einige Tage, nachdem Henrys Gruppe Fort Kiowa verlassen hatte, verübten die Rees einen weiteren Überfall, töteten zwei Männer und verwundeten zwei weitere. Fünf Tage darauf wurde Hugh Glass beim Beerensammeln von einem Grizzly angefallen. An fünfzehn Stellen verletzt, die Kehle halb aufgerissen, die Gesichtshaut bis auf den Knochen heruntergekratzt, mit Biß- und Prankenwunden an Armen, Beinen und Rücken, blieb Hugh Glass zurück. Aber auch am nächsten Morgen war er noch nicht seinen schweren Verletzungen erlegen, ohne Bewußtsein zwar, aber immer noch atmend, stellte er für die auf zehn Mann geschrumpfte Jägergruppe ein Problem dar: Man befand sich im Territorium feindlicher Indianer, jeden Moment konnte ein neuer Überfall erfolgen. Glass war nicht transportfähig, aber auf der anderen Seite konnte man ihn nicht in der Wildnis zurücklassen, solange er noch Lebenszeichen von sich gab. Zwei Männer blieben schließlich zurück, um Glass zu bewachen und ihn zu begraben, sobald er den Geist aufgab: Jim Bridger, ein neunzehnjähriger Anfänger im Pelzgewerbe, und John Fitzgerald, ein erfahrener Trapper. Vier Tage später lebte Hugh Glass immer noch, trotz Wundfieber und einem totenähnlichen Koma. Nur die leisesten Atemgeräusche zeugten davon, daß er noch am Leben war. Am fünften Morgen, gerade als Bridger und Fitzgerald sich entschlossen hatten, ihren sterbenden Kameraden zu verlassen, um die Gruppe einzuholen, öffnete er sogar die Augen. Aber kein Wort kam über die Lippen, er war zu keiner Bewegung fähig und schien niemanden zu erkennen. Bridger und Fitzgerald waren überzeugt, daß der Schwerverwundete in den nächsten Stunden sterben würde und ritten unter Mitnahme seiner Habe davon. Im Lager würden sie von seinem Ableben berichten und aussagen, daß sie ihn begraben hatten, Glass war ohnehin wieder in seine Ohnmacht zurückgesunken, als sie abritten.

Glass überlebte. Tage später kam er zu sich und robbte sich an eine nahe Quelle heran. Einige Beeren an einem Strauch waren die erste Nahrung, die er in einer Woche zu sich nahm. Er konnte sich nicht aufrichten und sich nur kriechend von Busch zu Busch schleppen. Ein glücklicher Umstand half ihm weiter: Unter einem der Büsche lag eine Klapperschlange, die gerade einen Vogel erjagt und verschlungen hatte. Träge in der Sonne liegend, bot das Reptil sich als leichtes Ziel an. Einige Schläge mit einem Felsstein, und Glass, der weder Messer noch Feuerstein, Stahl und Zunder besaß, hatte einen Kaltimbiß von substantiellem Nährwert. So gestärkt, glaubte sich Glass in der Lage, den Rückweg nach Fort Kiowa antreten zu können, indem er entlang dem Rinnsal kroch, an des-

Bayerische Trapper – auch in der Bundesrepublik nimmt die Zahl der Westernhobbyisten zu –, die auf den Spuren der Pelzjäger eine Verbindung von Spaß am Leben in der Natur, Amerikanistik, Kanu- und Schwarzpulversport suchen. Das Erlernen der Survivalskills von einst gehört dazu, auch wenn man in Süddeutschland keine Biber jagt.

Feuermachen mit Flint und Stein – hier unter Zuhilfenahme des Steinschloßgewehres. Der Zunder wird auf die Pfanne des Schlosses anstelle des Schwarzpulvers und durch Abschlagen des Hahns zum Glimmen gebracht, um dann in das Nest aus Gras, kleinen Holzsplittern und anderem Feuermaterial gesteckt zu werden.

sen Quelle er seinen ersten Schluck genommen hatte. Beeren und Wurzeln waren seine Nahrung, bis nahes Wolfsgeheul ihn auf eine neue Nahrungsquelle aufmerksam machte, ein verendetes Büffelkalb. Glass, auf einen Stock gestützt, richtete sich zum erstenmal auf und jagte die Wölfe mit Steinwürfen und indianischem Kriegsgeheul vom Kadaver. Einige Tage blieb er dort, ernährte sich vom Fleisch und riß einen Teil der Haut herunter, um sie als Decke zu nutzen. Sieben Wochen später, Mitte Oktober und 250 Meilen weiter, marschierte Hugh Glass aufrecht, schmutzig und abgemagert in die Umzäunung des Handelsposten Fort Kiowa, getrieben vom Haß und vom Verlangen, sich an seinen beiden Kameraden zu rächen, die ihn ohne Waffen, ohne Nahrung und Hilfe verlassen hatten. Glass ließ sich im Fort mit allem Notwendigen versorgen und machte sich erneut auf den Weg – nach Fort Henry, am Yellowstone-Fluß, um mit Bridger und Fitzgerald abzurechnen. Nach drei Wochen, in denen er über 300 Meilen zu Fuß zurückgelegt hatte, erreichte Glass Ft. Henry, nur um es

Als Zelt diente den Mountainmen oft ein rechteckiges Stück Leinwand, das auf ein Dreibein aus Stangen als Spitzzelt oder in L-Form als Lean-to vor ein Wärme- und Kochfeuer gestellt wurde.

Das Schießen mit dem Vorderladergewehr gehört dazu – das Pulverhorn enthält das Treibmittel; ein kleines Brett mit Bohrungen für vorgepflasterte Rundkugeln am Band um den Hals gehängt ist ein authentischer »Schnellader«.

Ein Trapper mit selbstgebastelter Kraxe, auf der Leinwand, Decken und andere Ausrüstungsteile, wie die doppelschneidige Kanadier-Axt, festgebunden sind.

verlassen vorzufinden. Einige Sioux erzählten ihm, daß die Trapper flußaufwärts zum Big Horn gezogen waren, wo ein neues Fort errichtet werden sollte. Glass erreichte das Fort am letzten Tag des Jahres 1823, nach über 500 Meilen Fußmarsch, die meiste Zeit durch Schnee und Eis. Unterwegs hatte er sich von Erjagtem ernährt. Als der Schnee zu tief wurde, fertigte er sich aus Zweigen und Birkenrinde Schneeschuhe an. Für die Männer in Fort Henry war Glass ein Geist, ein von den Toten Auferstandener, der da weitergemacht hatte, wo andere mehr als einmal aufgegeben hätten. Vom Haß getrieben, fand Glass nun heraus, daß John Fitzgerald das Fort längst verlassen hatte, und er verzieh Bridger, der

dem Drängen des älteren, erfahreneren Mountainman nachgegeben hatte. Er erholte sich einige Tage und machte sich nun auf den Weg, um Fitzgerald weiter zu verfolgen. Mit vier Männern aus dem Fort folgte er dem Powder-Fluß in südlicher Richtung, bis sie auf den Platte trafen, dem sie westwärts nachzogen. Am Zusammenfluß von Laramie und Platte stieß die kleine Reisegruppe auf eine Indianersiedlung und wurde das Opfer eines Überfalls. Glass entkam, zwei Männer wurden getötet und zwei weiteren gelang es in der einbrechenden Dunkelheit den Rees zu entfliehen. Aber Glass hatte erneut Gewehr, Munition, Decken und alle anderen Teile seiner Ausrüstung verloren – bis auf sein Messer, Feuerstein und Stahl, den er in einer Tasche am Gürtel getragen hatte. 400 Meilen westwärts lag Fort Kiowa, und Glass entschloß sich wieder, allein den Fußmarsch dorthin zu wagen. Es war Frühling, die Temperaturen waren milder als bei seiner Wanderung nach Fort Henry, die Büffel hatten gerade gekalbt, und er konnte jederzeit eines der wenige Tage alten Jungen töten. Im Mai erreichte er den Handelsposten. Er hatte seit seinem Zusammenstoß mit dem Grizzly mehr als 1000 Meilen allein zu Fuß zurückgelegt und sich vom Land ernährt, und war zusätzlich Hunderte von Meilen in der Gemeinschaft anderer Trapper gereist. Hugh Glass Treck durch die Wildnis war zur Legende geworden, die an allen Lagerfeuern des Westens erzählt wurde, auch lange noch nachdem seine Glückssträhne ausgelaufen war. Im Winter 1832/33 traf er erneut auf Arikaras, und diesmal endete sein Skalp an einem Rees-Gürtel.

Die Taten von Glass, Bridger, Jed Smith, Major Henry, Milton Sublette, Joe Meek und wie sie alle heißen, sind auch heute noch nicht vergessen. Als Synthese aus Vorderladerhobby und Überlebenstraining stellt sich die Freizeitgestaltung einiger Westernhobbyisten in den USA und Europa dar, die auf den Spuren der Voyageurs, Waldläufer und Mountainmen wandern und als »Buckskinner« versuchen, den Lebensstil und die Gewohnheiten jener Pioniere nachzuvollziehen, wenn es auch nur für ein Wochenende oder einen Urlaub lang ist. In dieser Stilrichtung des Westernhobbys gilt es, stilecht mit der Ausrüstung der Zeit von 1810–1945 auszukommen und die Fertigkeiten zu erlernen, die einen Bridger oder Carson durch die Wildnis gebracht haben: Das Feuermachen mit Flint, Stahl und Zunder, das Beherrschen von Kanus, das Anfertigen von Lederkleidung, Bearbeiten von Fellen, Selbstherstellen von Ausrüstungsteilen bis hin zum Tragegestell. Ein Treffen solcher Mountainmen und Waldläufer-Hobbyisten mit ihren Lodges, Lean-Tos und Tipis ist nicht nur ein malerischer Anblick, es ist eine Unterrichtseinheit in den verschiedensten »skills«, vom Feuermachen bis zur Herstellung einer Pelzmütze aus dem Fell eines gerade auf dem Herweg von der Autobahn aufgelesenen toten Fuchses. Nicht wenige der amerikanischen Anhänger dieser Hobbyrichtung haben sich auch im Fallenstellen und im Jagen mit dem Vorderladergewehr versucht, zwei Spielarten, die in der Bundesrepublik nicht nachvollzogen werden können. Für viele der Mountainmen aus dem Rheinland, Franken und Bayern bleiben daher die Kanutouren in Kanada und den Rocky Mountains das Traumziel. Aber auch hierzulande kann man auf den Spuren der Hudson Bay Company wandern. Eingefleischte Hobbyisten scheuen nicht die Wintertreffen, bei denen Schlittenhunde und Schneeschuhe eingesetzt werden können, und die zu den Geheimtips des Hobbys gehören. Ein verlängertes Wochenende im Schnee des Schwarzwaldes oder der Bayerischen Waldhöhen trennt die Spreu vom Weizen und zeigt, ob man mit dem Leben im Tipi oder in der Lodge klarkommt.

Diese Form der Westernfreizeitgestaltung ist Survivaltraining in seiner ursprünglichsten Form, ohne Kompromisse an den Stand der heutigen Technologie und den angenehmen Seiten der modernen Ausrüstung. Echte Buckskinner verzichten auf Streichhölzer, Taschenlampen und Gaskocher, manche – die sich Büffeldecken und Hudson-Bay-Wolldecken leisten können – sogar auf Schlafsäcke. Anstelle herkömmlicher Werkzeuge treten Messer, Handbeil (»der Tomahawk«) und Lederriemen, und selbstverständlich steht das Schießen mit Vorderladergewehr, Pfeil und Bogen im Vordergrund. Jeans und Plastik sind selbstverständlich verpönt, die Grundmaterialien für Kleidung sind Hirschleder und Wolle. Baumwolle und Segeltuch rangieren an zweiter Stelle.

Militärisches Überlebenstraining

Unter wissenschaftlichen Gesichtspunkten wurden Überlebenstechniken und ein entsprechendes Training erst nach dem Ersten Weltkrieg entwickelt. Die aus den Anfängen der Doppeldecker entwachsene Heeres- und Marine-

Wintersurvival 1895: Kanadische Artilleristen in Wintermontur mit Schneeschuhen.

13

fliegerei führte in den dreißiger Jahren zur Einrichtung von Rettungsdiensten, die sich als erste systematisch mit dem Überstehen von Notfallsituationen, mit der Notrettung und mit dem Überlebenstraining auseinandersetzten. Bis zu diesem Zeitpunkt gab es nur eine einzige Institution, in der das Leben in der Wildnis, die Lehren der Naturvölker und die Erfahrungen der Pioniere bewahrt wurden – der internationale Pfadfinderbund! Auch die militärischen und zivilen Rettungsdienste, die sich zwischen den Weltkriegen etablierten, griffen auf die Kenntnisse dieser Organisation zurück, und noch heute ist das Handbuch der amerikanischen Boy Scouts eine der besten grundlegenden Veröffentlichungen zum Leben in der freien Natur.

Der Zweite Weltkrieg ließ die Survivallehre dann aus den Kinderschuhen wachsen. Wie kein Konflikt zuvor, brachte dieser weltweite Krieg Spezial- und Kommandoeinheiten hervor, die hinter den feindlichen Linien, ob im Dschungel Burmas oder in den Wüsten Nordafrikas, operieren sollten. Nicht nur Piloten, sondern auch Aufklärer, Agenten und Sabotagetrupps mußten nun lernen, wie man mit geringsten Hilfsmitteln und einem Minimum an Ausrüstung fernab von jeder Versorgung und Zivilisation überleben konnte. Hauptaugenmerk dieser Ausbildung aber lag nicht allein im Überleben, der Schüler sollte in die Lage versetzt werden, allein oder in der kleinen Gruppe aus der Natur zu leben, feindlichen Suchtrupps und Jagdkommandos zu entgehen, seine Aufgaben durchzuführen und sich zu den eigenen Truppen durchzuschlagen. Nach dem Krieg entwickelten alle Länder diese Art Lehrgänge weiter, jeder von den spezifischen Erfahrungen geprägt, die Angehörige seiner Armee in den sechs Jahren von 1939–1945 gemacht hatten. So kam es, daß z. B. der US Air Force-Lehrgang einen Schwerpunkt auf das Entkommen aus Gefangenenlagern legte. Der wertvollste Lehrgang aber begann sich nach 1945 beim britischen »Special Air Service Regiment« in Herfordshire herauszubilden. Der SAS hatte in Nordafrika durch seine wagemutigen Einsätze hinter den deutschen Linien von sich reden gemacht. Nach 1945 jedoch saß der SAS nicht in einer Friedensgarnison, sondern erlebte den Rückzug Großbritanniens aus seinen Kolonien an vorderster Front. In Malaysia, Borneo, in Aden und Oman waren SAS-Trupps im Einsatz und sammelten Erfahrungen in den verschiedensten Klimazonen. Gleichzeitig gehörten Teile des Regiments immer zu den Eingreifreserven der NATO und wurden zu speziellen Übungen nach Norwegen oder in den Mittelmeerraum abkommandiert. Die dabei oft mit Verlusten gemachten Erfahrungen flossen in die SAS-Ausbildung ein, in der aber auch armeefremde Botaniker, Meteorologen und andere Wissenschaftler unterrichteten. Anders als die meisten westlichen Armeen blieb der SAS nicht auf dem Erkenntnisstand des jeweils letzten Krieges stehen, die Einheit mußte sich ständig neuen Anforderungen stellen, und auch ihre Lehrgänge erlebten Veränderungen. Mit einem Wort: Man war nicht zu stolz, um Neues zu lernen. Das SAS-Überlebenstraining findet in einigen der unwirtlichsten Gegenden des britischen Inselreiches statt. Die Wetterbedingungen in den walisischen Brecon Beacons sind selten angenehm,

Amerikanische Matrosen bei einer Survivalvorführung 1943 – beim Fangen einer Seeschildkröte, die Nahrung und Frischwasser zugleich ist. Das Fleisch wird zerkleinert in ein Tuch gepackt und ausgepreßt, um trinkbare Flüssigkeit zu erhalten.

Überwinden eines Gewässers mit Hilfe des Ponchos, in dem Kleidung und Schuhe trocken bleiben. Mit einigen Stangen läßt sich aus dem Poncho oder der Zeltbahn auch ein kanuartiges Boot bauen, mit dem Lasten transportiert werden können.

Ein deutscher Hubschrauber setzt ein britisches Kommando irgendwo im hohen Norden Norwegens ab – von nun an sind diese Soldaten auf sich allein gestellt. Sie müssen mit dem, was sie tragen, auskommen. Man beachte die modernen Alu-Schneeschuhe, die für Lasten bis zu 200 Pfund ausreichen.

zumeist aber ausgesprochen naßkalt. Die baumlosen Berghänge geben wenig Schutz gegen den schneidenden Wind, der oft genug Regen, nicht selten auch Schnee, mit sich bringt. Hier finden die Orientierungsmärsche statt, bei denen die SAS-Aspiranten bis zu 60 km innerhalb von 20 Stunden zurücklegen müssen, mit voller Ausrüstung und Gepäck – quer über steile Abhänge und Bergketten. Es war bei einem dieser Märsche, daß Major Mike Kealy, ein alter Veteran des Regiments, mit Kampfeinsätzen in Oman, im Februar 1979 an Unterkühlung starb – er war nicht der einzige SAS-Freiwillige, der während der Ausbildung oder in den Auffrischer-Lehrgängen umkam. Die Survival-Ausbildung setzt sich in einzelnen Stadien während des ganzen Grundkurses der SAS-Rekruten fort und schließt den Combat-Survival und Verhör-Lehrgang ein, den der SAS in Zusammenarbeit mit anderen Teilstreitkräften im Exmoor durchführt. Der Lehrstoff geht über die traditionellen Elemente des Überlebenstrainings – wie das Erkennen von eßbaren Pflanzen, Moosen und Pilzen, das Fallenstellen, Erste Hilfe, Kräuterkunde – hinaus und schließt Vorführungen mit Suchhunden, das Verwischen von Spuren und die Abwehr angreifender Hunde ein. Neben diesem »Evasion & Escape« (Ausweichen und Flucht)-Bereich findet sich jeder Kursteilnehmer als Gejagter in einem Fluchtscenario wieder, das unweigerlich mit Gefangennahme und Verhör endet.

Auf der amerikanischen Seite des Atlantiks hatte nur die US-Luftwaffe in den Jahren nach 1945 die Überlebensschulung in entscheidender Art weitergeführt. Im Bereich der Armee kam erst mit der Einrichtung der Special Forces und des Vietnamkrieges ein neues Momentum in die erstarrten Lehr- und Ausbildungsformen dieses Bereichs. Die Survivalkurse erlebten tiefgreifende Veränderungen und wurden von dem Umstand geprägt, daß im Laufe des Krieges zahlreiche Piloten und Soldaten in Gefangenschaft gerieten. Einigen, wie dem Deutsch-Amerikaner Dengler oder dem Special-Forces-Hauptmann Rowe, gelang nach entbehrungsreicher Haft die Flucht. Nach dem Krieg flossen die Berichte der Zurückgekommenen als Grundlage in einen geheimen Spezialkurs ein, der heute als einer der besten seiner Art in der Welt anzusehen ist. Dieser Lehrgang, unter dem Kommando der Special Forces und Teil des John F. Kennedy Special Warfare Centers in Fort Bragg, North Carolina, trägt die Handschrift seines Leiters, Oberstleutnants James N. Rowe, der nach fünfjähriger Gefangenschaft beim Vietcong seinen Wärtern entkam und sich zur eigenen Truppe durchschlagen konnte. Der SERE (Survival, Evasion, Resistance, Escape)-Kurs geht auf alle Einzelheiten physischer und psychologischer Probleme einer Überlebenssituation ein, bei dem der einzelne mit nur geringen Hilfsmitteln im Dschungel, im Wald, in der Wüste oder der Arktis sich durchschlagen muß, aber darüber hinaus behandelt er auch die Probleme der Kriegsgefangenschaft, des individuellen Widerstandes gegen Mißhandlung, Folter und Psychoterror und die Erarbeitung von Fluchtmöglichkeiten.

Skijoring. – Amerikanische Marines lernen während einer arktischen Survivalübung eine angenehme und schnelle Transportart auf Skiern: Von einem Schützenpanzer gezogen! Alle Männer tragen Wollmützen mit Gesichtsausschnitt (sogenannte Balaklavas), die bis zum Hals heruntergezogen werden können.

Im Zentrum der Ausbildung stehen Übungen, bei denen sich der in der Wüste oder im Sumpf Ausgesetzte unter Zuhilfenahme eines von ihm selbst nach Lehrgangsanleitungen zusammengestellten Survivalkits von Gefundenem und Erjagtem ernähren und bestimmte Kontrollpunkte anlaufen muß. Gleichzeitig muß er sich im Gelände vor Verfolgern verstecken und Hinterhalten ausweichen. Dieser SERE-Kursus ist aus verständlichen Gründen geheim und stellt die höchste Stufe militärischen Survivaltrainings in den US-Streitkräften dar, er ist nur Piloten und Angehörigen von Spezialeinheiten vorbehalten. Leistungsmäßig erreichen die Schüler ihre physischen und psychischen Grenzen, und während der Durchschlageübungen überwacht ein Teil der Ausbilder als »Neutrale« den gesundheitlichen Zustand der Absolventen auf das genaueste. Trotz allem sind Vorfälle wie der folgende keine Seltenheit:

Einer der Neutralen hatte den Kursteilnehmer beim Angeln angetroffen. »Verdammt, Sarge, jetzt haben sie den Fisch verscheucht! Aber hier sind noch mehr. Ich brauche nur etwas Geduld, Geduld...« Die Angelschnur bewegte sich in langsamen Kreisen, der Angler blieb völlig bewegungslos und sprach nur flüsternd aus der Mundecke. Die Szene hatte nur einen Fehler, der Kursteilnehmer saß mitten in der Wüste auf einem Stein, Wasser – geschweige denn einen Fluß – gab es weit und breit nicht. Hitze und Durst hatten ihren Zoll gefordert.

Militärische Überlebenskurse sind combat-orientiert, ihr Ziel ist es, den vor einer Survivalsituation Stehenden vor Gefangenschaft zu bewahren und als kämpfendes Mitglied seiner Truppe zu erhalten. Viele der diesbezüglichen Elemente lassen sich auf eine zivile Notsituation nicht übertragen, während andere Bereiche auch für Nichtmilitärs volle Gültigkeit haben. Der grundsätzliche Gedanke solcher Survivalkurse, ob beim britischen SAS oder an der Special Forces SERE-Schule, aber bleibt die überragende Bedeutung des individuellen Willens zum Überleben. Aufgeben, ja sogar Selbstmord aus Angst vor den Qualen, die kommen könnten, liegt oft nahe. Der Verlust der eigenen Willensstärke ist genauso tödlich wie aufkommende Panik. Ziel aller militärischen Survivalkurse ist es deshalb, dem Auszubildenden Kenntnisse und Mittel in die Hand zu geben, die sein Selbstvertrauen angesichts einer Notlage stärken.

Outdoor – ein neuer Sammelbegriff, eine Bewegung, eine Philosophie?

Die deutsche Sprache hat trotz ihrer reichhaltigen und präzisen Ausdrucksmöglichkeiten in den vergangenen Jahrzehnten eine Vielzahl von ausländischen Begriffen als Fremd- und Schlagwörter in die Umgangssprache aufgenommen. Gegen den Widerstand von Sprachpuristen, Nationalgesinnten und Ewiggestrigen wird sich dieser Trend unweigerlich fortsetzen. Die Kontinente sind sich nähergerückt, endlich fallen auch in Europa die Grenzbäume, und die englische Sprache ist zu einem weltweiten Kommunikationsmittel geworden. Außerdem fehlt es in unserer Sprache mitunter an kurzen, prägnanten Begriffen, um eine Vielzahl verschiedener Erscheinungsformen unter einen Hut zu bringen.

Das englische Wort »outdoor« steht zumeist in Verbindung mit anderen Substantiven (-man, -clothing, -sport usw.) und läßt sich am besten mit »draußen« übersetzen. Am Anfang stand der outdoorman, einer der sich draußen in der Natur bewegte, als Holzfäller, Jäger, Wanderer, Bergsteiger oder ähnliches. Er entwickelte besondere Fähigkeiten und Kenntnisse, die »outdoorskills«, die es ihm erlaubten, ohne Gefahr für seine Gesundheit den Anforderungen von Klima, Terrain und Betätigung zu entsprechen. Robuste Kleidung und eine sachgerechte Ausrüstung gehörte dazu, und dieser Naturbursche ist so etwas wie das Urbild einer immer größer werdenden Sportbewegung, die ihr Heil in den immer weniger werdenden natürlichen Regionen suchen, um dem Alltagstreß modernen Stadtlebens zu entkommen. Zu den »outdoorsports« gehört neben Bergwandern und Bergsteigen, das Campen, Rucksackwandern, Treckreiten, Kanuwandern, das Jagen. Bereits bei Letztgenanntem scheiden sich die Geister; für einige Zeitgenossen gehören die Jäger überhaupt nicht zu den Sportlern (und die Kritik hat zumindest in Deutschland angesichts der ritualisierten und elitär verbrämten Jagdausübung berechtigte Ansatzpunkte). Während Skiläufer, besonders die dem Langlauf frönen, im Kreis der Outdoor-Enthusiasten willkommen sind, ist der Platz von Allradsportlern und Geländemotorradfahrern umstritten. Ihr Einbruch in die letzten natürlichen Reservate hat für viele Kritiker nichts mehr mit Sport zu tun. Eine andere Gruppe von Extremurlaubern gehört in Deutschland durchaus zu dem, was unter den Sammelbegriff Outdoorsport fällt: Die Globetrotter und Alternativurlauber, die mit einem Mindestmaß an Geld und Ausstattung in die Länder der Dritten Welt aufbrechen, um dort das natürliche Leben, das Abenteuer, das Andersartige zu suchen. Was allerdings die Einheimischen zu der Invasion von Rucksacktouristen sagen, steht auf einem anderen Blatt.

In den sechziger und siebziger Jahren entwickelte sich in allen Industrienationen eine neue Modewelle: Die Vollmotorisierung war erreicht. Nahezu jede Familie besaß ihr Auto, der Nachkriegswiederaufbau hatte sein Ziel erreicht, mehr Freizeit als je zuvor stand zur Verfügung, und die Reisewelle folgte der Freßwelle der fünfziger Jahre. Ein Run auf Naturschutzgebiete, Wälder und Gebirge setzte ein. Das Auto machte es möglich. Neue Straßen, Zufahrtswege und Parkplätze wuchsen über Nacht wie Pilze aus dem Boden. Was vordem nur einer kleinen Truppe fußsohlenstarker Wandervögel vorbehalten war, wurde nun zum Tummelplatz der Wochenendausflügler, die herdenartige Invasionen und Picknick-Orgien durchexerzierten. Selbst in den USA, wo man noch über große Wald-, Wüsten- und Gebirgsregionen mit spärlicher Besiedelung verfügte, führte der neue und noch immer anhaltende Boom dazu, daß der Begriff »unberührte Natur« in das Historische verdammt wurde. Camping und Wandern war zum Volkssport geworden, dessen Spuren durch Schonungen und abseits der Wanderwege, an See- und Bachufern unübersehbar waren. Lange bevor der saure Regen in das Bewußtsein der Umweltschützer eingesickert war, hatten die Freizeitabenteurer in Wald und Flur Schäden mit Langzeitwirkung verursacht: Abfallhaufen lauerten überall, Raucher und Grillfreaks hatten für kleine und große Waldbrände gesorgt, Wanderwege waren ausgetrampelte Alleen geworden, Flüsse, Bäche und Seen dienten als Waschschüsseln oder Mülleimer für Flaschen und Büchsen. Tiere wurden nicht nur in ihrem normalen Habitat gestört, gutherzige »Tierfreunde« fütterten sie mit Abfällen, Schokoladeriegeln und Butterstullen. Geländekräder, Jeeps und Motorschlitten störten das Wild selbst in den tiefsten Wäldern, und Horden verbissen dreinstampfender Skilangläufer verscheuchten Rehwild von Futterkrippen und fuhren achtlos über verschneite Baumschößlinge. Die letzten natürlichen Freiräume waren zu Supermärkten degradiert, in denen sich jeder nach Herzenslust selbstbedienen konnte.

Umweltbewußtsein 1985 in Deutschland – ein Abfallhaufen neben einem Sumpfbiotop in einem Naherholungsgebiet.

Amerikanische Outdoorsportler setzten dem Supermarktverhalten ihrer Zeitgenossen seit den siebziger Jahren eine neue Ethik entgegen, die von der Sorge um die Erhaltung der letzten »wilderness areas« getrieben ist. Das Gleichgewicht der noch vorhandenen Natur sollte so wenig wie möglich gestört werden. Eine neue Bewegung entstand, deren Anhänger nicht danach trachteten, einige Tage in den Bergen

Weidenkörbe anstelle herkömmlicher Rucksäcke.

oder im Wald mit größtmöglichem Komfort zuzubringen, sondern dies mit dem geringsten Aufwand an Gepäck, mitgebrachten Lebensmitteln und Abfall durchzuführen, um das Gesamtbild der natürlichen Umgebung nicht zu sehr zu stören: »Low Impact Hiking.« Vieles, was bei diesen abenteuerlichen Ausflügen unternommen wird, ähnelt sehr dem Überlebenstraining – man bewegt sich abseits der ausgetretenen Wanderpfade und versucht mit dem Wald, der Wüste oder den Bergen nicht als Fremdkörper oder Eindringling, sondern als Teil der Natur in Einklang zu kommen. Der Abfall wird wieder mitgenommen, Feuerstellen sind klein und sparsam gehalten und Zerstörungen unterbleiben. Die neue Generation der Outdoor-Enthusiasten schließt mit ihrer Philosophie bewußt an die Erfahrungen der Indianer, Naturvölker und Pioniere an, deren Lebensweise als vorbildlich und im Einklang mit den natürlichen Gegebenheiten der jeweiligen Region betrachtet wird. Da werden alte Rezepte ausgegraben, nach denen sich bereits die Scouts, Voyageure und Goldgräber am Yukon ernährt haben. Die ganz Harten unter den neuen Survival- und Outdoorsportlern verzichten auf Zelte und übernachten nur mit Decken oder Schlafsack in einer Felsspalte, unter einem Überhang oder im Schutz eines Baumes. Manche benutzen statt der modernen Leichtrucksäcke selbstgebaute Yukon-Holzgestelle oder nach Indianerart geflochtene Weidenkörbe.

Ähnlich den Survivalschulen gibt es heute in den USA entsprechende Kurse in »outdoor-skills« an Colleges und Universitäten. Der U.S. Park Service, Verwaltungsinstanz für Wald- und Wildnisgebiete, hat sich der Bewegung angenommen und unterstützt sie durch Lehrgänge, Sommercamps und Handbücher.

Die USA sind reich an Gebieten, in denen man Extremtouren durchführen kann; daß sie in ihrer natürlichen Schönheit erhalten bleiben, darüber wacht der US Park Service eifersüchtig! Gleichzeitig aber sind die Stationen der Parkranger eine Informationsquelle – hier erhält man Karten, Naturkundebücher und Lizenzen zum Feuermachen. Das Bild zeigt den Grand Canyon in Arizona.

Der amerikanische Survivalboom – das Geschäft mit der Angst

In der zweiten Hälfte der siebziger Jahre durchlief die amerikanische Gesellschaft eine depressive Phase, die sich nicht nur wirtschaftlich, sondern auch psychologisch auswirkte: Vietnamkrieg und Ölkrise, zunehmende Arbeitslosigkeit und Inflation hatten das Selbstvertrauen der Nation erschüttert. Als zusätzlicher Faktor wirkte die Unfähigkeit der Carter-Administration, die sich in zahlreichen innen- und außenpolitischen Pannen dokumentierte. Das soziale Sicherheitsgefühl Hunderttausender war verunsichert. Das andauernde Wettrüsten mit der UdSSR, die iranische Geiselnahme von US-Botschaftsangehörigen, der sowjetische Einmarsch in Afghanistan ließen kriegerische Auseinandersetzungen auf globaler Ebene, wirtschaftliches oder soziales Chaos in naher Zukunft wahrscheinlich erscheinen. Selbsternannte Experten zeichneten Schreckensvisionen vom Zusammenbruch der staatlichen Ordnung, von Geldentwertung, Rassenunruhen und Katastrophen. Über Nacht schien der für die USA so typische Zukunfts- und Technikoptimismus verschwunden zu sein.

Dagegen entwickelte sich boomartig eine Survivalbewegung, die den Verunsicherten ein Patentrezept für die Bewältigung aller Ängste, ob vor Schneestürmen oder nuklearen Holocaust, anbot: Vorbereiten! Sich auf sich selbst verlassen, Zufluchtsbasen in Wäldern, menschenleeren Regionen, im Gebirge oder in der Wüste anlegen, Vorräte sammeln und das Überleben in Ausnahmesituationen trainieren. Der Zusammenschluß mit Gleichgesinnten in Survivalgruppen wurde propagiert, Versandhäuser und Geschäfte für die neue Marktlücke sprossen aus dem Boden wie Pilze nach dem Regen. Eine Flut der verschiedensten Publikationen setzte ein: Ratgeber für das Überleben nach dem Atomschlag, Handbücher für die Selbstversorgung, Bauanleitungen für Bunker. Rundbriefe, Info-Schriften und Magazine folgten. Findige machten mit dem Bau von Atombunkern und der Anlage unterirdischer Siedlungen Geschäfte im großen Stil, während andere für ihre Lehrgänge und Survivalschulen annoncierten.

Hier sei eingeschoben, daß ziviler Survivalismus in den USA bereits Tradition hat: Die Mormonen, vom nahen Weltuntergang überzeugt, rieten ihren Anhängern schon im vorigen Jahrhundert zur Anlage von Vorräten für den Katastrophenfall. In den fünfziger Jahren hatte sich eine großangelegte Bewegung im Rahmen des staatlichen Zivilschutzes gegen den Atomkrieg einige Jahre lang behaupten können und die Bevölkerung zum Notstandstraining, zur Bevorratung und Einrichtung von Schutzräumen angeregt. Außerdem gehörten Survivalartikel für Jäger, Bergsteiger und Wanderer seit jeher zum immer wiederkehrenden Repertoire der entsprechenden Fachzeitschriften. Die relativ dünne Besiedlung der westlichen Landstriche und die extremen Klimabedingungen in vielen Jagdgebieten Nordamerikas und Kanadas machten gewisse Vorsichtsmaßnahmen bei Wander- oder Jagdausflügen einfach selbstverständlich. Trotz alljährlicher Warnungen kommt es immer wieder zu zahlreichen Todesfällen: Jäger verirren sich oder werden von einem plötzlichen Wetterumschwung überrascht. Um nur ein Beispiel zu nennen: Allein in der ersten Woche der Hirschjagdsaison 1984 in Utah kamen drei Menschen um, andere konnten buchstäblich im letzten Augenblick von Rettungsmannschaften geborgen werden.

Was aber den Survivalboom seit Ende der siebziger Jahre auszeichnete, ist die starke ideologische Prägung seiner Anhänger, die aus dem Survivalismus eine politische Lebensphilosophie macht. Die neue Survivalbewegung entstammt vornehmlich dem bürgerlichen Mittelstand, genauer: der unteren und mittleren Schicht dieser Klasse, die um ihren mühsam erworbenen Lebensstandard Angst hat und die sich besonders verwundbar gegenüber sozialen und wirtschaftlichen Veränderungen fühlt. Die Zusammensetzung dieser auf rund zwei Millionen Anhänger geschätzten Bewegung der Smiths, Millers und Jones kann grob gesehen in drei Sorten aufgeteilt werden. Da sind die Gemäßigten, die sich lediglich für die jederzeit durch Schneestürme, Tornados, Stromausfall oder Erdbeben eintretenden Notfälle einen mehr oder minder großen Notvorrat an Lebensmitteln, Medikamenten und Kerzen anlegen wollen. Dies sind die Vorsichtigen, denen es nur darauf ankommt Vorsorge zu betreiben, und in einigen Gegenden der USA, wie z. B. in Montana, gehört eine solche Bevorratung zum Selbstverständlichen. Einen Schritt weiter gehen die Skeptiker, die zusammen mit der erstgenannten Gruppe die überwiegende Mehrzahl der Kundenmasse für Survivalläden, -Versandhäuser und -Zeitschriften darstellen. Den Glauben an die Zuverlässigkeit von Staat und Verwaltung verloren, befürchteten diese Survivalisten die Rückkehr einer Ölkrise mit noch größeren Folgen für die allgemeine Energieversorgung. Stehen

Generalprobe für den nuklearen Ernstfall? Amerikanische Survivalisten beim Training in der Wüste. Zur Zeit des Manuskriptabschlusses konnte der FBI gerade einen Überfall einer Survival-Gruppe in Arizona vereiteln, die aus einem Armeedepot panzerbrechende Waffen und Sprengstoff stehlen wollte.

erst einmal alle Räder in Fabriken und auf den Straßen still, würde auch sehr bald eine Lebensmittelknappheit einsetzen, Verteuerung und Brotunruhen im Gefolge. Ähnliches könnte bereits durch eine Streikwelle oder im Zuge einer internationalen Krise ausgelöst werden, argumentieren diese Gefolgsleute des Survivalkults, sie weisen auf Inflationsraten, Arbeitslosigkeit und Geldentwertung hin. Diese zweite Gruppe bereitet sich auf einen längeren Notfall vor, bei dem der Zusammenbruch der öffentlichen Sicherheit und Ordnung nicht ausgeschlossen ist. Lebensmittelvorräte für mehrere Monate, Notstromaggregat und Treibstoff-Reserven gehören dazu. Sie horten Tauschgüter und Medikamente und hoffen, wenigstens einen Teil ihres Vermögens in Form von Goldbarren und -münzen vor den Folgen eines drohenden Währungszusammenbruchs zu bewahren.

Zu dieser Gruppe gehören die über 125 000 Abonnenten des Informationsrundbriefes »Ruff Times«, der von dem Fernsehjournalisten Howard Ruff für den Preis von 145,– Dollar pro Jahr vertrieben wird, und der mit Vorratstips, Deponierungsratschlägen, Krisenwarnungen und Anlageberatungen gefüllt ist.

Auch Mel Teppan gehörte zu den Begründern des Survivalbooms, die ihre Lehre mit einem eigenen Rundbrief unter die Gefolgschaft bringen. Der unlängst verstorbene Autor des Buches »Survival Guns« und ehemalige Dozent an der Stanford Universität war jahrelang einer der Autoren der Waffenzeitschrift »Guns & Ammo«. Sein Rundbrief, mit einer Abonnentenzahl von 17 000–18 000 richtete sich an den harten Kern der Survivalbewegung, die Ultras, die sich für die Zeit nach der atomaren Katastrophe vorbereiteten. Diese radikale Gruppe hat eine geschätzte Anhängerschaft von 150 000–200 000, die den Survivalkult bis zum bitteren, radikalen Extrem treiben. Hier geht es nicht um eine gewisse Bereitschaft für Notfälle; die Survialgruppen sind paramilitärisch organisiert, verfügen über Fahrzeugparks und Depots voll halbautomatischer und vollautomatischer Feuerwaffen, mit großen Reserven der entsprechenden Munition. Sie diskutieren nicht nur Krisenszenarios durch, sondern praktizieren auch Taktiken und Techniken für den Rückzug in die Berge, die Verteidigung von Haus und Hof, das Feuergefecht mit Aufrührern und Maro-

deuren. Ihre Häuser und Wohnungen sind doppelt und dreifach gesichert, die Fenster vergittert, Grundstücke und Eingänge durch Alarmanlagen geschützt. Nachtsichtgeräte, Zielpunktprojektoren und Funkgeräte vervollständigen das Arsenal von denen, die sich diese in Survival-Fachzeitschriften angepriesenen Statussymbole leisten können.

Der aufmerksame Beobachter erkennt sehr schnell die rechtsextremen, mitunter auch rassistischen Tendenzen dieser Ultras unter den neuen Survivalisten: Vehement von einem dümmlichen und undifferenzierten Antikommunismus im Stil der McCarthy-Ära und der John-Birch-Society getrieben, wittern sie Verschwörer selbst in den Amtsstuben von Washington, D. C., und hoffen auf den Tag X, um reinen Tisch zu machen. Die politische Weltlage, die Vorgänge in Südamerika und Anschläge des internationalen Terrorismus liefern den Survival-Extremisten die willkommenen Aufhänger für ihre Schreckensvisionen und Untergangszenarios, in denen die Welt wieder überschaubar in Gut und Böse aufgeteilt ist: Gut – das sind die Survivalisten, mit ihren kleinen Trupps von Verschworenen, die sich auf den Ernstfall vorbereiten, während alle anderen blind in das Chaos hineinsteuerten. Böse – das sind die anderen, die im Moment des Zusammenbruchs plündernd und mordend durch die verwahrlosten Städte ziehen und den Survivalisten ihre Vorräte und Waffen abjagen wollen, so daß diese sich notgedrungen zur Wehr setzen müssen. Bezeichnend sind auch die Zielgruppen, die in diesem Schema ins Fadenkreuz geraten: Schwarze, Einwanderergruppen wie die Mexikaner, Puerto-Ricaner und Asiaten, Juden, Hippies und last, but not least, »Commies«. Die Zeitschriften und Survivalschulen, die in diesem Kundenkreis ihr Geschäft machen, beschäftigen sich folgerichtig auch mehr mit Schußwaffen, Schießtechniken und Nahkampfmethoden als mit wirklichem Überlebenstraining, und bezeichnend ist, daß sie aus dem gleichen Dunstkreis stammen wie bestimmte Waffen- und Söldnermagazine à la »Soldier of Fortune«. Bekommt man dann eine solche Gruppe von radikalen Survivalisten zu Gesicht – und viele halten sich abgeschottet – dann erinnert der Anblick eher an einen südamerikanischen Guerilla-Haufen. MPis und Sturmgewehre, Ammo-Westen und Tarnjacken gehören zum Erscheinungsbild, das

von mit Machismo zur Schau gestellten Messern, großkalibrigen Waffen und malerisch drapierten Patronengurten geprägt ist.

Wie weit dieser Extremismus geht, zeigte ein Zwischenfall im Juni 1983 auf: Nach einem Feuergefecht mit der Polizei starb der 63jährige Gordon Kahl in seinem selbstgebauten Bunker im Süden Arkansas an einer Polizeikugel. Sheriff Gene Matthews, der den von Bundesbehörden gesuchten Survivalisten aufgespürt hatte, erlag den Folgen einer Kopfverletzung, die er durch Schüsse aus Kahls Ruger Mini-14 Karabiner erlitten hatte. Vier Monate zuvor hatte Gordon Kahl zusammen mit seinem Sohn zwei Bundesmarshals im heimischen North Dakota erschossen. Kahl und seine Familie gehörten zu einer der radikalsten Survivalvereinigungen, der »Posse Comitatus«, deren Hauptquartier in Wisconsin liegt und deren Anhänger bemüht sind, eigene Gemeinden in abgelegenen Landstrichen zu gründen, während sie staatliche oder überregionale Autoritäten ablehnen und Steuern verweigern. Einige der örtlichen Posse-Gruppen planen sogar, Steuerinspekteure zu ermorden und haben die Fahnder der US-Bundesfinanzbehörde IRS zur berechtigten Nervosität getrieben. Die Survivalseminare der Posse Comitatus bieten entsprechende Praktiken als Lehrstoff an, vom lautlosen Angriff auf Posten, über Combatschießkurse bis zu Nachtpatrouillen und Kommandoraids. Die Posse-Leute sind kein Einzelfall, es gibt mehrere Organisationen dieser Art mit ultrarechtspolitischem Anstrich in den USA, die unter dem Mantel des Überlebenstrainings ihre Wehrsportgruppen üben. Personelle Querverbindungen zum KuKlux Klan, zur amerikanischen Nazipartei des Gary Lauck in Nebraska haben den FBI aufhorchen lassen, der nun diese obskuren Gruppen mit Namen wie »Arische Nation«, »Christlich-Patriotische Verteidigungsliga« oder »Bürgerlicher Notstandsverteidigungsdienst« genauer in Augenschein nimmt. Das rechtsextremistische Potential, das sich hier unter dem Banner des Survivalismus zusammengeschart hat, schätzt der FBI auf eine Stärke von 5 000–10 000 ernstzunehmende, weil bis an die Zähne bewaffnete und fanatisch ideologisierte Radikale ein.

Dieser relativ kleine Prozentsatz der militanten Survivalisten mit ihren Tarnjacken und Sturmgewehren hat sehr dazu beigetragen, die Glaubwürdigkeit

Ein Suchhubschrauber beim Überfliegen einer verschneiten Winterlandschaft. Wer sich verirrt hat, muß sich in die Rolle des Piloten versetzen – was muß ich tun, um dessen Aufmerksamkeit zu erregen, wenn ich gefunden werden will?

der gesamten Survivalbewegung in Frage zu stellen. Psychologisch betrachtet operieren die Ultras und paramilitärischen Freaks im Bereich tiefverwurzelter Ängste und eigener persönlicher Unsicherheiten angesichts einer immer komplexeren Umwelt. Ihr Zurschaustellen von »machismo«, das Abschotten in die sektiererischen Trüppchen von Gleichgesinnten und der Waffenkult sollen die eigenen Zweifel und Unzulänglichkeiten überdecken. Diese Art Survivalisten reden vom Ernstfall, als wäre er eine langersehnte Chance, die Bande der ihnen verhaßten Zivilisation abzuschütteln, um endlich zu zeigen, was in ihnen steckt – da ihnen das normale Leben keinen Anreiz oder keine Möglichkeiten sich zu beweisen zu bieten scheint.

Tatsache ist, daß sich auch in Amerika die ernsthaft um Katastrophenschutz Bemühten von den Survivalisten radikaler Prägung abzugrenzen suchen. Große Anstrengungen werden unternommen, um sich von denen »mit der paramilitärischen Masche« zu distanzieren, und viele der Gemäßigten scheuen selbst die Bezeichnung »Survivalist«, um nicht mit der ultrarechten Minderheit in einen Topf geworfen zu werden. Der Survivalboom hält weiter an und erfreut sich wachsender Anhängerschaft. War von 1979–1980 die Umsatzrate der Zuliefererfirmen von 35 auf 100 Millionen Dollar gestiegen, so schätzen heute Wirtschaftsfachleute diesen Markt als immer noch expansionsfähig ein. Eine Kette von wetterbedingten Notstandslagen, die im Zuge von Tornados, Regenfluten und Schneestürmen mehrere Staaten der USA in den vergangenen Jahren heimgesucht haben, unterstrichen die Notwendigkeit der Vorbereitung und haben das Ihre dazu beigetragen, den Kundenkreis des Survivalgeschäfts am Wachsen zu halten.

II. Überleben!

Fall I.: Die Donner-Gruppe

Im April 1846 brachen George und Jacob Donner mit ihrem Freund James Reed und ihren Familien von Illinois nach Kalifornien auf. Den sechs Wagen der drei Familien schlossen sich andere an – die Familien Breen, Murphy, Graves und Keseberg, insgesamt 89 Personen in 20 Ochsenwagen, geführt von George Donner. Durch eine »Abkürzung« und verschiedene Schwierigkeiten bei der Überquerung der Wahsatch Berge und der Wüste von Utah verlor die Donner-Gruppe mehr als drei Wochen. Erst in der zweiten Oktoberhälfte erreichten sie die Truckee-Wiesen, die letzte Wegstation vor der Überquerung der Sierra Nevada, jener mächtigen Gebirgskette, welche die Siedler von den warmen Ebenen Kaliforniens trennte. Eine einwöchige Rast, die man in diesem Tal entlang des Alder-Baches einlegen wollte, bevor es an die Überquerung des schwierigen Passes ging, erwies sich als verhängnisvoll. Ein früher Wintereinbruch mit heftigen Schneefällen machte alle Versuche zunichte, die Bergkette zu überwinden. Die Donner-Gruppe sah sich gezwungen, Vorbereitungen für eine Überwinterung an ihrem Rastplatz zu treffen, obwohl alle Beteiligten immer noch auf eine Tauperiode hofften.

Die Murphys, Reeds und Graves bauten sich Blockhütten, die Breens und Kesebergs teilten sich eine bereits existierende Holzhütte und die Brüder Donner errichteten zwei Tipi-artige Schutzhütten um Baumstämme herum, die mit Buschwerk und Häuten abgedeckt waren. Unstimmigkeiten waren bereits früher in der Reisegruppe ausgebrochen, während eines Streits hatte sich James Reed mit einem Messer gegen seinen Angreifer gewehrt und ihn getötet – er wurde von der weiteren Reise ausgeschlossen, und während seine Familie beim Treck blieb, mußte er sich allein auf den Weg nach Kalifornien machen. Jetzt, im November, mit schwindenden Lebensmittelvorräten und der unbarmherzigen Kälte ausgesetzt, entzweite sich die Gruppe völlig – die Hütten wurden weit voneinander entfernt aufgebaut, niemand war mehr bereit, seine Nahrung mit den anderen zu teilen. Jagen und Fischen erwies sich als unergiebig.

Aus der Verzweiflung wurde ein neuer Plan geboren: Zehn Männer und fünf Frauen sollten Hilfe von den kalifornischen Siedlungen jenseits der Berge holen. Sie benützten behelfsmäßige

Ein Denkmal steht heute am Lagerplatz der Donner-Gruppe, und auf den Truckee-Wiesen hat sich ein aufstrebendes Städtchen etabliert.

Schneeschuhe und führten lediglich Rationen für sechs Tage mit sich. Der einzige, der den Weg kannte, wurde schneeblind und blieb erschöpft zurück, um die Gruppe nicht aufzuhalten. Die anderen verirrten sich und mußten gegen Weihnachten einen dreitägigen Schneesturm aussitzen – ihr einziger Schutz waren einige Wolldecken und die gegenseitige Wärme. Vier Männer starben, und die Überlebenden ernährten sich von dem Fleisch der Toten. Einen Monat später erreichten zwei Männer und die fünf Frauen eine Siedlung jenseits der Berge.

Die erste Rettungsexpedition, sieben Mann auf Schneeschuhen, gelangte Ende Februar zum Lagerplatz des Donner-Trecks, wo sie von halbverhungerten Überlebenden begrüßt wurden. Mit den 21 Stärksten machten sich die Retter sofort auf den Rückweg. Auf halber Strecke trafen sie James Reed, der einen anderen Suchtrupp führte. Reed erreichte das Camp am 1. März, wo er George Donner im Sterben antraf und Anzeichen für Kannibalismus vorfand. Reed kehrte mit den restlichen Mitgliedern des Trecks zurück, mit Ausnahme von elf Personen, die in den Blockhütten und den Baumzelten blieben. Die Gruppe Reed mußte unterwegs einen weiteren Schneesturm tagelang aussitzen, und wieder ereigneten sich Fälle von Kannibalismus. Eine dritte Rettungsgruppe holte schließlich die restlichen Siedler aus dem Lager, nur Tamsen Donner blieb bei ihrem todkranken Mann, und Lewis Keeseberg, ein deutscher Emigrant, der an einem kranken Fuß litt, wollte am Alder-Bach den Frühling abwarten. Im April 1847 kehrten einige der Donner-Gruppe zu den Truckee-Wiesen zurück, um ihre Habe einzusammeln. Keeseberg lebte noch, er hatte sich tagelang von Tamsen Donners Fleisch ernährt, und bis zu seinem Tode verfolgte ihn das Gerücht, er hätte sie ermordet.

Nur 47 Menschen überlebten den Winter am Donner-Paß, wie er seitdem genannt wird. Eine falsche Einschätzung der Lage, ein früher Winter mit außergewöhnlich starken Schneefällen und vor allem die Uneinigkeit unter den Familien hatten ihren Teil zu dem Schicksal dieses Emigrantentrecks beigetragen. Die Geschichte der Donner-Gruppe steht heute als ein Monument der Schwierigkeiten bei der Besiedelung des amerikanischen Westens, sie ist aber auch ein Beispiel für die Extreme, in die Menschen durch Hunger und Verzweiflung getrieben werden.

An einem See wie diesem hatte McCunn seinen Lagerplatz aufgeschlagen, die üppige Vegetation täuschte ihn über die Realitäten des herannahenden subarktischen Winters. McCunn wollte die Birken an seinem Zelt nicht als Feuerholz nutzen, weil sie so schön gerade gewachsen waren.

Fall II: Carl H. McCunn

Im März 1981 ließ sich Carl Henry McCunn, 35 Jahre alt, Gewicht 115 kg, Körpergröße 188 cm, zu einem kleinen See in der Wildnis von Alaska fliegen, um Tier- und Naturaufnahmen zu machen. McCunn schlug sein Lager 75 Meilen nordöstlich von Fort Yukon, oberhalb des Polarkreises, unweit der kanadischen Grenze auf. Fairbanks war 225 Meilen entfernt und der nächste Mensch, ein Trapper, hauste rund 24 Kilometer entfernt von dem See, an dem McCunn bereits 1976 über fünf Monate verbracht hatte.

Carl McCunn rechnete auch diesmal mit einer solchen Zeitspanne, er hatte eine Schrotflinte, ein .30-30 Winchester Gewehr und eine .22 l.r. Büchse, Zelt, Werkzeuge, einen kleinen Zeltofen und über 500 kg Verpflegung und Ausrüstung mitgebracht. Ein Buschpilot sollte ihn im August wieder abholen, aber es scheint, daß Carl McCunns Anweisungen und Rücksprachen nicht sehr genau waren. Außerdem ließ er drei Karten mit seinem eingezeichneten Zeltplatz bei Freunden und hatte seinem Vater gegenüber erwähnt, daß er vielleicht dort überwintern wollte, wenn er genügend Vorräte übrig behielt. Er hatte wiederholt betont, daß seine Eltern keine Nachforschungen anstellen sollten, wenn er sich verspäten würde. McCunn war ein Outdoor-Typ par excellence, mit weitreichenden Kenntnissen und einer Liebe zur Natur, die sich auch in dem über 100 Seiten langen Tagebuch widerspiegeln, in das er seine Erlebnisse bis zum Selbstmord eingetragen hatte. Dank dieses Tagebuchs und zahlreicher Bilder, die McCunn aufgenommen hatte, lassen sich seine letzten Monate, die Fehler und sein verzweifelter Kampf um Überleben und Hoffnung rekonstruieren*.

Am Anfang genoß der Naturliebhaber die unberührte Wildnis und die zahlreichen Motive, er lebte unbekümmert in den Tag hinein, versorgte sich aus seinen Vorräten und fischte. Er hatte genügend Bohnen, Reis, Gewürze und andere Zutaten, sein Ofen erlaubte ihm das Backen von Brot, Fleischkonserven lockerten seine Mahlzeiten auf. Gegen Ende des Sommers aber waren seine Lebensmittelreserven geschrumpft, bald ernährte er sich nur noch von Reis und Bohnen und sah sich gezwungen, auf die Jagd zu gehen, um die einseitige Diät zu ergänzen. Das Flugzeug, das ihn in die Zivilisation zurückbringen sollte, blieb aus und

---
* Einige Auszüge und die Farbaufnahmen wurden im August 1983 in der Zeitschrift GEO (8/83) veröffentlicht.

zum erstenmal tauchen im Tagebuch Zweifel auf, ob seine Absprachen mit dem Buschpiloten ausgereicht hatten. Gegen Ende August verbringt er die meiste Zeit nur noch mit der Nahrungssuche und dem Jagen. Ein Glücksfall beschert ihm einen Karibu, der in dem See ertrunken war. McCunn bereitet sich Trockenfleisch zu und schlemmt für einige Tage – seine Stimmung bessert sich, nur um wenige Tage später in noch größere Niedergeschlagenheit umzuschlagen. Da alles Mückenschutzmittel verbraucht ist, machen ihm die Moskitostiche zu schaffen, der Herbst kündigt sich mit tagelangen Regenfällen und erstem Bodenfrost an. Der September kommt, und Carl jagt Enten mit der .22er, weil sein Vorrat an Schrotpatronen fast völlig zur Neige gegangen ist – ursprünglich war er mit 5 Schachteln in die Wildnis gezogen, hatte aber dann diese Munition bis auf eine Handvoll Patronen in den See geworfen, weil er sich wie ein Militarist vorkam. So war er gezwungen, auf ruhendes Flugwild zu schießen. Er begann mit dem Fallenstellen, Bisamratten und Kaninchen ergänzen den Speisezettel, aber immer häufiger kommt es vor, daß ein Fuchs oder Wolf das Kleinwild aus den Würgeschlingen reißt, bevor McCunn sie findet. Das zum Überleben nötige Großwild, ein Elch oder Karibu, läuft ihm nicht vors Gewehr, und folgt man den Aufzeichnungen, so entfernt sich McCunn auch nicht allzuweit vom Lager oder sucht neue Jagdgründe. Als sich schließlich doch ein Elch dem Biwakplatz nähert, ist die .30-30 verpackt und ungeladen! Bis er sie schußfertig hat, ist der Elch nur noch ein Schatten im See und McCunn kann sich nicht zum Schießen entschließen, weil er nicht erkennen kann, ob es sich um ein jagdbares männliches Tier oder um eine Elchkuh handelt.

Schließlich kommt ein Flugzeug. Es ist zwar nicht jener Buschpilot, auf den McCunn so gehofft hatte, aber besorgte Freunde hatten sich an die Staatspolizei gewandt, und ein Beobachtungsflugzeug überflog den Lagerplatz zweimal, um festzustellen, ob der Fotograf Hilfe brauchen könnte. Beim ersten Motorengeräusch war McCunn auf die Lichtung vor seinem Zelt gerannt. Ohne Sonne konnte er das Flugzeug nicht anblinken, aber er winkte mit seinem orangefarbenen Schlafsacküberzug und kam sich dabei, wie er später in seinem Tagebuch verzeichnet »reichlich albern vor«. Ohne Schwimmkufen konnte das Polizeiflugzeug nicht landen, überflog aber den Platz ein zweites Mal und McCann winkte jetzt mit der rechten Hand, drehte sich um, ging zu seinem Zelt zurück und packte in der Hoffnung, bald abgeholt zu werden. Nach tagelangem Warten kommen ihm Zweifel, ob sein Winken richtig verstanden wurde. Zufällig wirft er einen Blick auf die Rückseite seiner Jagdlizenz, auf der einige der wichtigsten Hand- und Notzeichen gedruckt sind – ihm wird nun klar, daß sein Winken dem Handsignal für »alles okay« ziemlich ähnlich war. Diese Tagebuchaufzeichnung wird von den Aussagen der beiden Staatspolizisten im Flugzeug bestätigt, die McCunns Winken mit dem

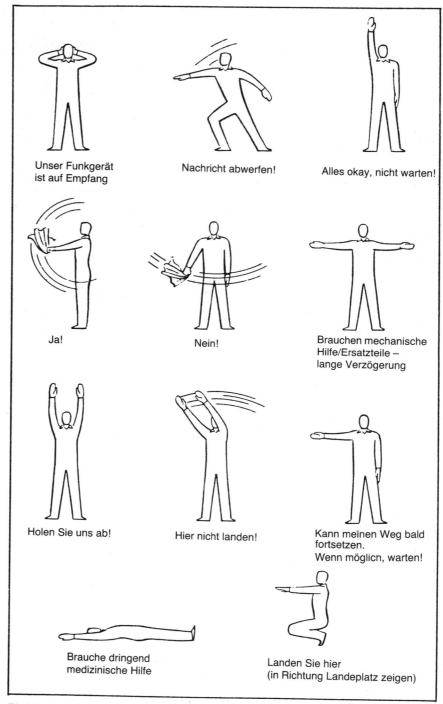

Ein Mißverständnis bei der Zeichengabe zum Suchflugzeug kostete McCunn wahrscheinlich das Leben. Diese international bekannte Tabelle sollte abkopiert und bei Survivaltouren mitgeführt werden.

I	**II**	**X**	**F**	**⩾**	**K**
1. Brauche Arzt, schwere Verletzungen	2. Brauche medizinisches Material	3. Unmöglich weiterzukommen, -fahren	4. Brauche Nahrung, Wasser	5. Brauche Munition, Waffen	6. Deuten Sie in Richtung des Weitermarsches
↑	**I)**	**⌐⌐**	**△**	**LL**	**L**
7. Wir setzen in diese Richtung Marsch fort!	8. Werden versuchen zu starten	9. Flugzeug, Fahrzeug schwer beschädigt	10. Wahrscheinlich sicherer Landeplatz hier!	11. Alles in Ordnung!	12. Brauche Treibstoff u. Öl, Schmierstoff
N	**Y**	**⊐L**	**W**	**▢**	**┊**
13. No / Nein!	14. Yes / Ja!	15. Nicht verstanden!	16. Brauche Mechaniker	17. Brauche Karte u. Kompaß	18. Brauche Signallampe

McCunn legte seine Notzeichen zu spät aus: Diese graphischen Symbole werden durch Baumstämme, Steine oder Spuren im Schnee dargestellt. Zeichengröße: 5–6 m!

Beutel sofort erkannt und über dem Lagerplatz gekreist hatten. Sein Winken mit der Hand nahmen sie als »beiläufig, lässig« auf, und als sie beim dritten Überflug sahen, wie McCunn gelassen und ruhig zum Zelt zurückging, glaubten sie nicht, daß er sich in irgendeiner schwierigen Lage befand. Eine Rettungsaktion wurde nicht eingeleitet.

Mit der zunehmenden Kälte und dem ersten Schneefall begann auch der See zuzufrieren, dessen Fische bisher für McCunn eine wichtige Nahrungsquelle gewesen waren. Er ist längst dazu übergegangen, auch Eichhörnchen und Bisamratten zu essen; der Versuch, einen nahen Wolf mit der .22er zu erlegen, mißlingt, weil McCunn zu ungeduldig ist. Eine zweite Maschine überfliegt das Lager, aber anscheinend sieht der Pilot McCunns Winken nicht. Erst jetzt fällt ihm ein, daß er ein Notzeichen auf dem zugefrorenen See aufstellen könnte und er hängt seinen Schlafsacküberzug an die Spitze eines zusammengebundenen Dreibeins aus Fichtenstämmen. Im November gehen ihm die letzten Vorräte aus, es bleiben nur noch Gewürze. Die Kälte setzt ihm von Woche zu Woche mehr zu, er füttert die Stiefel mit Fuchsfell aus, versucht Feuerholz zu sparen, indem er morgens früher aufsteht. Temperaturen von minus 25 Grad Celsius bevor die Sonne aufgeht lassen ihn in unkontrollierbares Zittern verfallen. Zu diesem Zeitpunkt fühlt sich McCunn zu schwach, um seine Fallen regelmäßig zu kontrollieren, Frost-

beulen an Füßen und Händen bereiten zusätzliche Schwierigkeiten, Schwindelanfälle treten auf.

Aus den Tagebucheintragungen wird die zunehmende Verzweiflung und die Abnahme der Willenskraft deutlich. Immer mehr ist von Gott und dem Tod die Rede, Gebete finden jetzt Eingang in die Aufzeichnungen. McCunn beginnt den Tod in seine Erwägungen einzubeziehen, er fürchtet das Verhungern und sieht den Selbstmord durch einen Gewehrschuß als Ausweg – zuerst verwirft er diesen Gedanken sofort, dann wird die Versuchung immer größer. Feuer im Ofen läßt ihn die Kälte für Momente vergessen, aber sein Holzvorrat und auch das Lampenöl schwinden zusehends. Seit Wochen ist es ihm unmöglich, Abwechslung in den mitgebrachten Büchern zu finden, die er nun schon drei-, viermal durchgelesen hat. Die Einsamkeit setzt ihm in dem Maße mehr zu, als sich die von ihm so geliebte Wildnis in eine verschneite, feindliche Eiswüste verwandelt. Schließlich, nachdem er sein letztes Feuerholz in den Ofen geschoben hat und sein letztes Notlicht sich dem Ende nähert, verfaßt Carl McCunn einen Abschiedsbrief und schießt sich mit der Winchester in den Kopf. Zwei Monate später finden State Trooper ihn so in seinem Zelt.

Die Geschichte des Naturliebhabers und Fotografen McCunn versinnbildlicht hervorragend, wie die Aneinanderreihung kleiner Fehler in der Wildnis zum Verhängnis werden kann.

McCunns Tod ist ein Lehrfall, und vielleicht ist er nicht umsonst gestorben, wenn andere aus seinen Erfahrungen die richtigen Schlüsse ziehen.

Carl Henry McCunn beging seinen ersten Fehler, als er mit einem anderen Piloten in die Wildnis flog, ohne seine Rückkehr genau mit Rory Cruikshank abzusprechen, jenem Buschpiloten, auf dessen Erscheinen er seit August vergeblich gewartet hatte. Auch seine Absprache mit Freunden, denen er Karten von seinem Camp übergeben hatte, waren nebulös. Nichts in seinen Planungen sah tatsächlich unerwartete Notfälle vor – jede Blinddarmentzündung, jede Verletzung hätte dem Einsiedler zum Verhängnis werden können. Ein Rückzug in die Wildnis, wie ihn McCunn als Einzelgänger praktiziert hatte, beinhaltet eine Anzahl unberechenbarer Risiken, für die man Vorsorge treffen muß. Bei den über 1300 Pfund Ausrüstung, mit denen er an den See zog, wäre genügend Platz für ein kleines Funkgerät gewesen, mit dem er den Kontakt mit der Zivilisation behalten hätte – gerade in den Weiten des amerikanischen Nordens sind solche Funkgeräte der Citizen-Band-Klasse selbstverständlich.

Falsche Planung und Voraussicht sind die Schlüssel zu McCunns Tragödie: Er hatte genügend Nahrungsmittel, Kleidung, Munition, Lampenöl und andere Reserven für die fünf Monate von April bis August, in denen er an seinem See bleiben wollte. Das Zelt und der kleine Campofen reichten als Schutz

Selbst der zugefrorene See hätte McCunn noch mit Nahrungsmittel versorgt, wenn er sich auf das Eisfischen verlegt hätte, aber nicht wie hier als Sportfischer an einem einzigen Loch, sondern durch Auslegen geköderter Angelschnüre an einem Dutzend Löcher, die über den ganzen See verteilt sein müssen.

und Wärmequelle für diesen Zeitraum, in dem auch in Alaskas Norden die Temperaturen moderat sind. Bis zum Zeitpunkt seiner geplanten Rückkehr reichten die Lebensmittelvorräte und waren hinlänglich abwechslungsreich. Aber im August waren nur noch Reis und Bohnen vorhanden und auch der Mückenschutz ging zur Neige. McCunns Denken begann sich nur noch um Essen zu drehen, weil die eintönigen Reserven ihn nicht nur langweilten, sondern auch auf seine Verdauung wirkten. Im Tagebuch klagt McCunn über Verstopfung aufgrund der in Bohnen und Reis übermäßig vorhandenen Stärke und der mangelnden Bewegung – wochenlange Regenschauer zwangen ihn zur Untätigkeit. Alles stand und fiel mit dem rechtzeitigen Erscheinen der Rückfluggelegenheit – und trotz dieser zentralen Bedeutung hatte Carl H. McCunn gerade diesen Bereich vernachlässigt. Falsche Hoffnungen und Erscheinen eines Rettungsflugzeuges führten dazu, daß die nächsten Wochen in Untätigkeit vergeudet wurden. McCunn war kein Sonntagsausflügler, er kannte die Natur genau und wußte sich in ihr zurechtzufinden. Er kannte die Vorboten des herannahenden Winters, das Verfärben der Blätter, den Nordwind, die immer niedrigeren Nachttemperaturen. Seine Vorbereitung auf die Kälteperiode blieb halbherzig, weil er immer noch damit rechnete, abgeholt oder von einem zufällig vorbeikommenden Flugzeug entdeckt zu werden. Er polsterte sich sein Bett im Zelt mit Gras gegen die Bodenkälte, riß aber einige alte Bretter, die ihm bisher als Zeltboden gedient hatten, heraus und verfeuerte sie. Sein Feuerholzvorrat blieb gering, denn er scheute sich, in der Nähe seines Camps Bäume zu schlagen, weil sie so schön gewachsen waren.

Später versuchte er, sein Zelt winterfest zu machen: Die Staatspolizei fand das tief verschneite Zelt mit einem in die Erde abgesenkten Zeltboden, der mit Grasballen und Leinwandwänden ausgelegt war. McCunn hätte genügend Zeit gehabt, sich eine mehr als behelfsmäßige Holzhütte zu bauen, deren Wände die Wärme des Ofens besser als das Zelt konserviert hätten. Statt dessen überheizte er den Ofen, so daß ein Teil des Zeltes zweimal Feuer fing! Eine ähnliche Inkonsequenz spiegelt sich im Jagen und Fischen wider: McCunn besaß alle notwendigen Outdoor-Kenntnisse – er konnte Spuren lesen, Wild ausnehmen, wußte, wie man Fleisch räucherte und trocknete. Er besaß drei Gewehre, genügend Munition (bis er sich zum Wegwerfen von über 100 Schrotpatronen hinreißen ließ), Angelschnur und ein mit Kettengliedern beschwertes Fischnetz. Er kannte sich im Fallenstellen aus und hätte auch mehr Jagdglück gehabt, wenn er sich in den noch warmen Monaten weiter vom Camp entfernt hätte, das wahrscheinlich mit seinem Rauch und den der Umgebung anhaftenden Gerüchen das Wild vertrieb. Noch Ende September, Anfang Oktober hätte er ohne großes Risiko die 15 Meilen bis zur nächsten Behausung zurücklegen, oder mit etwas sorgfältiger Planung den Weg bis nach Fort Yukon bewältigen können. Zu dieser Zeit lagen die Nachttemperaturen lediglich etwas unter dem Gefrierpunkt und der Schnee hätte ihn noch nicht behindert. Als er schließlich einen solchen Ausweg in Erwägung zieht, ist es schon zu spät: Ihm fehlt der Mut, sich angesichts von mehr als – 20° zu dem Trapper durchzuschlagen. Anders als die Donner-Gruppe wartet McCunn auf das Schicksal, das ihn schließlich hungernd und frierend zu dem letzten Schritt zwingt.

Carl H. McCunns Verhalten wird verständlich, wenn man sich die Isolierung vor Augen führt, unter der er ab Anfang August bewußt zu leiden beginnt, weil der verabredete Rückflug, seine Verbindung mit der Zivilisation, ausblieb. Auch seine Fotografentätigkeit, die ihn bis dahin völlig ausfüllte und seinen Tagesablauf bestimmte, war im August weitgehend abgeschlossen. McCunn beginnt in seinem Tagebuch gegen Cruikshank und seine Freunde zu Hause Stellung zu beziehen –, er, der bis dahin monatelang glücklich in der Wildnis ausgehalten hatte, fühlt sich plötzlich einsam, verlassen und vergessen.

Wahrscheinlich tritt nun das von Psychologen bei Survivalsituationen beobachtete »break-off«-Syndrom auf, bei dem der völlig von seiner normalen Lebenssituation Abgeschnittene Gleichgültigkeit, Depressionen und Selbstmordgedanken zeigt. Hierbei kann sich die einseitige Ernährung verstärkend auswirken: Vitamin B_1 (Thiamin) und Vitamin E, die in Hülsenfrüchte, Geflügel, Fisch, Leber, Vollkornprodukte und Sojabohnen enthalten sind, können nach neuesten ernährungsphysiologischen Forschungen Mattigkeit, Antriebsmangel und Angstzustände abwenden, die durch Mangeldiät verursacht wurden. Ähnlich kann der Mangel an Eisen (das in magerem Fleisch, Geflügel, Leber und getrockneten Früchten, Blattgemüse und Krustentieren enthalten ist) oder an Vitamin C gleichfalls Müdigkeit und Depressionen fördern. McCunns Nahrung war ab Anfang August alles andere als ausgewogen, er selbst tat ein übriges, um seinen Organismus durch ungezügeltes Essen aus dem Gleichgewicht zu werfen. Nachdem er sich wochenlang von Bohnen ernährt hatte, verschlang er große Mengen von Fleisch und die Leber, als ihm der Karibu in die Hände fiel. Das magere Fleisch der Kaninchen ist zwar nahrhaft, kann aber als Hauptbestandteil der Nahrungsaufnahme nach einigen Tagen sehr problematisch werden, erste Anzeichen sind dünner Stuhlgang. Fisch (den McCunn bis zum Zufrieren des Sees fing) hat das vom menschlichen Körper benötigte Fett und wäre eine gute Ergänzung zu den Kaninchen und Eichhörnchen gewesen, von denen sich der Einsiedler am Ende ernährte. Allerdings: Fisch hat nur wenig Kalorien. Um den täglichen Bedarf in einer Survivalsituation zu decken, müßte der Betreffende mindestens fünf bis sechs Pfund essen! Im Schnitt hat ein Pfund Fisch lediglich 200 Kalorien. McCunn versuchte sich vor Skorbut und Vitaminmangel durch das Essen wildwachsender Hagebutten und Rottannen-Schößlinge zu bewahren, letztere werden in der amerikanischen Survival-Literatur als hervorragende Notnahrung angepriesen, aber der harzige Geschmack stieß ihn ab. Am Ende träumte McCunn ständig vom Essen, aber er fühlte sich kaum noch hungrig, nur »müde, apathisch, dumpf und leer im Bauch«.

Am Ende steigerte sich McCunn in die Angst vor dem Hungertod hinein, die bald sein Denken völlig einnahm. Seine Gedanken wurden völlig negativ und ließen sich von seinem Leid nicht mehr abbringen: Die Schmerzen in den kalten Gliedmaßen, der Hunger, die Kälte und Eiswüste um ihn, das Gefühl verlassen zu sein – all dies konzentrierte sich auf den Ausweg Selbstmord. Fast erscheint es, als ob er eine Autosuggestion mit umgekehrtem Ziel, nicht auf das Überleben, sondern auf die Überwindung der Hemmschwelle zur Selbsttötung betrieb. Zusammen mit einer anderen Person, mit einem Partner, wäre dieser Zustand nicht so schnell eingetreten – aber in seiner Abgeschiedenheit hatte Carl McCunn schon längst nicht mehr die Möglichkeit, sein eigenes Verhalten zu kontrollieren. McCunn wurde nicht vom Hunger, nicht von der Kälte umgebracht – diese Faktoren waren nur auslösende Momente für den Verlust seiner Willenskraft zum Überleben.

Anders als der Donner-Treck, der bei einer geplanten Arbeitsteilung als Gemeinschaft wesentlich bessere Überlebenschancen gehabt hätte, war McCunn allein auf sich gestellt. Die Donner-Gruppe brachte sich durch Zwietracht um die gegenseitige Hilfe, McCunn war sich mit seinem Leichtsinn und seiner Unbedachtheit selbst

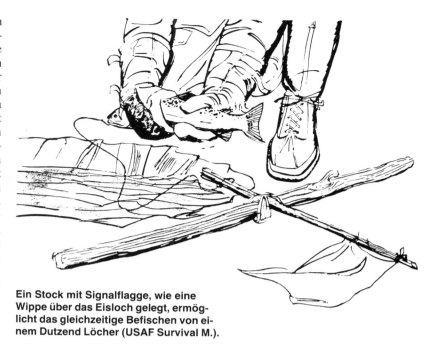

Ein Stock mit Signalflagge, wie eine Wippe über das Eisloch gelegt, ermöglicht das gleichzeitige Befischen von einem Dutzend Löcher (USAF Survival M.).

der schlimmste Feind. Die grundsätzliche Lehre aus diesen beiden Fällen und aus zahllosen anderen Survivalsituationen sind die drei Hauptelemente des Überlebens: Willenskraft, Planung und bedachtes Handeln.

Survival fängt im Kopf an

Überleben ist eine Grundeinstellung, eine Gemütsverfassung, eine Lebensphilosophie. Die Kunst zu überleben ist nicht etwas, das man aus einem Buch oder einem Kurs erlernen kann, dann in eine Art geistigen Schrank ablegt, um es bei Bedarf hervorzuholen. Es ist mehr. Und dieses Mehr ist schwer zu beschreiben.

Zur Grundeinstellung

Einige haben es als eine Art Optimismus oder gar als positive Auto-Suggestion bezeichnet, mit der Krisen- und Panikstimmung begegnet werden kann. Der Survivalist sagt sich angesichts der plötzlich hereinbrechenden Lage nicht: »Hoffentlich komme ich noch einmal davon!« oder »Ich will überleben«, er sagt »Ich werde überleben« und geht dann daran, dies zu bewerkstelligen. Das Wissen um Überlebenstricks, die Training und Literaturstudium vermittelt haben, kommt erst an zweiter, die Ausrüstung an dritter Stelle. Die psychologische Grundeinstellung ist die Hauptsache, alles andere ist Beiwerk! Es kommt auf den Kopf an, er ist unser wichtigstes Hilfsmittel.

Die Praxis ist voll von Beispielen, die das belegen: Piloten, die einen der besten Überlebenskurse der Welt absolviert hatten, sich unverletzt mit ihrer Survivalweste, mit Waffen, Munition und einem Fallschirm am Boden fanden, wurden ein Opfer ihrer eigenen Panik. Die Angst vor der ungewohnten Situation, vor Dschungel, Wüste oder Hochgebirge, vor Verhungern, Erfrieren oder Verdursten machte sie kopflos. Einige gaben sich lieber dem unsicheren Schicksal vietnamesischer Gefangenschaft hin, als ihr Heil in der Flucht zu suchen. Andere vergeudeten in Panik die Resourcen ihrer Ausrüstung und wurden zu lethargisch auf den Tod wartenden Opfern, obwohl Hilfe nur einen kurzen Fußmarsch weit weg war. Das Paradebeispiel amerikanischer Survivallehrer ist jener Pilot, der mit 20 Streichhölzern 20 Zigaretten anzündete, aber dann der Nachtkälte hilflos ausgesetzt war und erfror. Auf der anderen Seite haben völlig unbedarfte Personen ohne jegliche Spezialausrüstung oder Ausbildung Extremsituationen überstanden, weil sie den Willen hatten und ihren Kopf gebrauchten. Es ist kein Widerspruch, daß die Chancen Verirrter bei normalen Erwachsenen von Rettungsspezialisten nach drei Tagen mit null bewertet werden, während Kindern zugetraut wird, mehr als drei Tage – ja mitunter sogar länger als eine Woche – in der Wildnis durchzustehen. Kinder tun instinktiv das Richtige, sie haben auch keine Phantasie, sich die Gefahren auszumalen, sondern nur ganz normale, überwindbare Angst vor der Dunkelheit oder dem Alleinsein. Erwachsene dagegen geraten in Panik, vergeuden ihre Kräfte durch zielloses Herumlaufen und malen sich die Schrecken des Verhungerns, Verdurstens oder Erfrierens in den krassesten Farben aus, bis sie wie die Maus vor der Schlange so gebannt vor den vermeintlichen oder realen Gefahren erstarren, daß sie ihr Schicksal ereilt.

Das markanteste Beispiel für dieses Paniksyndrom konnte der Verfasser bei Verwundeten und Verletzten beobachten, die sich über ihre relativ leichte Verwundung so erregten, daß sie sich einredeten, nun müßten sie sterben, wenig später in einen komatösen Zustand und dann in den Tod hinüberglitten. Andere, denen die behandelnden Ärzte und Sanitäter kaum eine Chance mehr gaben, krallten sich mit jeder Faser an das Leben und wurden nicht einmal ohnmächtig.

Ein solcher Wille zum Leben kommt natürlich nicht über Nacht, er ist zumeist gepaart mit einem gesunden, auf Leistungsfähigkeit aufgebautem Selbstvertrauen und mit über Jahren praktizierter Selbstdisziplin. Alles weitere in der Überlebenskunst ist nichts anderes als angewandte Logik. Es gibt keine geheimen Tricks, keine ausgetüftelten Wissensbereiche, die uns das Überleben in einer Notsituation garantieren – der Großteil der in diesem und anderen Handbüchern enthaltenen Ratschläge sind einfache, fast banal klingende Tips. Ergebnis logischer Überlegung und der Kombination von allgemein zugänglichem Wissen. Deshalb haben auch Menschen in extremen Lagen überlebt, die vorher nie ein Survivalbuch angefaßt hatten. Sie überlegten und beobachteten und benützten ihren Verstand, während andere überhastete Schritte unternahmen, nicht nachdachten und offen sichtbare Fehler begingen.

Unser Kopf und unsere eigene Urteilsfähigkeit sind die vornehmlichsten Mittel, die uns zur Bewältigung einer schwierigen Lage oder Notsituation zur Verfügung stehen, während Panik in jedem Fall die größte Gefahr für unser Überleben darstellt. Panik tötet schneller als jede Kälte oder jede Hitze; Panik beeinflußt unsere Möglichkeit rational zu denken, Flucht- und Rettungsmöglichkeiten zu beurteilen und angemessen zu handeln.

Panik

Die Psychiatrie definiert »Panik« als einen Anfall alles überwältigender Angst, bzw. als eine in Katastrophensituationen bei Überschreiten einer individuellen Erträglichkeitsgrenze für Angst auftretende kopflose Verhaltensweise, bei der in blindem Bewegungssturm reale Möglichkeiten zur Rettung außer acht gelassen werden. Panik kann sich in lähmender, apathischer Ergebung oder in hektischer, sich überschlagende Reaktionen auswirken, wobei verborgene, krankhaft veranlagte Ängste (Phobien, etwa vor engen Räumen, Höhen, Menschenmassen, Feuer etc.) dem Ausbrechen der Reaktion und ihren Ausmaßes zugrundeliegen können. Panik ist nicht gleichzusetzen mit Angst, die in jedem Menschen mehr oder minder vorhanden ist und eine Schutzfunktion besitzt. Angst ist ein natürlicher Affektzustand, bei welchem eine Gefahr erwartet wird, auf welche sich die Psyche bereits vorbereitet hat. Der Angst liegen zumeist Erfahrungen zugrunde, die ein Wissen um die Folgen (z. B. Feuer – Schmerz) beinhalten. Angst hat für das Verhalten des Betroffenen Signalfunktion und löst im menschlichen Organismus eine Reihe von Organreaktionen aus (Adrenalinausschüttung, steigender Blutdruck, Muskelanspannung etc.), die den Körper in eine Abwehr- oder Fluchtbefähigung vor der realen oder vermeintlichen Gefahr versetzen. Jeder Mensch hat seine individuellen Ängste und Angstgrenzen, die durch Erziehung, Erfahrung und Gewöhnung geprägt, in gleichem Maße ist die eingangs erwähnte individuelle Erträglichkeitsgrenze für Angst, bei deren Überschreitung es zur Panik kommt, nicht eine feste Einheit, sondern verschiebbar. Sie kann durch das Auseinandersetzen mit der Extremsituation, durch Training in der Konfrontation der eigenen Ängste, aber auch durch unsere Stellung zu anderen Personen angehoben werden. Die Ausbildung bei Rettungsverbänden, wie Küsten-, Gebirgswacht oder Feuerwehr, aber auch jede militärische Einheit liefert genügend Beispiele, daß Menschen durch wiederholte Konfrontation mit angsterregenden Situationen für die Bewältigung von Gefahrensituationen konditioniert werden können, solange nur der einzelne genügend Willen aufbringt, Herr seiner Angst zu werden. Dabei ist jeder einzelne natürlich von der ihn umgebenden Umwelt und Personengruppe beeinflußt. Dritte können helfen, die eigene Angst oder aufkommende Panik zu bewältigen, sie können aber auch mit ihrer Angst oder Panik anstecken – wie zahlreiche Katastrophen in vollbesetzten Kinos, Gebäuden oder Stadien anschaulich zeigen.

Ruhe bewahren

In einer plötzlich eintretenden Lage ist daher oberstes Gebot, die aufkommende Panik bewältigen und die Angst auf das ihr angemessene Maß zu reduzieren. Es gilt, die sprichwörtliche eiserne Ruhe zu bewahren und durch eine schnelle, kurze Situationsanalyse sich über das Ausmaß der bestehenden Gefahren und die erreichbaren Mittel zu ihrer Bewältigung Klarheit zu verschaffen. Dann werden die Prioritäten festgesetzt.

Sobald diese Analyse erfolgt ist, geht man an die schrittweise Verwirklichung der geplanten Maßnahmen, bei denen die Einfachheit vorrangig ist: Das Kiss-Prinzip (»Keep it simple, stupid!«) hat gerade in solchen Situationen besondere Bedeutung, wo Hilfsmittel, Zeit und Energie begrenzt sind – die noch vorhandene Zeit ist in jeder Survivallage engen Grenzen unterworfen. Mit der einbrechenden Dunkelheit sinken die Temperaturen, aufgrund fehlenden Lichts sind selbst so einfache Tätigkeiten, wie das Sammeln von Brennholz, kaum mehr durchführbar. Jede Aktivität muß sich auf ein Minimum beschränken. Selbst wenn wir mit einem Survival-Set oder bei einer Extremtour mit einer ganzen Rucksackausrüstung versehen sind, bleiben unsere Hilfsmittel begrenzt: Werkzeuge, Streichhölzer, Batterien müssen so wirtschaftlich wie möglich eingesetzt werden. Selbst wenn der Zeitraum der Notlage absehbar ist (wie z. B. bei einer geplanten Extremtour) gilt es immer noch hauszuhalten und Reserven für die eventuell unvorhergesehen eintreffende Verlängerung zu bewahren. Die eigene Energie ist kein unbegrenzter Vorrat, mit dem man nach Belieben wirtschaften kann. Jede körperliche Tätigkeit muß daher durch eine Nutzen/Kosten-Kalkulation bestimmt sein. Alles nur

Erdenkliche ist zu tun, um die vorhandene Kraft zu erhalten und, wenn möglich, zu regenerieren – Ruhepausen bei der Arbeit oder beim Marsch, günstige Schlafbedingungen, rechtzeitige und möglichst häufige Aufnahme von Ernährung und Flüssigkeiten, Beachten aller vom Körper ausgesandten Warnsignale wie z. B. Schwindelgefühl, Schmerzen, aber auch Gefühllosigkeit in Gliedmaßen (Erfrierungen!), Zittern usw.

Neben der körperlichen Kondition muß auch die geistige beachtet werden, auch die innere Ruhe und Stärke sind nicht unerschöpfliche Größen, die Gemütsverfassung, Stimmung und Nerven sind Schwankungen unterworfen und werden in einer Extremsituation mehr als normal beansprucht. Äußere Einflüsse, wie Wetter, Außentemperatur, Blutverlust und Mangelernährung werden sich auswirken. Überspannte Erwartungen an die Hilfe anderer oder an die eigene Leistungsfähigkeit können in Resignation und den Verlust von Selbstvertrauen münden und damit wieder der Angst und der Panik Raum geben.

Von Anfang an muß man sich dieser mannigfaltigen Hürden bewußt sein und ihr Auftreten rechtzeitig erkennen. Der Schlüssel zum Erfolg liegt im Bewußtsein des schrittweisen Vorgehens, bei dem kleine Ziele gesteckt werden und jede erfolgte Leistung wie ein weiteres Glied in der Kette des Sieges betrachtet wird. Zum Überlebenstraining gehört auch die Autosuggestion und jeder, der sich ernsthaft mit dem Gedanken an Extremtouren und Abenteuerurlaub trägt, sollte sich mit dieser geistigen Technik vertraut machen. Zum Survivalismus gehört auch eine grundsätzlich positive Einstellung zum Leben, es hat keinen Sinn über Geschehenes und gemachte Fehler zu brüten und sich selbst damit in eine negative Stimmung zu versetzen. Die gleiche Zeit und den gleichen Aufwand kann man besser dazu benützen, sich über Auswege Gedanken zu machen. Ähnlich ist es mit den vielen falschen Auffassungen, mit denen man sich in einer Extremlage herumschleppt und die wie ein Klotz am Bein oder Halsschlingen wirken – sie nehmen dem Betreffenen von vornherein den Mut und lassen ihn resignieren, wo es eigentlich noch zahlreiche Möglichkeiten gibt.

Einige Beispiele für solche verkehrten Prämissen und für die entsprechenden Richtigstellungen zeigt nebenstehende Auflistung:

Falsch!	**Richtig!**
Ich habe mich verirrt!	– Du hast nur den Weg verloren, oder weißt im Moment nicht genau über deine eigene Position Bescheid. Ein Rückweg läßt sich immer finden, das ist nur eine Frage der Zeit.
Ohne ärztliche Hilfe werden meine Verletzungen schlimmer, sie werden sich entzünden, ich werde sterben.	– Falsch! Der Körper hat enorme Selbstheilungsfähigkeiten. Zahlreiche Menschen haben in der Wildnis auch ohne ärztliche Hilfe überlebt. Du kannst durch einige Erste-Hilfe-Maßnahmen Komplikationen vermeiden.
Ich bin verletzt, mein Fuß (Bein, Arm) tut zu weh, ich kann nicht mehr weiter!	– Man kann natürlich am Unfallort verschimmeln, aber selbst mit Knöchelbruch sind weitaus Schwächere schon zu Fuß wieder zurück in die Zivilisation gelangt. Es ist alles nur eine Frage des Willens – ich will!
Hilfe ist unterwegs. Man wird mich bald vermissen/suchen/finden! So lange bleibe ich hier ruhig und warte ab.	– Schön, wenn man tatsächlich bald mit einem Suchtrupp rechnen kann, aber sein Erfolg ist nicht garantiert – was muß ich tun, damit er mich findet? Ist meine derzeitige Position da, wo mich die Suchenden vermuten/sehen können?
Ohne Feuer werde ich die Nacht nicht überstehen!	– Eine Nacht kann man immer überstehen, auch wenn sie noch so unangenehm ist. Auch ohne Feuer gibt es Möglichkeiten, sich vor Kälte zu schützen.
Ich werde verhungern!	– Es dauert viele Tage, bis ein Mensch tatsächlich verhungert oder so schwach ist, daß er sich nicht mehr helfen kann. Bis dahin habe ich längst Hilfe gefunden, zwischenzeitlich ernähre ich mich von Eßbarem am Weg.
Ich bin einsam und verlassen, ich bin verloren!	– Irgendwo sind Menschen, die an mich denken, die auf mich warten – ich bin nicht wirklich allein! Sie verlassen sich darauf, daß ich nichts unversucht lasse, ich darf sie nicht enttäuschen.
Jetzt sind schon drei Tage vergangen, meine Chancen verringern sich mit jedem Tag . . .	– Jetzt habe ich schon drei Tage überlebt, langsam gewöhne ich mich an diesen Zustand! Mit jedem Schritt, mit jeder Stunde komme ich der Rettung näher!

Man könnte diese Liste, den verschiedensten Situationen angepaßt, fast unbegrenzt verlängern. In jedem Menschen steckt ein solcher Set von negativen Suggestivsätzen, die ihn zur Aufgabe verleiten wollen, sobald etwas zu schwierig oder zu unbequem geworden ist. Ein solcher »innerer Schweinehund« findet immer wieder neue Ausreden und ist wie eine Wunde, aus der einem der Lebenssaft rinnt – sie schwächt den Willen zur Selbsterhaltung mehr als Schmerz oder Müdigkeit. Von Anfang an gilt es, solchen negativen Verlockungen zu begegnen und alle Kräfte zu mobilisieren, die uns aus

Verirrt? Erst einmal in Ruhe die Lage orten und von einem erhöhten Punkt aus die Landschaft betrachten. Wenn man dann immer noch nicht klar sieht – »verwandelt man sich in einen Wassertropfen« und folgt dem Tal oder Bachlauf.

der Notlage oder Extremsituation herausbringen können. Haß oder Liebe können solche Quellen zusätzlicher Energie sein. Hugh Glass nahm größte Strapazen auf sich, um sich an jenen Männern zu rächen, die ihn in der Wildnis verlassen hatten. Der Haß war wie ein Feuer, das ihn von innen wärmte. Andererseits konnten sich Menschen aus den hoffnungslosesten Situationen befreien, weil sie an jene dachten, die auf sie warteten und für die sie sich verantwortlich fühlten. Genauso verleiht eine Gruppe oder ein Partner in einer Notlage einen ungeahnten Rückhalt, man übersteht Schwierigkeiten besser, weil man sich vor den Augen anderer nicht blamieren will. Ähnlich kann man sich aber auch selbst zu Leistungen zwingen, weil man sich ständig das eigene Selbstbild vorhält und ihm zu entsprechen versucht – vorausgesetzt, man hat ein positives Bild von sich selbst und zermürbt sich nicht mit Selbstzweifeln!

Panik und Selbstzweifel sind Mörder in einer Überlebenssituation. Es ist besser mit sich selbst zu reden, als die Ruhe zu verlieren. Sobald man Panik in sich aufsteigen spürt, heißt es hinsetzen, hinhocken, tief durchatmen, das Problem definieren und die beste und einfachste Lösung dafür zu finden. Sobald dieser Ausweg sichtbar wird, zwingt man sich, den einmal gefällten Entschluß durchzuführen. Selbst momentan aufkommende Schwierigkeiten sollten nicht in der Lage sein, zur Umkehr zu verleiten. Zu leicht gerät man sonst in ein hektisches Hin und Her und vergeudet seine Energien.

Nachdenken!

Logische Überlegung muß Praxiserfahrung ausgleichen, wenn wir in eine für uns noch unbekannte Situation geraten oder mit einem Problem konfrontiert werden. Beim Bau eines behelfsmäßigen Unterschlupfs hat es z. B. keinen Sinn wie ein Wilder Äste, Zweige und Blattwerk zusammenzuhäufen und dann aus dieser Halde geeignete Materialien herauszusuchen. Erst einmal wird überlegt: Was wollen wir bauen? Wohin soll es gestellt werden? Wie ist die einfachste Konstruktionsweise? Aus den Antworten zu diesen drei Fragen ergibt sich zwangsläufig auch die Antwort zur Frage nach den benötigten Ästen und Zweigen, nach ihrer Länge und Form. Erst dann gehen wir an die Suche nach Baumaterial. Logik sollte aber auch bei der Vorbereitung jeder Reise, jedes Ausflugs und jeder Extremtour beherrschendes Element sein, damit schwierige oder aussichtslose Lagen von Anfang an ausgeschlossen werden.

III. Die vier Survival-Grundelemente

Von einer extremen Situation überrascht, gilt es zuerst einmal die Prioritäten festzulegen und der Reihenfolge entsprechend zu handeln. Als gedanklicher Hintergrund für die nachfolgenden Überlegungen dienten Szenarios von Survivalsituationen im Gebirge, im Wald, in der Wüste oder in Sümpfen. – Bei all diesen Lagen kommt es darauf an, zuerst einmal die nächste Zeit, eine Nacht, einige Tage zu überstehen, bis Hilfe kommt oder bis man Hilfe selbst erreichen kann.

Ob man am Ort verbleibt oder sich aufmacht, um aus eigener Kraft Hilfe zu suchen, hängt von den näheren Umständen der Notsituation ab, ob man z. B. mit einer Suchaktion in nächster Zeit rechnen kann, ob die Wetterlage, Größe des Gebietes, Geländebedingungen usw. einer Suchaktion entgegenkommen oder ob man aufgrund von Verletzten in der Gruppe, fehlenden Vorräten etc. selbst die Initiative ergreifen muß – ein Patentrezept gibt es nicht. In jeder Hinsicht aber sind die vier Survival-Grundelemente vorrangig:

- **Schutz** vor den klimatischen Bedingungen, vor Hitze oder Kälte und allem, was weiteren Energieverlust verursachen kann.
- **Ruhe:** Fehlender Schlaf und Müdigkeit wirken sich physisch und psychisch aus. Nicht nur Kraftverlust ist die Folge, sondern auch verminderte Aufmerksamkeit, geschwächtes Urteilsvermögen und im fortgeschrittenen Stadium Apathie. Der übermüdete Körper ist anfälliger gegen Infektionen, seine Selbstheilungskräfte sind reduziert, er verbraucht mehr Energie. In einer Survivalsituation sind sechs, sieben Stunden tiefer Schlaf Gold wert.
- **Ernährung:** Unter diesen Punkt fällt Trink- und Eßbares, aber er kommt erst an dritter Stelle, da der Mensch in den meisten Regionen der Erde mehrere Tage ohne Essen und zu-

meist mehr als 24 Stunden ohne Trinken auskommen kann, ohne Schaden zu nehmen. Schutz und Ruhe haben Priorität.
- **Rettung:** Bezeichnet den Ausweg aus der Situation, entweder durch die Hilfe anderer oder durch eigene Kraft. Im ersten Fall muß für Signale und Hilfszeichen gesorgt werden, im zweiten Fall für die äußeren Bedingungen für die Fortsetzung der durch den Notfall unterbrochenen Unternehmung. In diese Kategorie fallen z. B. auch alle Maßnahmen und Mittel der Ersten Hilfe, genauso wie das Abseilen, der Bau eines Floßes oder eines Behelfsrucksacks.

Diese vier Punkte gelten in gleichem Maße als Prioritäten-Reihenfolge bei einer plötzlich eingetretenen Notlage wie als Checkliste für die Vorbereitung einer Extremtour, einer Abenteuerfahrt oder Expedition. Sie sind unabhängig von den einzelnen Rahmenbedingungen und dienen wie eine Art Wegweiser für die zu ergreifenden Maßnahmen oder bei der Zusammenstellung von Ausrüstungsteilen. Die Survival-Grundelemente stehen in engem Zusammenhang mit der Staffelung nach kurz-, mittel- und langfristigen Zahlen in einer Notsituation, deren Bedeutung und richtige Abschätzung überlebenswichtig ist. Die Zahl der Opfer, die in Survivallagen umkamen, weil sie sich über Prioritäten und die korrekte Ordnung von kurzfristigen Notwendigkeiten nicht im klaren waren, ist Legion.

Kurzfristig: Zuerst einmal sich und andere aus der unmittelbaren Gefahrenlage entfernen. Erkennen, woher Gefahr droht und »Abstand aufbauen« (Feuer, Unfallstelle, Flutwasser usw.). Bei Notlagen unter widrigen klimatischen Bedingungen und in allen anderen Situationen: Schutzort aufsuchen und erst dann an die Ersthilfe und Behandlung von Verletzungen gehen. Man kann z. B. bereits die ersten Sta-

dien der Unterkühlung erleiden, während man sich ungeschützt vom Wind um das Verbinden einer Schramme kümmern will!

Mittelfristig (Zeitraum von einer Stunde bis 24 Stunden ab dem Entstehen der Notsituation): Lebenserhaltende Maßnahmen wie die Konstruktion einer Notunterkunft, das Anlegen eines Wärmefeuers, die Orientierung in der nächsten Umgebung, Auslegen von Signalen, Finden von a) Brennmaterial und Signalmittel, b) Wasser und c) Nahrung. Vorbereitung und Planen von Rettungsmaßnahmen.

Langfristig: Umsetzung der Rettungspläne, Erreichen von Hilfe und Zivilisation oder Verbesserung der Schutzhütte oder deren Lage, Anlegen von Vorräten von Brennmaterial und Nahrung, Herstellen von Behelfsmitteln wie Kleidung, Werkzeug, Waffen; Auslegen von Schlingen, Netzen, Angeln. Verbesserung des (Über-)Lebenskomforts.

Ist man in einer Gruppe, fällt die Verrichtung der hier beschriebenen Maßnahmen durch Arbeits- und Aufgabenverteilung leichter. Eine Gruppe aber kann auch viel Zeit durch Diskutieren und Zögern vergeuden, dem man durch eine schnelle und klare Auflistung der Prioritäten zur Bewältigung der momentanen Lage vorbeugen kann.

Wichtig ist das Wissen um die Funktion des eigenen Körpers und der für die Aufrechterhaltung der Körperfunktionen, für das Überleben, wichtigen Faktoren wie Wärme, Flüssigkeit und Nahrung. Alle zu ergreifenden Maßnahmen resultieren aus diesen Faktoren. Die nachfolgenden Ausführungen über die auf das Überleben einflußnehmenden Faktoren mögen wie eine Biologie-Schulstunde klingen, aber dieser Nachhilfe-Unterricht zahlt sich aus. Wer wenigstens grob und umrißartig über das Funktionieren des Organismus Bescheid weiß, wird Fehler und Fußangeln in einer Survivallage vermeiden.

31

Es ist alles nur eine Frage des Wassers ...

Ein Mensch kann wochenlang ohne Essen auskommen, aber nur wenige Tage ohne Wasser: Ein Flüssigkeitsverlust von 0,5 % des Körpergewichts erzeugt bereits starken Durst. Bei 5–8 % steigt die Körpertemperatur merkbar an, Kopfschmerzen, Übelkeit und Schwindelgefühle treten auf. Lippen und Zunge sind geschwollen, die Schleimhäute schmerzen. Bereits bei 10 %iger Verminderung des Wassers im Körperhaushalt sind ernsthafte Konsequenzen eingetreten, es kommt zu Ohnmachtsanfällen, irrationalem Verhalten, Erbrechen von eingeflößtem Wasser, Muskelkrämpfen. Die nächsten Folgen sind Nierenversagen, tiefe Bewußtlosigkeit und Koma – bei mehr als 20 % Verlust droht der Tod.

Der erträgliche Bereich, in dem sich die Schwankung des Körperhaushalts an Flüssigkeit tagtäglich vollzieht ist erstaunlich gering: Etwa 0,2 % des Körpergewichts. In fast jeder Notsituation wird daher die Wasserfrage vordringlich und überlebenswichtig, vor allem dann, wenn Verletzungen, Blutverlust oder Erkrankung den Trinkwasserbedarf noch steigern. Dabei sollte man nicht auf den Fehler verfallen und Durst, ein Austrocknen des Körpers oder gar den Tod durch Verdursten nur mit tropischen Temperaturen oder der Wüste zu assoziieren. Auch im Hochgebirge, im Winter, kann der Verlust der Körperflüssigkeit durch Schweiß und Atmung sehr schnell zu gefährlichen Problemen führen – um so mehr, als man angesichts solcher kalten Bedingungen kaum an Durst oder Verdursten denkt. Wenn man mehr Flüssigkeit ausatmet oder ausschwitzt als man durch Trinken wieder zu sich nimmt, kommt es sehr schnell zu einer Verdickung des Blutes, das nun langsamer fließt und weniger Sauerstoff zum Gehirn und in die Glieder transportieren kann. Müdigkeit setzt ein, der Betroffene wird träge und verliert sehr schnell die Kontrolle über seinen eigenen Zustand, da besonders das Vermögen zu rationalem Denken und Handeln schnell eingeschränkt wird. Bergbesteigungen, die mit modernster Ausrüstung und Sauerstoffgeräten versehen waren, blieben sprichwörtlich stecken, weil die Teilnehmer nicht genügend Flüssigkeit zu sich genommen hatten. Die Erstbesteigung des Mount Everest glückte, nachdem man diesen Zusammenhang erkannt hatte; eine Schweizer Expeditionsgruppe mußte geschwächt aufgeben, weil die Bergsteiger weniger als einen halben Liter pro Tag zu sich genommen hatten.

Der Mindestbedarf für einen gesunden Menschen liegt etwa bei 1 Liter pro Tag, sofern der Betroffene sich ruhig verhält und keinerlei körperliche Anstrengungen unternimmt. Schweißausbruch jeder Art erhöht den Bedarf sofort: Bei schwerer Arbeit in großer Hitze kann der Wasserverbrauch bis auf 20 l pro Tag ansteigen, bei Wüstenmärschen sogar 1–1,5 Liter pro Stunde!

Der Wasserverbrauch erhöht sich, je mehr Nahrung, besonders eiweißhaltige, verdaut werden muß – in Notsituationen sollte daher erst dann gegessen werden, wenn ausreichend Trinkwasser gefunden worden ist.

Man kann zwar den Körper an die Bedingungen einer heißen Klimazone gewöhnen – und ein gesunder Mensch braucht für diese Akklimatisierung zwischen acht bis 20 Tagen –, aber kein Training kann den Körper zu einem geringeren Wasserverbrauch verleiten. Jahrzehntelang hat man in den verschiedensten Armeen mit der Rationierung von Trinkwasser und ähnlichen Gewöhnungskuren experimentiert, das Ergebnis war immer gleich: Die Soldaten litten an den Folgen der Austrocknung (Dehydrierung). Todesfälle waren die Folge. Es dauerte Jahre, bis Generäle und Stabsärzte sich von Fachleuten überzeugen ließen, daß Schwit-

Mit einem kleinen Schlauch ausgerüstet, kann man sogar Wasser aus Pfützen in einen Behälter abfüllen.

Ein Wasserloch in der Wüste – auch wenn die Eingeborenen dieses Wasser ungekocht genießen, Europäer sollten mit Rücksicht auf ihre Därme Vorsicht walten lassen und das Wasser entkeimen. Der Wüstenreisende sollte sich immer bewußt sein, daß diese Art Wasserlöcher einem Stamm gehören, der auf seine Besitzrechte achtet und die Quelle überwachen könnte.

zen, Durst und das unbändige Verlangen nach Trinkbarem nichts mit der körperlichen Verfassung, Verweichlichung oder Disziplinlosigkeit zu tun hatten. Auch »harte Männer« und »ganze Kerls« in Eliteeinheiten und Kommandotruppen wurden bei Wasserentzug und Rationierung träge, ohnmächtig und wahnsinnig. Heute wird Piloten vor Wüstenflügen und Fallschirmjägern vor dem Einsatz empfohlen, so viel wie möglich zu trinken. Das »overdrink-Prinzip« wurde zuerst von der israelischen Luftwaffe in den sechziger Jahren mit Erfolg angewandt und ist heute bei allen westlichen Armeen anerkannt: Vor dem Einsatz soll der Körper wie ein Schwamm Wasser aufsaugen. Im Einsatz wird die Wasserrationierung durch »positive Wasserdisziplin« ersetzt, d. h. es wird darauf geachtet, daß jeder einzelne in regelmäßigen Abständen Flüssigkeit zu sich nimmt, auch wenn er gerade nicht durstig ist. *Merke: Dehydrierung kann einsetzen und bereits ein fortgeschrittenes Stadium erreicht haben, ohne daß der Betroffene je Durst verspürt hat!* Andere Warnsignale wie übermäßiges Schwitzen können ausbleiben oder nicht erkennbar sein. Das Schwitzen selbst ist eine positive Körperreaktion auf die ihn umgebende Hitze und dient der Abkühlung der Haut. Bei bestimmten Klimabedingungen, wie dem Aufkommen eines heißen Wüstenwindes, verdunstet der Schweiß so schnell, daß er kaum wahrgenommen wird. Gleichzeitig ist aber der Wasserverlust so groß und erfolgt in so kurzer Zeit, daß der Körper mit dem Warnsignal Durst nicht rechtzeitig »nachkommt«. Dem Betroffenen wird plötzlich übel, oft verbunden mit einem Ohnmachtsanfall; er erbricht das ihm eingeflößte Wasser und hat Muskelkrämpfe aufgrund des hohen Salzverlust. Einzige Hilfe bleibt eine intravenöse Kochsalzlösung.

In Gebieten, wo die Versorgung mit Wasser ein Problem ist, muß man nicht nur strikt mit dem vorhandenen Wasser haushalten und jede Vergeudung vermeiden, sondern auch besonders vorsichtig mit zweifelhaften Nahrungsmitteln und Trinkwasser sein. Durchfall oder Erbrechen kann durch den hohen Flüssigkeitsverlust katastrophal wirken. Das Trinken von reinem Seewasser ist in jedem Fall zu unterlassen, allerdings kann der Salzverlust bei großer Hitze durch eine Zumischung von einem Teil Seewasser zu sechs bis sieben Teilen Trinkwasser ausgeglichen werden.

Aus dem Vorangehenden folgt, daß bei jeder Art von Unternehmung die Wasserbevorratung und -ergänzung eine vorrangige Rolle spielt. In der Planung

Eine günstige Hilfe zum Filtrieren von Wasser ist der nur 650 g schwere Katadyn-Taschenfilter, der einen Liter Wasser in zwei Minuten säubern kann. Er kostet zwar über DM 300.–, ist aber bei Gruppenreisen unbezahlbar!

Eine Regenlache in der Wüste. Die milchige Trübung braucht nicht ein Signal für alkalische Substanzen zu sein, in diesem Fall kam es durch Erdreich – Pflanzenbewuchs und Tierspuren waren Indikatoren für die Trinkbarkeit dieses Wassers.

muß errechnet werden, wieviel Wasser pro Person und Tag gebraucht wird und woher der Vorrat in Kanistern und Feldflaschen ergänzt werden kann. Jedes Wasser muß auf seine Sauberkeit überprüft werden; in vielen Ländern ist selbst das Leitungswasser so stark mit Keimen oder Chlor durchsetzt, daß es unseren europäisch-verwöhnten Därmen übel mitspielt. Trinkwasser muß daher entweder abgekocht, gefiltert oder mit Mitteln wie Micropur entkeimt werden. Dies gilt auch für Bäche und Quellen, die beim ersten Anblick klar und frisch aussehen. Die zunehmende Umweltverseuchung, die Überdüngung von Feldern und ähnliche Einflüsse wie der saure Regen haben die Wasserreserven der Natur erheblich angegriffen. Aus einer Büchse, deren Boden durchlöchert wurde und mehreren Schichten Sand, Kiesel und Holzkohle enthält, läßt sich ein einfacher Filter anfertigen, um schmutziges Wasser zu reinigen, bevor man es abkocht. Noch besser aber ist es einen Filterhalm oder einen Filterapparat im Expeditionsgepäck mitzuführen. Als absolutes Muß und zum Minimum jedes Survivalgepäcks gehören Entkeimungstabletten wie Micropur, die auch wenig

Platz wegnehmen und für klares Wasser reichen.

Das Wasser, besonders in Wüstenregionen, kann alkalische Substanzen oder Arsen enthalten, die nicht durch Filter und viel weniger noch durch die Entkeimungstabletten entschärft werden. Fehlende Vegetation ist oft ein

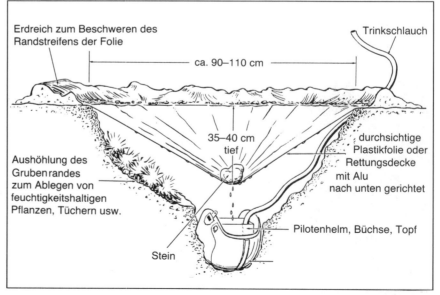

Eine Sonnendestille und ihr Aufbau aus dem US Air Force Survivalhandbuch; drei bis vier dieser Anlagen können genug Trinkwasser für eine Person produzieren, genügend Sonnenwärme vorausgesetzt. Es dauert etwa eine Stunde, bis der Kondensationsvorgang eingeleitet ist. Mit einer solchen Destille läßt sich sogar Trinkwasser aus Urin, Kühlerflüssigkeit von Fahrzeugen und Pflanzen und Kakteen gewinnen.

Es gibt Wasser in jeder Wüste – man muß es nur finden, dann ist auch ein Vollbad möglich!

sicheres Anzeichen für vergiftetes Wasser, genauso wie die Knochen verendeter Tiere. Aber selbst das Wasser eines Salzsees oder einer alkalischen Lache kann noch ausgenutzt werden, wenn man sich eine Destilliergrube anlegt. Eine solche Destilliergrube ist auch hilfreich, wenn man Feuchtigkeit aus Kaktusblättern oder aus einem trockenen Flußbett ziehen will. Manche ›Arroyos‹ oder Wadis sind gänzlich ausgetrocknet, aber meist deuten Pflanzen auf das Vorhandensein von Grundwasser hin. Gewißheit kann man sich durch Graben verschaffen, meist spürt man schon in einem halben Meter Tiefe die Feuchtigkeit, mitunter dunkelt der Sand auch sichtbar nach. Sonnenwärme vorausgesetzt, ist es kein Problem, innerhalb weniger Stunden mit drei, vier Gruben genügend Trinkwasser für eine Person zu gewinnen.

Wasser in der Wüste

Ein altes arabisches Sprichwort beschreibt die Wüste als ein Grab für den Unwissenden, aber eine Festung für den, der sie kennt. Tatsächlich sind wirklich wasserlose Wüstengebiete auf unserem Globus wirklich selten. In den meisten ariden Territorien der Welt, seien sie nun Stein- oder Sandwüsten, sind Wasserlöcher, Seen, Oasen und Quellen vorhanden. Es gilt nur, sie zu finden!

Wasser wird immer den Berg herunterfließen, und die Wahrscheinlichkeit, eine Quelle oder ein Wasserloch zu finden, ist am Fuß eines Berges, in einer Schlucht oder am Boden eines Tals immer größer als auf einem Tableau oder auf einem Höhenzug. Pflanzen und Bäume sind wertvolle Indikatoren für das Vorhandensein von Wasser, auch Höhlen und Überhänge. In zahlreichen bewohnten Wüstenzonen, so z. B. in Jordanien, dem Negew Israels oder dem Südosten des Iran sammeln kleine Kanäle und Tunnels, die seit Urzeiten von Generation zu Generation ausgebaut wurden, das Wasser der winterlichen Regenfälle und leiten es in Zisternen und Höhlen. Im Iran existieren ganze Tunnelsysteme im Wüstengebirge, die ›quanats‹, welche das so gewonnene Naß zu den Siedlungen transportieren.

Wildwechsel zeigen immer in Richtung zum Wasser, denn fast alle Wüstentiere größerer Art müssen täglich trinken. Ein genaues Beobachten von Vögeln oder den Wanderbewegungen der Säugetiere erleichtert das Auffinden von Wasser.

Ein wesentlicher Faktor beim Wasserverbrauch in der Wüste stellt die Kleidung dar. Auch wenn die Versuchung groß ist, der Hitze durch Ablegen der Oberbekleidung beizukommen, setzt man sich dadurch nur verstärkt der Gefahr der Austrocknung aus: Die Kleidung sollte gewichtsmäßig leicht und von heller Farbe sein, nicht zu eng am Körper anliegen und leicht waschbar sein. Wird zu wenig Kleidung getragen, verdunstet der Schweiß zu schnell, es kommt zwar zu einer momentanen, spürbaren Abkühlung, aber der Körper wird sofort weiter Schweiß absondern, und der Wasserspiegel im Körper sinkt rapide ab. Nicht umsonst hüllen sich die Beduinen in knöchellange Gewänder und schützen Körper und Kopf mit Tüchern!

Zusätzliche Flüssigkeit kann aus Kakteen und anderen Pflanzen, aber auch aus dem Fleisch erjagter Tiere gezogen werden. Tau setzt sich in den frühen Morgenstunden an Felsen, Metall und Glas ab und kann dort mit einem Tuch abgewischt oder auch abgeleckt werden.

Zwei Beispiele für Wasserlöcher in der Wüste, verdeckt in Schluchten oder am Fuß einer Felswand, an der Grünpflanzen ein weithin sichtbares Anzeichen für Frischwasser sind.

Während einige Tiere tagelang ohne Wasser auskommen können, sind diese Wüstenbewohner auf ihre tägliche Wasseraufnahme angewiesen und meist in unmittelbarer Umgebung von Wasserlöchern anzutreffen.

Links: Nicht immer ist Wassermangel ein Problem in der Wüste; ein dutzende Kilometer entfernter Wolkenbruch kann ein trockenes Wadi in Minutenschnelle zu einem reißenden Sturzbach verwandeln (und nicht wenige Wüstenwanderer mußten ihren Leichtsinn mit dem Leben bezahlen, weil sie in einem Canyon kampierten und von den Schlammassen überrascht wurden).
Darunter: Das gleiche Wadi am nächsten Morgen – trocken wie eh und je. Rechts oben die Höhle, die uns sichere Zuflucht vor Regen und steigenden Fluten bot.

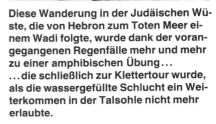

Diese Wanderung in der Judäischen Wüste, die von Hebron zum Toten Meer einem Wadi folgte, wurde dank der vorangegangenen Regenfälle mehr und mehr zu einer amphibischen Übung...
...die schließlich zur Klettertour wurde, als die wassergefüllte Schlucht ein Weiterkommen in der Talsohle nicht mehr erlaubte.

Einwirkung von Hitze

Der Temperaturbereich, in dem sich der Mensch wohlfühlt, ist äußerst begrenzt: In Mitteleuropa empfinden wir 15° Celsius als kühl, 20° als angenehm und beginnen bei 25° schon über die Hitze zu schimpfen! Kleinste Abweichungen der Körpertemperatur werden bemerkt; bereits bei 38–38,5° spricht man von leichtem Fieber, während eine Körpertemperatur von über 42° bei längerer Dauer lebensgefährlich ist. Bei hoher Außentemperatur, zu warmer Kleidung und hoher Luftfeuchtigkeit tritt sehr schnell ein gestörtes Verhältnis im Wärmehaushalt des Körpers ein – der Wärmestau ist das Mißverhältnis zwischen erhöhter Wärmebildung im Körper und verminderter Wärmeabgabe. Schwüle Luft verringert die für die Abkühlung der Hautflächen nötige Verdunstung von Schweiß und Wasser in den Lungen. Der Körper reagiert auf solche Umweltbedingungen ziemlich dramatisch:

Der Puls beschleunigt sich, der Körper versucht sich Abkühlung durch vermehrte Schweißabsonderung zu verschaffen; die körperliche Leistungsfähigkeit ist je nach dem Grad der Akklimatisierung reduziert. Als Folge des Hitzestaus ereignen sich der einfache Ohnmachtsanfall und der Hitzschlag.

Ersterer wird durch eine rasche, krampfhafte Vergrößerung der Blutgefäße an den Körperoberflächen hervorgerufen: Der Blutdruck fällt, die Haut wird weiß, der Betroffene verdreht die Augen und fällt um. Er erholt sich davon schnell, sobald sich sein Kreislauf in der horizontalen Lage etwas stabilisiert hat.

Der Hitzschlag ist eine ernsthafte Störung und geht mit Gehirn- und Nervenstörungen, Krämpfen, Bewußtlosigkeit, Kreislaufkollaps, Übelkeit, Atemnot u. a. einher. Erste Warnsignale sind Kopfschmerzen, Herzklopfen, Übelkeit. Der Betroffene wird an einen kühlen Ort hingelegt, beengende Kleidung muß geöffnet oder abgelegt werden, zusätzliche Abkühlung erfolgt durch das schluckweise Einnehmen von kalten Getränken und durch Abreiben mit einem nassen Tuch.

Im Unterschied dazu ist der Sonnenstich eine Hirnschädigung durch Sonneneinwirkung auf den unbedeckten Kopf. Die ersten Anzeichen ähneln denen des Hitzschlags: Kopfschmerzen, Übelkeit, Erbrechen. In schweren Fällen folgen Krämpfe, Benommenheit, Ohrensausen, Bewußtlosigkeit, Verwirrtheitszustände und schließlich der Tod durch Atem- und Kreislaufversagen. Ähnlich lebensgefährlich kann auch eine Art Hitzefieber verlaufen, zu der es nicht der Sonnenbestrahlung bedarf: Während beim Sonnenstich die Wärmeeinwirkung auf den Schädel und Nacken zur Schwellung des Hirngewebes, zur Hirnhautreizung und schließlich zu Blutungs- und Erweichungsherden im Gehirn führt, hat in diesem Fall die äußere Wärme zu einer Überhitzung des ganzen Körpers geführt. Die Schweißabsonderung versagt, plötzliche Ohnmacht und hohes Fieber ohne Schweißbildung sind die Symptome. Sofortige Abkühlung und Wiederbelebungsversuche müssen eingeleitet werden, da die Körpertemperatur – oft weit über 41°! – zu bleibenden Schäden der Organe und der Gehirnzellen führen kann.

Ohnmachtsanfälle, Schwindelgefühl und Erbrechen können aber auch das Resultat einer Störung des menschlichen Wasser- und Salzhaushalts sein, der durch übermäßige Schweißabsonderung infolge von körperlicher Betätigung entsteht. Dazu bedarf es nicht einmal der Sonneneinwirkung oder großer Hitze: Wesentlich ist nur die Erwärmung des Körpers in Zusammenwirkung von Außentemperatur und eigener Muskeltätigkeit. Der Verfasser wurde so einmal Zeuge eines Vorfalls während eines Nachtmarsches im Jordantal, als fünf durchtrainierte Fallschirmjäger innerhalb kürzester Zeit mit Störungen des Wasserhaushaltes zusammenbrachen. Alle hatten zwar die vorgeschriebenen Mengen an Flüssigkeit in regelmäßigen Abständen zu sich genommen, aber ein warmer Wüstenwind hatte den Schweiß von der Haut getrocknet, ohne die nötige Abkühlung zu bringen. Innerhalb kürzester Zeit setzen die Symptome der Dehydrierung ein, die Betroffenen erbrachen das eingeflößte Wasser und mußten mit intravenösen Kochsalzinfusionen behandelt werden. Die Außentemperatur lag bei 24°.

Wärme und Kälte

Wärme ist für das Wohlbefinden und die Gesundheit des menschlichen Körpers unerläßlich. Die Körpertemperatur von durchschnittlich 37° Celsius ist medizinisch gesprochen der Ausdruck der chemischen Umsetzung des Stoffwechsels. Äußere Temperatureinflüsse verursachen eine verminderte oder vermehrte Wärmeabgabe des Körpers. Die Wärmebildung des Körpers resultiert aus der Verbrennung von Nahrungsstoffen – den energiereichen Verbindungen Fett, Kohlehydraten und Eiweiß – vor allem in der Muskulatur. Der Wärmetransport erfolgt hauptsächlich durch die Strömung des Blutes, welche die z.B. in einer Muskelgruppe bei der Arbeit gebildete Wärme in andere Körperbereiche »mitnimmt«. Dieser Abtransport von Wärme aus beanspruchten Körperteilen (z.B. Arme und Beine) ist ein Teilelement der Wärmeregulation des Körpers. Die Steuerung des Wärmehaushalts wird von den Wärmezentren im Zwischenhirn durchgeführt, die für eine möglichst konstante Aufrechterhaltung der menschlichen Körpertemperatur verantwortlich sind.

Der Wärmehaushalt wird ständig durch äußere Einflüsse und Abläufe beeinflußt. Ein Wärmeverlust entsteht durch die Wasserverdunstung in den Lungen über die Ausatmung (Kondenswasser!) und auf der Haut (Schweiß). Umweltverhältnisse beeinflussen diesen komplizierten Mechanismus. Die Temperatur der den Körper umgebenden Luft, ihre Feuchtigkeit und Bewegung sind ausschlaggebend für die Wärmeabgabe des Organismus. Diese Abgabe wird weiterhin bedingt durch das Ausmaß des Wärmetransports, der Durchblutung von Körperteilen und ihrer Oberflächen. Als Wärmeschutz besitzt der Körper das Unterhautfettgewebe. Fett ist ein schlechter Wärmeleiter. Ferner kann der Körper die Wärmeabgabe funktionell beeinflussen: Durch Engstellung der Hautblutgefäße wird die Durchblutung gedrosselt und die Wärmeabstrahlung reduziert. Ist die Wärmeproduktion des Körpers durch extreme Außentemperaturen und ungenügenden Schutz überfordert, so versuchen die Wärmezentren das Überleben des Organismus durch »Sparmaßnahmen« zu gewährleisten: Die Durchblutung der äußeren Organe und Körperteile wird stark gedrosselt, damit der innere Blutkreislauf die für eine Funktion der inneren Organe (z.B. Herz, Lunge, Verdauungstrakt) notwendige Körpertemperatur aufrechterhalten kann.

Die Wärmezentren können durch Krankheiten des Organismus in ihrer Funktion genauso beeinträchtigt werden wie durch extreme Überlastungen durch Außentemperatur, Auszehrung, starke Erschöpfungszustände und Schlafmangel, Blutverlust oder Schock.

Schneesturm am Polarkreis: Der schneidende Wind erhöhte die real empfundene Temperatur auf −35°, jeder Hautteil mußte abgedeckt werden, ohne Gesichtsschutz war das Arbeiten auf dem Flugdeck unmöglich, alle Hubschrauberflüge wurden wegen der Sichtverhältnisse eingestellt.

Als Signalgeber besitzt der menschliche Körper etwa 30000 Nervenendorgane auf der Haut, die Wärme empfinden können. Sie entsprechen in ihrer Funktion den etwa 250000 Kältepunkten, ähnlichen Nervenenden, die etwas tiefer als die Wärmepunkte auf der Haut netzartig verteilt sind – durchschnittlich etwa 7–8 pro Quadratzentimeter Haut. Am dichtesten sind diese Signalgeber im Gesicht angeordnet, am spärlichsten an den Beinen.

Einwirkung von Kälte

Kälte kann auf den Organismus sowohl positiv als negativ einwirken – wir unterscheiden daher in Begriffen wie Abkühlung und Unterkühlung. Die erste Form der Kälteeinwirkung ist uns allen bekannt und wird ständig bei der Erhitzung des Körpers durch eigene Tätigkeit oder durch äußere Einflüsse fast schon instinktiv angewandt. So empfindet der Mensch einen kühlen Luftzug nach körperlicher Betätigung, an einem heißen Tag oder in einem überheizten Raum, durchaus als angenehm. Bekleidung – die uns als Schutz vor übermäßiger Wärmeabstrahlung dient, wird abgelegt. Man nimmt ein Bad, trinkt etwas Kaltes oder versucht, sich durch Essen von Speiseeis zu erfrischen. All dies ist als Abkühlungsvorgang vertraut. Anders bei fortgesetzt einwirkender Kälte, die als Unterkühlung den Organismus negativ beeinflußt und zum Tod führt. Der Kältetod tritt ein, wenn die Körpertemperatur auf etwa 20° herabgesunken ist und wird als allgemeine Erfrierung beschrieben. Eine Unterkühlung des Körpers erfolgt schrittweise und ist von Warnsignalen begleitet:
– Zittern: Das Kälte- oder Muskelzittern in den Extremitäten ist der Anpassungsversuch des Körpers an die veränderten Bedingungen und soll durch Muskelarbeit zusätzlich Wärmeerzeugung bieten.
– Durchblutungsregulierung: Um die Wärmeabstrahlung zu vermindern werden erst einzelne Körperteile und Hautpartien, später größere Bereiche von der Verengung der Blutgefäße und der Verminderung der Durchblutung befallen.
– Müdigkeit: Der Körper schaltet auf »Sparflamme«. Müdigkeit und zunehmende Schlafsucht sind die Anzeichen einer beginnenden allgemeinen Erfrierung, meistens gefolgt oder begleitet durch andere Alarmsignale wie Gleichgültigkeit, Bewußtseinseinschränkung,

flache Atmung. Im fortgeschrittenen Stadium setzen dann Bewußtlosigkeit, Atem- und Kreislaufversagen ein.
Im Zusammenhang mit der allgemeinen Erfrierung stehen die örtlichen Erfrierungen von Körperteilen und Hautpartien an exponierten und unbekleideten Stellen. Sie entstehen nicht direkt durch die Kälte, sondern werden in erster Linie von den Körperschutzfunktionen bedingt, wie der Verminderung der Durchblutung. Drei Grade entsprechend ihrer Gefährlichkeit werden unterschieden, der Übergang von einem Erfrierungsgrad zum anderen ist aber fließend.
1. Grad (Ödem, Erythem): Nach der anfänglichen Gefäßerweiterung und Mehrdurchblutung des von der Kälte betroffenen Körperteils (gerötete Haut, eventuelle leichte Anschwellung) setzt die Drosselung des Blutdurchflusses ein, die das nächsthöhere Stadium kennzeichnet.
2. Grad: Bei weiterer Kälteeinwirkung ziehen sich die Blutgefäße krampfhaft zusammen, die Gefäßwände werden geschädigt, schädliche Stoffwechselprodukte des Gewebes entstehen. Je nach Art des Körperteils und der Kälte kommt es zur Bildung von Frostbeulen oder Blasen. Die bleibenden, örtlichen Gewebeschäden der Frostbeulen sind als bläulich-rote Flecken auf der Körperoberfläche deutlich von dem gesunden Gewebe zu unterscheiden. Die Verdickungen sind teigig und beginnen heftig zu jucken, sobald sie erwärmt werden. Sie können aber auch im fortgeschrittenen Stadium geschwürartig aufbrechen.
3. Grad: Das durch ungenügende Durchblutung geschädigte Gewebe stirbt ab und schädigt angrenzende Körperbereiche. Treffend ist daher die Bezeichnung »Frostbrand« (ähnlich dem Wundbrand) oder »Kältegangrän« für dieses Endstadium der örtlichen Erfrierung. Bei extremen Temperaturen kann dieser Erfrierungsgrad ohne die

vorherigen Stadien und die damit verbundenen Warnsignale auftreten. Der betroffene Körperteil ist schneeweiß ohne Beulen, Blasen oder farbige Flecken und geht sehr schnell in den brandigen Zustand über, er friert im sprichwörtlichen Sinne ab!
Besonders die vorstehenden Körperbereiche sind der Erfrierungsgefahr ausgesetzt: Ohren, Nase, Finger und Zehen. Erste Anzeichen wie ein leicht taubes Gefühl in diesen Gliedern oder Empfindungslosigkeit bei Berührung sind bereits ernste Warnsignale, die Grund zur Sorge geben sollten. Gegenmaßnahmen, wie langsames Erwärmen, Massieren, Bewegung und Wärmezufuhr (Wechselbäder!), müssen sofort eingeleitet werden, um die Durchblutung wieder anzuregen. Unterkühlte Gliedmaßen wie Hände oder Füße lassen sich im Gelände am besten im Bauchbereich des Partners anwärmen. Gesichtspartien können mit den eignen Händen abgedeckt und leicht massiert werden.
Kälteschäden sind nicht unbedingt die Folge strenger Kälte mit hohen Minusgraden, die meisten Erfrierungen kommen bei Temperaturen um den Gefrierpunkt zustande, wenn sich zur Kälte Feuchtigkeit gesellt. Hierbei treten vor allem Frostverletzungen auf, die nicht dem bekannten Schema der Grade 1 und 2 folgen: Unterschieden wird zwischen leichten oder oberflächlichen Frostverletzungen (Frostbiß) und der tiefergehenden Erfrierungsform. Im ersten Fall läßt sich die Haut noch über dem Knochen hin- und herbewegen, der betroffene Körperteil kann durch einfache Erwärmung wiederbelebt werden. Danach wird die Durchblutung durch Bewegung oder leichtes Massieren des ganzen Gliedmaßes angeregt. Merkmale dieser leichten Frostverletzung sind ein prickelndes Gefühl der Haut, mäßiger Schmerz, weiße oder gelbliche Färbung der Haut, Versteifung der oberen Hautschicht. Die tiefe

---

**Allgemeine Erfrierung
durch Unterkühlung des ganzen Körpers:**

Stadien:	Behandlung:
Kältegefühl und Schwäche. Starkes, unkontrollierbares Zittern. Das Kältegefühl weicht einer plötzlichen Wärmewelle, Schläfrigkeit, Gleichgültigkeit und geistiger Abwesenheit, Ohnmacht. Tod durch Herzversagen.	Patienten in geschützten Raum bringen, auf 30° heizen! Alle kalte und nasse Kleidung ausziehen, trockene, angewärmte Decken oder Kleidung anziehen. Warme Getränke und warme Nahrung geben!

Frostverletzungen fällt durch die Härte der Hautpartie, durch Gefühllosigkeit, Kälte und wachsige, gelbweise Verfärbung auf. Hier kann man draußen im Gelände wenig erreichen. Der Betroffene muß so schnell wie möglich in einen geschützten, geheizten Bereich (Fahrzeug, Zelt, Haus) gebracht werden, um eine Ausbreitung der Erfrierung zu vermindern.

In keinem Fall sollte man bei Unterkühlung oder örtlichen Erfrierungen Alkohol zu sich nehmen. Alkohol erweitert zwar kurzfristig die Gefäße und bringt dadurch die Illusion der Wärme, wirkt aber auf lange Sicht schwächend. Auch das herkömmliche Abreiben mit Schnee hat keinen Sinn, wenn die Haut bereits unterkühlt ist – eine Schneewäsche ist aber eine gute Vorbeugung, um die Durchblutung von Gesicht und Hände anzuregen. Das Einreiben der Haut mit Öl, Fett oder Vaseline gibt ihr eine feuchtigkeitsabweisende Schutzschicht und unterstützt die körperliche Schutzfunktionen.

Der Fall der 23jährigen Dorothy Stevens aus Chicago ging in die medizinischen Lehrbücher ein: Das Mädchen war während ihres Winterurlaubs auf dem Lande zu einer Party in einem benachbarten Ort eingeladen gewesen und machte sich spät in der Nacht zu Fuß auf den Rückweg. Auf halbem Wege wurde sie von einem Schneesturm überrascht, sie verlor die Orientierung, irrte eine Zeitlang ziellos umher und brach schließlich in einer Schneewehe zusammen. Am nächsten Morgen wurde sie durch Zufall gefunden und zuerst für tot gehalten. Der für die Totenbescheinigung zuständige Arzt entdeckte jedoch äußerst schwache Lebenszeichen. Dorothy Stevens wurde in ein Krankenhaus gebracht und regelrecht »aufgetaut«. Ihre Körpertemperatur betrug nur noch 19° Celsius, ein erfrorenes Bein mußte amputiert werden, aber sie überlebte.

Bis zum Fall der 23jährigen Amerikanerin glaubten die Mediziner, daß spätestens bei einer Körpertemperatur von 23° Celsius jede Organfunktion zum Erliegen kommen würde – als Faustregel wird diese Grenze auch heute noch angenommen, aber Einzelfälle zeigen, daß ein Überleben auch jenseits der 20-Grad-Grenze möglich ist, wenn die Konstitution des Betroffenen stark ist und ärztliche Gegenmaßnahmen schnell eingeleitet werden. Allerdings: Bei einem Herabsinken von nur zwei Grad der Körpertemperatur werden bereits Sinneswahrnehmungen, be-

Links: Die Balaklava-Skimütze ist eine raumsparende Kopfbedeckung, die je nach Kältegrad zusammengerollt auf dem Kopf oder bis zum Hals heruntergezogen werden kann. Pullover sollten lange Ärmel haben, deren Umschlag ausgerollt mindestens bis zu den Handknöcheln über den Handschuhsaum reichen. – *Rechts:* Über ein Drittel der Körperwärme kann über Hals und Kopf verlorengehen. Schal, ein hochklappbarer Kragen und eine Mütze mit Ohrenschutz erlauben Kälteschutz bei gleichzeitiger Möglichkeit, den Körper bei Erhitzung zu »ventilieren«.

Diese amerikanischen Jäger sind mit ihren Jeans schlecht beraten; auch eine Lederjacke gibt nur ungenügenden Kälteschutz bei einem Wetterumschwung.

sonders das Hören und Sehen erheblich eingeschränkt, bei 29° setzt eine allgemeine Gefühllosigkeit ein, und ab 28° kommt die Atmung in die Nähe des Stillstandes.

Kälte tötet, besonders wenn man vorher ins Schwitzen gekommen ist!

Über 25 000 Notfälle behandeln die Bergrettungsdienste der drei Alpenländer pro Jahr, fast 1000 Bergtote sind jedes Jahr zu beklagen – bei der überwiegenden Zahl dieser Fälle handelt es sich um die berüchtigten »Turnschuhtouristen«, die ohne Ausrüstung und Vorbereitung ins Hochgebirge ziehen und die eigenen Kräfte oder das Wetter falsch einschätzen. In den USA kommen jedes Jahr rund 600 Menschen bei ähnlichen Exkursionen um, die meisten von ihnen Outdoor-Sportler, d.h. Rucksack- und Skiwanderer, Jäger und Bergsteiger. »Wir könnten wahrscheinlich mehr als die Hälfte retten«, umriß ein Park-Ranger das Problem, »wenn wir die Leute aus ihren Jeans raus und in Wollkleidung kriegen würden!«

Mit Aufkommen der Langlaufmode sind die Kälteschäden bei Wintersportlern sprunghaft angestiegen – viele ziehen sich zum Lauf zu warm an, kommen ins Schwitzen und kühlen schließlich aus, bevor sie zu ihrem Ausgangspunkt zurückgelangt sind.

Falsche Kleidung bleibt einer der Hauptgründe für Erfrierungsfälle, obwohl gute, kälteschützende Kleidung in zahlreichen Variationen in jedem Sport- oder Campinggeschäft zu haben ist. Aber immer noch kann man Outdoorfans beobachten, deren Rucksack und Zelt ein kleines Vermögen gekostet haben, aber deren Hemden und Pullover von Woolworth und die Hosen aus der Jeans-Boutique zu stammen scheinen! Der alte Spruch, daß es kein schlechtes Wetter, nur falsche Kleidung gibt, hat immer noch seine Bedeutung. Eigentlich brauchte niemand in unseren europäischen Breitengraden zu frieren – mit der richtigen Bekleidung ist der Körper durchaus in der Lage, sich auch im Winter warm zu halten, solange keine außergewöhnlichen Wetterbedingungen existieren. Der Schlüssel zur richtigen Kleidung liegt nicht in einem einzigen superwarmen Kleidungsstück, einer hochgerühmten Spezialfaser oder einem besonders teuren Overall – die richtige Kombination von Strümpfen, Unterwäsche, Hemd, Hose, Pullover und Jacke sind viel eher eine Garantie, daß man nicht nur warm ist, sondern warm *bleibt*. Wenn Kleidung zu eng sitzt, schnürt sie die Blutzirkulation ein, und es können sich keine Luftpolster bil-

Bei einem Sturz ins kalte Wasser steigert sich die Abkühlung, je stärker Schwimmbewegungen durchgeführt werden. Gekenterte sollten nicht gegen den Strom schwimmen, sondern sich wie ein Ball gegen einen Felsen oder ans Ufer treiben lassen, wenn es die Umstände erlauben. Kleidung im Wasser nur abstreifen, wenn das Gewicht zu groß wird. Jede zusätzliche Schicht Stoff schützt den Körper vor der Auskühlung durch wirbelndes Wasser!

den, durch die die Körperwärme gespeichert wird. Wolle ist immer noch das beste Material, weil es auch im nassen Zustand noch Wärmeeigenschaften behält und von innen nach außen trocknet. Angorawolle ist sogar noch besser, aber entsprechend teurer. Anders als der Ansitzjäger, bewegen sich die meisten Outdoor-Sportler oder Survivalhobbyisten in der Kälte. Ihre Körperwärme steigt, sie geraten ins Schwitzen, und damit fängt das eigentliche Problem der Wärme-Isolation an. Jagdausstatter bieten dicke, verschlossene Overalls, Ansitzsäcke, Thermo-Unterwäsche und ähnliche Kleidungsstücke an, die Wärme wie in einem Sack verschließen und am Körper des auf dem Hochsitz ausharrenden Jägers behalten. Entfaltet ein derart Vermummter nun körperliche Aktivität, bricht ihm der Schweiß aus allen Poren aus und es bestehen wenig Möglichkeiten, dem Hitzestau ein Entkommen zu bieten. Wasser aber ist ein sehr guter Wärmeleiter, und in letzter Instanz ist es völlig egal, ob man durch Schweiß, Regen oder einen Sturz in den Bach naß geworden ist – die nasse Kleidung überträgt die Wärme von der Körperoberfläche nach außen, wo sie durch Kontakt mit der Luft reduziert wird. Je stärker der Wind, desto schneller dieses »Abtragen« der Körperwärme. Anders als viele synthetische Stoffe, läßt Wolle Schweiß sehr gut verdunsten, besonders, wenn es sich um grobmaschiges Gewebe handelt. Der Schutz vor Wärmeverlust durch Schweiß beginnt bei der Unterwäsche: Am besten sind zwei Sets – zuunterst eine Netzwäsche, deren Gewebe eine Luftschicht zwischen Haut und wollener Unterwäsche bildet und so das Verdunsten der Körperfeuchtigkeit erlaubt. Ein Netzunterhemd kann man sich zur Not in Stunden aus Schnur, Nylonfäden oder einem Fischnetz selbst anfertigen. Bei Pullovern ist auf lockeren Sitz, Über-Nieren-Länge und grobmaschiges Gewebe zu achten. Rollkragenpullover sind ›out‹. Sie stauen die Wärme und lassen sich nicht öffnen. Ein Schal hält den Hals viel wärmer und kann zur Not noch über Kinn und Nase gezogen werden, wenn der Wind zu schneidend ist. Sehr gut sind die Segelpullover mit weitem V-Ausschnitt und Reißverschluß, die man zuzieht und so einen Rollkragen erhält. In Kombination mit einem Wollhemd (z.B. Woolrich), dessen Kragen man öffnen und die Ärmel hochkrempeln kann, und einem hüftlangen Parka als Regen- und Wind-

Unterschiedliche Klimabedingungen erfordern verschiedenes Schuhzeug. Jedes Stiefelpaar steht für einen anderen Einsatz: Links ungefütterte Armeestiefel, darüber deutsche und amerikanische Berg- und Jagdstiefel mit gefütterten Schäften und wasserabweisender Oberfläche. Je wasserdichter ein Stiefel, desto größer die Ansammlung des Fußschweißes, der am Ende ein Kaltwerden der Füße verursacht. Rechts die modernen Trekking-Stiefel mit Gore-Tex-Oberfläche, die ein Eindringen von Wasser verhindert, aber gleichzeitig die Hautatmung nicht beeinträchtigt.

Links: **Der Palladium-Segeltuchstiefel ist ein Sommerschuh, dessen Großprofil-Sohle besonders gut auf Wüsten- oder Strandsand einzusetzen ist. Der Segeltuch-Teil trocknet schnell und ist damit ideal für Sommertrips mit Kanus oder in Feuchtgebieten. –** *Rechts:* **Nasse Kälte ist die gefährlichste Kombination und stellt ein schwieriges Bekleidungsproblem dar. L. L. Beans klassischer Jagdstiefel für ca. $ 50.– stellt den bisher besten Versuch dar, Gummi und Leder zu einer tragbaren, warmen Stiefelform zu vereinen. Der »Maine Jagdstiefel« und seine Kopien werden in Verbindung mit einer warmen Filzeinlage und Wollstrümpfen getragen und haben eine erstaunlich lange Lebensdauer.**

schutz ist man so bestens gerüstet. Nach dem »Zwiebel-Verfahren« werden nun je nach Körpererwärmung Kleidungsstücke an- oder abgelegt. Kenner beginnen den Tag mit einem »Kaltstart«, d. h., sie sind eine Schicht zu dünn angezogen, weil sie wissen, daß die körperliche Betätigung dieses Manko sofort ausgleichen wird. Nur wenn man im Stillstand verharrt, werden weitere Schichten angezogen. Ziel ist es, die Körperwärme so konstant wie möglich zu halten, um Energie zu sparen und ein Naßschwitzen auszuschließen.

Gegen Abend ist die tagsüber getragene Kleidung abzulegen – besonders die Socken – damit sie auslüften kann. Es nützt nichts, mit diesen Sachen in den Schlafsack zu kriechen. Innerhalb weniger Stunden würde man vor Kälte bibbernd aufwachen. Statt dessen kann die Kleidung zum Trocknen mit in den Schlafsack genommen werden, etwa ans Fuß- oder Kopfende, wo die Körperwärme einwirken kann. Zur Grundausstattung für Winterwanderer, Bergsteiger und andere Kälteabenteurer gehört daher ein zweiter Set Socken und eine Art Pyjama, wie z. B. ein Jogging-Anzug, der im Camp oder im Schlafsack getragen wird.

Was tun, wenn man im zugefrorenen Bach eingebrochen ist oder anderweitig naß wird? Als Sofortmaßnahme bis zum Umziehen ist es ratsam, die nassen Stellen mit trockenem Pulverschnee zu bepacken. Pulverschnee wirkt wie ein Schwamm und zieht die Feuchtigkeit aus dem Gewebe. Kaltgewordene Gliedmaßen sind nicht durch Reiben oder ähnliche Methoden, sondern am besten im Kontakt mit warmen Körperteilen (Bauch!) aufzuwärmen. Hier muß der Partner ran. Die kalte Hand oder den Fuß unter die Achselhöhle oder an den Bauch halten, auch wenn es Überwindung kostet!

Eine hervorragende Möglichkeit zum Regulieren der Körperwärme ist das Trinken von kalten oder warmen Flüssigkeiten: So wie im Sommer ein kühler Trunk erfrischt, so sehr kann im Winter ein heißer Tee oder eine Brühe dem Körper von innen neue Wärme geben. Wassermangel gehört nicht zu den Problemen des Winter-Survivaltrainings, denn Wasser ist in Form von Eis oder Schnee meist in rauhen Mengen vorhanden, man muß es nur zu Flüssigkeit umwandeln. Schnee kann im Mund geschmolzen werden, aber von dieser Methode ist abzuraten, denn der Vorgang entzieht dem Körper Wärme und kann unter Umständen zur Erkältung von Hals- und Nasenraum führen. Schnee oder Eis wird im Kochgeschirr geschmolzen, wobei es wesentlich schneller geht, wenn man zuerst etwas Wasser erwärmt und dann den festgebackenen Schnee hineingibt, anstatt einen mit Schnee gefüllten Topf einfach übers Feuer zu stellen.

Merke: Auch im Winter droht Dehydrierung, besonders bei trockener Kälte!

Wind und Kälte

Von Laien kaum verstanden, von Winter-Survival-Kennern ehrfurchtsvoll respektiert ist der »Wind-Chill-Faktor«, jenes Verhältnis von Windgeschwindigkeit und Außentemperatur, das sich für den Menschen zur real empfundenen Kälte multipliziert. Obwohl Luft ein schlechter Wärmeleiter ist, wird die Haut durch zunehmende Luftzirkulation schneller abgekühlt. Selbst bei Temperaturen um 15° Celsius über dem Gefrierpunkt kann Unterkühlung eintreten, wenn der Betroffene durchnäßt ist. Selbst ein mäßiger Wind von 10–15 km/h reicht aus, um die reale Kälte um fünf bis zehn Grad zu verstärken. Die an einem Thermometer gemessene Außentemperatur ist wenig aussagefähig, sobald Wind aufkommt. Erst die Kombination von Windgeschwindigkeit und Außentemperatur können Aufschluß über die real empfundene Kälte geben. Selbst mittlere und mäßige Minustemperaturen werden durch Sturm so zur schneidenden Kälte, die exponierte Gliedmaßen innerhalb von wenigen Momenten auskühlen kann*.

Das Aufkommen eines Sturms kann aus einer schönen Skiwanderung in wenigen Minuten eine Notsituation machen, in der sich die Betroffenen frierend und der Panik nahe in einem wilden Schneetreiben wie blind wiederfinden können. Im Schneewirbel ohne Orientierung, die Finger klamm und steif, trotz Handschuhen, mit schmerzenden Ohren und Gesicht, nimmt die Möglichkeit zum rationalen Handeln in dem Maße ab, wie die Unterkühlung fortschreitet. Der eingangs erwähnte survivalerfahrene SAS-Major Kealy

* Arved Fuchs' Buch »Abenteuer Arktis«, Pietsch 1982, enthält eine Chill-Faktor-Tabelle für Windgeschwindigkeiten bis 64 km/h und ist allen Winter-Survivalisten wegen seiner zahlreichen Tips und anschaulichen Beschreibungen »aufs Wärmste« empfohlen.

fiel einer solchen Kombination von starkem Wind, geringen Außentemperaturen und Regen zum Opfer. Gleich ihm unterschätzen jedes Jahr Tausende Bergwanderer, Skiläufer und Jäger das Zusammenwirken von Wind und Kälte.

Eine windresistente Oberkleidung in Form von Jacke oder Parka macht erst die wärmende Wirkung von Wollpullover und Unterwäsche wirksam. Behelfsmäßig kann man sich auch mit Zeitungspapier, Heu und Pappe vor den Unbilden der Natur schützen, aber mit dem Aufkommen eines Sturms muß man sofort nach einem Windschutz suchen. Erste Hilfe kann eine Baumgruppe, eine Bodenfalte oder ein Busch bieten. Das Zelt ist der nächste Schritt, hervorragend aber ist eine Schneehöhle, weil sie die menschliche Körpertemperatur reflektiert. Schnee hat hervorragende isolierende Eigenschaften und stellt ein vorzügliches Baumaterial dar, solange er in genügender Menge vorhanden ist. Der Bau von Schutzbehausungen aus Schnee und anderen Materialien ist in dem entsprechenden Kapitel näher erläutert. Hier sei nur soviel vermerkt, daß ein großer Teil der im Schnee Erfrorenen nicht zu Opfern geworden wäre, wenn er sich nur der gefährlichen Kombination von Wind, Kälte und Nässe bewußt gewesen wäre und sich *rechtzeitig* zu Gegenmaß-

Warme Mahlzeiten und Getränke (Tee, Bouillon) sind unter arktischen Bedingungen überlebenswichtig. Sie stellen eine hervorragende Möglichkeit dar, den Körper von innen »anzuheizen«.

nahmen entschlossen hätte – zum Überleben reicht oft, nur ein Minimum an Wissen und Fertigkeiten aus. Man braucht kein Meister im arktischen Iglubau zu sein!

Survival unter arktischen Bedingungen stößt an die Grenze des menschlichen Leistungsvermögens, wie auch McCunn erfahren mußte. Die schmerzende Kälte kann innerhalb kürzester Zeit auch die härtesten Naturen zermürben. Bei Temperaturen von $-30°$ wird auch das Auffüllen eines Benzinkochers zum kleinen Kunststück, da verschüttetes Benzin aufgrund seiner schnellen Verdunstung Erfrierung der Hände verursachen kann. Äußerste

Vorsicht ist hier geboten, ähnlich wie bei allen Handreichungen, die ein Ablegen der Handschuhe erfordern. Kälteangst ist ein psychologisches Phänomen, das allen erfahrenen Survivalisten bekannt ist. Diese Psychose, die sich durch Unbeweglichkeit und Trägheit des Betroffenen äußert, führt zur Apathie und zum nervlichen Zusammenbruch. Anscheinend hat auch McCunn an dieser krankhaften Angst vor der Kälte gelitten, die schleichend von ihm Besitz nahm und ihn immer mehr dazu brachte, die lebenswichtigen Verrichtungen aufzuschieben und zu unterlassen, weil er sich dabei dem Frieren ausgesetzt hätte.

Unter arktischen Bedingungen erhält sogar ein Bart eine besondere Bedeutung für das Überleben: Atemfeuchtigkeit, die in ihm gefriert, läßt sich absaugen und im Mund zu Trinkwasser schmelzen – ca. 400–500 ccm pro Tag! Die sibirischen Tschuktschen haben das Sprichwort: Pflege Deinen Bart wie einen Freund.

Hunger

1963 wurde eine kleine Sportmaschine in einer abgelegenen Gegend von British Columbien zur Notlandung gezwungen. Die beiden Insassen wurden erst nach 45 Tagen gefunden, in denen sie außer einigen Keksen keinerlei Nahrung zu sich genommen hatten. Der Pilot hatte 23 kg, seine Partnerin 20,4 kg Körpergewicht ohne weiteren Schaden verloren!

Hunger ist ein gefährlicher Gegner in jeder Notlage und kann zu Kurzschlußreaktionen und panischer Angst führen. Fälle sind bekannt, in denen Menschen bereits nach wenigen Tagen zum Kannibalismus neigten, weil sie überzeugt waren, sonst den baldigen Hungertod zu erleiden! Berichte von Schiffbrüchigen bezeugen, daß einzelne ihren Lebenswillen aufgaben, sich niederlegten und nach wenigen Tagen starben, nur weil sie glaubten, ohne Nahrung ohnehin bald verhungern zu müssen. Eine gesunde Ausgangskondition vorausgesetzt, kann ein Mensch wochenlang ohne Nahrung überleben, wenn er Wasser und einen Schutz vor Wetterunbilden hat. Ein Erwachsener ist in der Lage, über einen Monat ohne Nahrung auszukommen, bevor sein Körper in das Stadium eintritt, das man

medizinisch als »verhungern« umschreiben kann.

Die ersten drei, vier Tage ohne Nahrung treten die typischen Hungermerkmale auf – ein leeres Gefühl in der Magengegend, Kopfschmerzen, Übelkeit, Schwindelgefühle – danach verschwinden sie bis auf geringe Anzeichen, wie einen schlechten Atem und eine belegte Zunge. Der zum Fasten gezwungene Organismus baut die im Körper vorhandenen Fettreserven ab. Dabei werden auch Schadstoffe entfernt, so daß eine gelegentliche Fastenzeit durchaus vorteilhaft für den Gesamtgesundheitszustand ist. Langzeitfastende berichten von angenehmen, unbeschwerten Gefühlen, einer besonderen Klarheit im Kopf und von völliger Abwesenheit von Appetit oder Hungergefühlen. Die Arbeitsleistung ist in den ersten drei bis vier Wochen nicht eingeschränkt, wie zahlreiche Versuche bei Expeditionen unter medizinischer Aufsicht bewiesen haben – der Körper braucht aber mehr Flüssigkeit als gewöhnlich. Ein Fastender sollte mindestens zwei Liter täglich, in heißen Regionen das Drei- bis Fünffache zu sich nehmen!

Nach 25–30 Tagen kommt das Hungergefühl zurück. Es ist nun das Signal, daß der Körper Fettreserven und Schlacken abgebaut hat und sich nun

aus den körpereigenen Eiweißen ernährt. Mit diesem Raubbau beginnt das eigentliche Verhungern. Der Körper wird nun fortschreitend schwächer, allerdings kann es je nach äußeren Bedingungen immer noch über zwei bis zu vier Monaten dauern, bis der Hungertod eingetreten ist. Der Körper kann fast alle seine Fettelemente und Glykogene und bis zur Hälfte seines Proteins verlieren, bis die Funktionen merklich eingeschränkt sind! Im Vergleich dazu bedeutet ein Fünftel des Wasserverlustes den sicheren Tod.

In einer Notsituation hat man also genügend Zeit, nach Nahrung zu suchen und sollte seine ersten Bemühungen auf den Bau einer Schutzhütte und die Suche nach Trinkwasser konzentrieren. Noch ein Tip: Die Aufnahme kleiner Nahrungsportionen in den ersten Wochen unterbricht das Fasten: Da der Verdauungstrakt angeregt wird, kehren auch sofort die Hungersymptome der ersten drei, vier Tage zurück. Es ist daher ratsamer, erst dann wieder mit dem Essen zu beginnen, wenn ausreichend Lebensmittel vorhanden sind.

IV. Survival-Kenntnisse, Ausrüstung und Ausstattung

Survival-Rationen

Wer heute eine Expeditionsreise vorbereitet, begibt sich in ein Fachgeschäft und wirft einen kritischen Blick auf die dort vorhandenen Kompaktnahrungsblöcke, Fertiggerichte und ähnlich mund- und rucksackgerecht verpackten Lebensmittel. Dann zückt er seine Geldbörse und bezahlt – denn die Firmen, die, wie Seven Oceans oder Salewa, kompakte Kraftnahrung anbieten, lassen sich ihre Dienste gut bezahlen. Der Travellunch »Beef Stroganoff«, »Huhn in Curryrahm« oder »Kartoffeleintopf« wiegt fertig verpackt zwischen 100 g und 125 g und bringt je Mahlzeit rund 1700–2100 Kilojoule in den Magen. Kostenpunkt dieser recht gut schmeckenden, gefriergetrockneten Nahrung: runde 15,– DM. Nur einen Wochenvorrat aus diesen Rationen anzulegen, kann einen Normalverdienenden bereits in Bedrängnis bringen. Zur Bevorratung für Notsituationen, für eine ausgedehnte Extremtour oder für schmalbörsige Abenteuer-Urlauber fallen derartige Köstlichkeiten aus dem Programm. Selbst die EPA-Packung der Bundeswehr ist bei gleichem Preis da noch günstiger – aber zu den militärischen Rationen heutiger Armeen später.

Der zivile Survivalist wird von ganz anderen Rahmenrichtlinien geleitet als einer jener luxuriös begüterten Teilnehmer einer Klettertour oder Expeditionsreise, deren Finanzierung von Verlagen, Film- oder Fernsehanstalten oder Herstellerfirmen besorgt wird. Bestimmend sind geringes Gewicht, lange Haltbarkeit, einfache Zubereitung und Preis. In einer wirklichen Survivalsituation ist Schmackhaftigkeit zweitrangig, Nährwert steht an erster Stelle. Wer seinen Durchschlagevorrat bei widrigen Temperaturen mit sich auf dem Rücken schleppt, verzichtet gern auf voluminöse, schwer zu konservierende Nahrungsmittel. Fleisch, Brot oder Konservenbüchsen jeder Art ent-

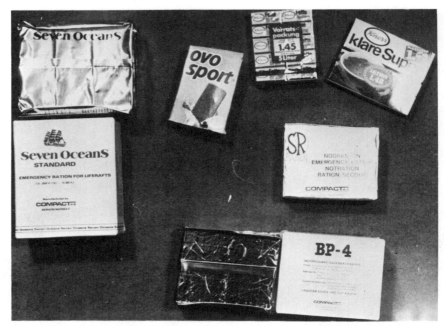

Neben Brühwürfel und einer Riegelpackung Ovo-Sport zum Größenvergleich die verschiedenen »Compact«-Nahrungsrationen: Links »Seven Oceans« Standard mit 2500 kcal.; rechts unten die BP–4, 230 Gramm schwer, 1000 kcal, deckt den Tagesbedarf eines Menschen an Vitaminen, Proteinen und Mineralien; darüber SR-Packung ohne Pappkarton (wie BP–4); enthält vier Kuchenriegel, die man knabbern oder als Brei auflösen kann.

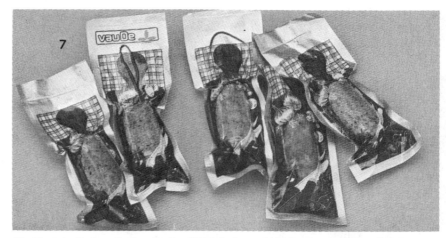

Alu-Beutel mit einer Cathay-Ration (Madeira); rund 100 Gramm schwer, sind ein fetthaltiges Gemisch aus Fleisch, Beeren, Gemüse und Gewürzen, die eine moderne Kopie des indianischen Pemmican darstellen, jener Kraftnahrung aus Fett, Nüssen, Beeren und getrocknetem Fleisch, mit dem sich Indianer und Waldläufer ernährten. Die Cathay-Portionen haben rund 660 kcal., kosten plus/minus 7.– DM und sind rund ein Jahr haltbar. Zu diesem und anderen Survivalrationen s. W. Uhls »Handbuch für Rucksackküche«.

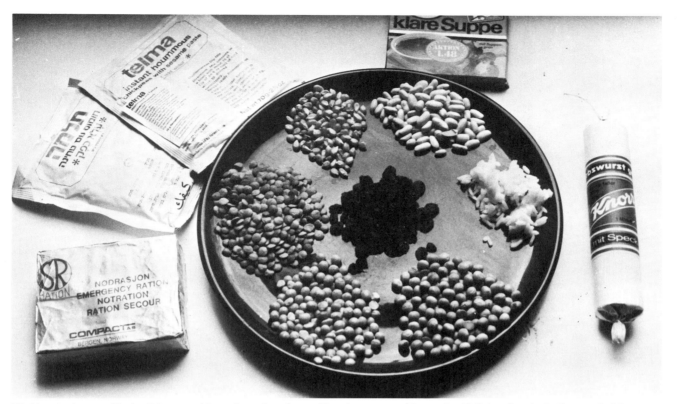

Die klassische preußische Erbswurst hier neben einer Auswahl anderer verpackter und natürlicher Survivalrationen: Auf dem Teller Reis, geschälte und ungeschälte Erbsen, Linsen, Mais und Bohnen. In der Mitte Rosinen, die bei keiner Tour fehlen sollten. Die Knorr-Erbswurst (mit Speck!) ist fast unbegrenzt haltbar, ergibt mit Wasser 1,5 Liter dicke Erbsensuppe, wiegt nur 140 Gramm, kostet DM 1.55 – und braucht nur eine Minute lang zu kochen.

fallen, selbst Obst und Gemüse haben ein schlechtes Nährwert-Gewicht-Verhältnis, von der Haltbarkeit ganz zu schweigen.

Natürlich haben uns unsere normalen Eßgewohnheiten recht verwöhnt. Selten findet sich ein Mitteleuropäer der jüngeren Generation, der weiß, was echter Hunger ist. Nicht das etwas hohle Gefühl in der mittleren Körperpartie, das sich nach einem ereignisreichen Tag einstellt oder der rege Appetit zur Mittagszeit, den wir in realitätsverkennender Übertreibung als »Bärenhunger« bezeichnen – nein, richtiger, langanhaltender Hunger, der von Wochen der Unterernährung herrührt und uns glücklicherweise erspart geblieben ist. Wir rümpfen deshalb schnell die Nase über Eßgewohnheiten anderer, minderbemittelter Völker und scheuen uns schon vor wiederholten Einnahmen von Armee-Rationen oder Eintöpfen. Der Gedanke an gekochten Hund oder eine gut zubereitete Ratte vermag in uns schon Übelkeit hervorzurufen, und mit Schaudern hören wir der Kriegsgeneration und ihren Berichten über Pferdefleisch, Unkrautsalate und verfaulte Kartoffeln zu. Wir vergessen, daß Sattsein ein Luxus ist, den sich nur ein Teil der Weltbevölkerung leisten kann.

Es bleibt für uns unverständlich, wie die römischen Legionen ein Weltreich erobern konnten, während sie sich von einer Art Vollkornschleim aus Weizen ernährten, der die Grundnahrung über Jahre darstellte: Weizenkörner wurden vier Stunden in Wasser eingeweicht, dann unter hinzufügen von mehr Wasser drei Stunden lang auf kleiner Flamme gekocht und mit etwas Salz, Essig oder Honig angereichert zumeist kalt(!) gegessen. Verwöhnte moderne Mägen würden mit einer solchen Dauernahrung Schwierigkeiten haben, aber die Legionäre waren entsprechend konditioniert und litten keineswegs an Mangelerscheinungen. Die Legionäre Cäsars hätten sich angesichts der nachfolgenden Rationen im siebenten Himmel gefühlt und sollten uns stets als gutes Beispiel für Genügsamkeit dienen.

In fast allen Breitengraden unseres Globus sind zumindestens ein oder zwei, wenn nicht alle der Survival-Grundnahrungsmittel käuflich zu erwerben: Linsen, Erbsen, Reis, Bohnen, Mais und Weizen. Die Reihenfolge entspricht grob dem Gehalt an Nährwerten. Linsen, Erbsen und Reis stehen auf der Survival-Liste ganz oben und haben sich längst einen Platz in der Geschichte erobert. Selbst die alttestamentarischen Schreiber der Bibel berichteten bereits vom Linsengericht, das der junge Daniel dem Luxusessen des Königs vorzog. Linsen und Erbsen gehörten zum Hauptnahrungsmittel der europäischen Armeen durch die Jahrhunderte, und erstere sind noch heute Bestandteil der Diät indischer und pakistanischer Soldaten, die damit nur dem Beispiel der auf diesem Subkontinent unübertroffenen Elitetruppe, der Gurkhas, folgen. Erbsen dagegen haben das britische Weltreich aufgebaut, in getrockneter Form sind sie wie die Linsen fast unbegrenzt haltbar und brauchen für die Zubereitung nur Wasser und Hitze. Das gleiche gilt für Bohnen und Reis. »40 miles a day on beans and hay« lautete ein Sprichwort der US Kavallerie, Bohnen waren der Treibstoff, der den menschlichen Motor auf den langen Trecks der Indianerkriege genauso wie bei dem Viehtreiben der Cowboys belieferte, während die Pferde mit Steppengras oder Heu vorlieb nahmen. Bohnen und getrocknete Erbsen fanden sich in jeder Liefer-

47

bescheinigung der Hudson Bay Company genauso wie in der Bevorratung von Segelschiffen und Außenposten. Die Indianer ihrerseits benutzten Maiskorn als eiserne Ration während ihrer Feldzüge und verzweifelten Ausweichmanöver vor der amerikanischen Kavallerie. Anders als die Hülsenfrüchte hat Mais zwar einen hohen Anteil an Kohlenhydraten, besitzt aber nicht einen gleichwertigen Proteingehalt wie Linsen, Erbsen oder Bohnen. Mais aber kann auch roh und ungekocht verzehrt werden: Man weicht einfach eine kleine Menge Körner im Mund etwas auf und beginnt sie dann bedächtig und methodisch zu kauen – gute Zähne vorausgesetzt. Als es mit den Südstaaten zu Ende ging, marschierten die Soldaten Lees auf diese Weise tagelang mit nur wenigen Handvoll Mais. Das ständige Kauen und Schlucken überdeckte das Hungergefühl. Mais kann natürlich mit Wasser aufgekocht, zu Brei zermahlen und zu Kuchen gebacken werden, und es eignet sich gut zum Vermischen mit anderen Hülsenfrüchten, mit Gemüse und anderem am Wegrand Gefundenem.

Reis ist die bevorzugte Notration des Autors; er weiß sich da mit Millionen von Asiaten einig, die lieber ihre tägliche Handvoll Reis als unsere europäische Kartoffel als Grundnahrungsmittel haben möchten. Gemeint ist natürlich nicht der geschälte, weiße Kochbeutelreis, dem schon beträchtliche Nährwerte abhanden gekommen sind, sondern der ungeschälte Naturreis mit seiner grün-grauen unappetitlichen Farbe. Er ist nicht nur äußerst nahrhaft und gut verdaulich, sondern hält sich auch in tropischen Klimazonen. Reis war die Geheimwaffe der japanischen, chinesischen und vietnamesischen Kämpfer, die oft von weniger als einer Handvoll pro Tag leben, marschieren und kämpfen konnten. Eine Handvoll Reis sind rund 250 g und ergeben mit etwas Wasser und Salz aufgekocht eine vollwertige Mahlzeit auch für einen Europäer. Ein kleiner Beutel von etwa fünf Pfund stellt einen ausreichenden Vorrat für eine ganze Woche dar und ist vom Packvolumen und der nahrungsmäßigen Ausnutzung her unvergleichlich besser als unsere heimische Kartoffel, die gleiche Menge Mehl oder Bohnen und Linsen.

Alle die hier genannten Grundnahrungsmittel lassen sich hervorragend einfach zubereiten und mit Zutaten »strecken« oder untereinander mischen. Als bestes Beispiel dafür soll wieder der Reis herangezogen werden, von dem die Asiaten auch das Kochwasser trinken. Er kann mit allem möglichen gemischt werden, mit Milchpulver zu Milchreis, mit gekochten Maiskörnern zu einer schmackhaften und kalt zu verzehrenden Speise (ebenso mit Pilzen, Gemüse, Birkenrinde usw.), mittels eines Brühwürfels zur Suppe werden, mit Nüssen, Rosinen, Fleischfasern, Ei usw. versetzt werden. Der Phantasie sind keine Grenzen gesetzt. Ähnliches gilt für Erbsen und Bohnen. Eine der interessantesten und schmackhaftesten Kompaktnahrungen ist das nahöstliche »Chumus«, ein Erbspüree, das aus Gewürzen und Kichererbsen besteht und mit Wasser zu einem mehligen Brei angerührt, kalt mit Olivenöl und etwas Zitronensaft gegessen wird. Es ist äußerst nahrhaft und »füllt«. Die israelische Firma Telma, der dortige Gegenpart zum deutschen Maggi-Konzern, ist noch einen Schritt weiter gegangen und bietet Chumus nicht nur fertig in der Büchse an (so ist es Grundbestand israelischer Kampfrationen), sondern als Trockenpulver. Ein kleiner, flacher Beutel mit

Nährwerte einiger Survival-Grundnahrungsmittel

100 Gramm	Bohnen	Erbsen	Linsen	Mais	Reis	Weizen	Sojabohnen
Energie							
kcal	330	347	331	349	371	321	418
kJ	1386	1457	1390	1466	1558	1363	1756
Nährstoffe							
Protein g	21,3	23,0	23,5	9,2	7,4	11,4	37,0
Fett (gesamt) g	1,6	1,4	1,4	3,8	2,2	2,0	18,0
Kohlenhydrate g	57,6	60,7	56,2	71,0	75,4	60,2	27,0
Wasser g	11,6	11,0	11,8	12,5	13,1	15,0	8,5
Rohfasern g	4	1	4	2	1	2	4
Vitamine							
A μg	100	26	25	90	0	70	95
B_1 mg	0,46	0,71	0,43	0,36	0,41	0,50	1,00
B_2:							
Ribo flavin mg	0,16	0,21	0,26	0,20	0,09	0,14	0,50
Niacin mg	2,1	3,0	2,2	1,5	5,2	5,1	2,5
C mg	2,0	1,0	–	0	0	–	0
Mineralstoffe							
Natrium mg	2	30	4	6	10	8	4
Kalium mg	1310	944	810	330	150	502	1740
Calcium mg	106	45	74	15	23	44	257
Magnesium mg	132	125	–	120	120	173	247
Eisen mg	6,1	5,2	6,9	1,5	2,6	3,0	8,6
Phosphor mg	429	301	412	256	325	406	591

70 g Pulver läßt sich durch Hinzufügen von Wasser in eine tellerfüllende Mahlzeit für einen Mann in weniger als zwei Minuten zubereiten. Hierzulande ist dieses Pulver in Delikateßläden und jüdischen Geschäften erhältlich (Bezugsquelle z. B. »Schalom-Imbiß« 1 Berlin 15, Wielandstraße). Bei den Wüstentouren des Verfassers diente dieses Chumus-Pulver als Grundbestandteil der Verpflegung.

Von allen getrockneten Früchten sind Rosinen die vorteilhaftesten für eine Verwendung als eiserne Ration: Klein und leicht enthalten sie wichtige Nährstoffe und erfüllen darüber hinaus das Bedürfnis nach Süßem besser als jede Schokolade. Sie lassen sich als Bereicherung für Reismahlzeiten benutzen und geben sonst fader Mehlspeise den nötigen Pfiff. Rosinen und Maiskörner im Verhältnis eins zu drei gemischt ergeben eine kräftigende Notnahrung, die man ohne zu kochen häppchenweise auf dem Marsch kauen kann.

Militärische Einheitsrationen

Seit der preußischen Erbswurst, mit der deutsche Soldaten 1870/71 im Tornister gegen Frankreich zogen, hat sich die militärische Verpflegung um Längen verbessert. Trotzdem stellt die Erbswurst einen Meilenstein in der Entwicklung der Kompaktnahrung dar. Sie war haltbar, man konnte sie kalt verzehren, oder in heißem Wasser zu einem Erbseneintopf anrühren. Die Erbswurst war eine ganze Mahlzeit in einem, kompakt und kalorienreich, und sie war seit der Einführung der Metallkonserve zu Napoleons Zeiten die erste revolutionäre Neuerung in der Marschverpflegung.

Erst der Zweite Weltkrieg brachte die Entwicklung der kompakten, zusammengefaßten Einheitsmahlzeiten mit den amerikanischen »K«-Rationen in ihren gewachsten, wasserdichten Kartons. Die Verpackung war als Brennstoff brauchbar, die Mahlzeiten konnten in ihren Büchsen gewärmt und gegessen werden, Schokolade, Zwieback, Zucker und Toilettenpapier vervollkommneten die Ration. Sie war als Einzelpackung – Vollnahrung für einen Mann einen Tag lang – oder als Zehnerpack für die ganze Gruppe vorrätig. Während des Koreakrieges erlebten die vielgehaßten K-Rationen ihre Ablösung durch die wesentlich verbesserten, und in ihrer Variationsbreite schmackhafteren C-Rationen, welche das Hauptnahrungsmittel amerikanischer GIs bis nach Abschluß des Vietnamkonflikts blieb. In einigen Surplusläden sind heute noch diese C-Rationen erhältlich, obwohl sie bei der Truppe durch die MREs ausgewechselt wurden.

Die C-Ration bringt etwa 2 Pfund auf die Waage und beinhaltet in ihrem Pack-Karton (Aufschrift: Meal, Combat, Individual) vier Lebensmittelbüchsen und einen verschweißten Plastikbeutel mit Streichhölzern, Kaugummi, Zigaretten, Salz, Kaffee, Milchpulver und Zucker, nebst Toilettenpapier. Ein einfacher Dosenöffner, ein Plastiköffner und ein Plastiklöffel sind im Karton zusätzlich enthalten. Die durchschnittliche C-Mahlzeit enthielt etwa 2400 Kalorien und deckte damit ungefähr die Hälfte bis ein Drittel des notwendigen Kalorienbedarfs eines Mannes. Je nach Inhalt der verschiedenen Büchsen rangieren die C-Rationen in der Geschmacksbeurteilung ihrer Benutzer zwischen »miserabel« bis »mittelmäßig«. Wirklich verhaßt war nur eine Variante der C-Mahlzeiten, die mit Ham & Lima Beans beschriftete Dose, ein Schinken-Bohnengemisch, der Favorit dagegen ist die Pfirsichdose. Der große Nachteil der »C-Rats«, wie sie bei der Truppe genannt werden, liegt in ihrem Gewicht – eine Wochenpackung bringt gute fünfzehn Pfund auf

»Naja, Mutter kocht besser!« Bundeswehr-Fallschirmjäger und seine EPA-Ration.

die Waage und nimmt im Rucksack erheblichen Platz weg.

1966 führte deshalb die US-Armee die LRP-Packungen für ihre Spezialeinheiten ein, kleine Alubeutel, in denen die Mahlzeit zuerst in dehydrierter, später in gefriergetrockneter Form aufbewahrt waren. Kochendes Wasser mußte über den Inhalt gegossen werden und nach 20 Minuten war die Mahlzeit eßbar. Der Nachteil der LRPs (die Abkürzung steht für »Long Range Patrol«) lag in ihrem Bedarf an Wasser und in der Zeit der Zubereitung. Eine LRP-Ration hatte etwa 1200 Kalorien und ließ daher auch im Nährwert zu wünschen übrig. Mit zu wenig Wasser gekocht, konnte die LRP dem Benutzer Wasser aus dem Körperhaushalt nehmen und in bestimmten Fällen zur Austrocknung führen. Aber die LRPs ebneten den Weg für die derzeitige Kampfnahrung der amerikanischen Streitkräfte, die MREs (Meal, Ready to Eat). Der Inhalt der Alufolienbeutel wird nach Entzug der Luft unter Druck schnellgekocht und ist daher im Feld entweder im trockenen Zustand oder nach Einlegen in heißes Wasser eßbar. Ein Zusatzpäckchen mit der MRE-Ration enthält Kaffee, Salz, Zucker, einen Löffel etc. Geschmacklich übertrifft die MRE ihre Vorgänger LRP und C-Ration bei weitem, gewichtsmäßig liegt sie je nach Inhalt zwischen 500 und 600 Gramm. Der Nährwert beläuft sich auf 3000 Kalorien.

Die Bundeswehr-»EPA«-Einmannverpflegungspackung entspricht von ihrer Art im Aufbau der amerikanischen C-Ration, sie ist nur schmackhafter und etwas reichhaltiger. Die 1500 Gramm schwere Packung enthält neben Kaffee-, Tee- und Fruchtsaftextrakt, Milchpulver, Zucker, Salz, Kaugummi, Abfallbeutel, Mehrzwecktüchern und Erfrischungstuch als Mahlzeiten: Zwei 300 Gramm schwere Fertiggerichte (z.B. Gulasch mit Kartoffeln, italienisches Nudelgericht in dem Typ IV) in flachen Metallbehältern, in denen die Nahrung in heißem Wasser verschlossen oder auf offener Flamme in geöffnetem Zustand angewärmt werden. Daneben sind andere Behälter mit Wurst, Käse, Margarine, Schokolade oder Dauer(Hart!)-Kekse. Der ganze Pack ist 24x20x6 cm groß und kostet je nach Lieferant zwischen 15,50 DM – (Schaake in Sonthofen) und 19,90 DM (Südwest-Versand Ulm).

EPAs sind auf Jahre haltbar, tropenfest verpackt und brauchen den Vergleich mit den amerikanischen Rationen nicht zu fürchten. Preislich unterscheiden sie sich kaum von den amerikanischen Modellen. Die MREs kosten in amerikanischen Surplus-Läden sechs bis sieben Dollar, haben dafür aber den Vorteil des geringeren Gewichts und der einfacheren Zubereitung. EPAs sind kalt kaum zu genießen.

Alle militärischen Verpflegungsrationen sind natürlich nichts für Feinschmecker, ihre Vorteile liegen auf anderem Gebiet. Sie sind auf langjährige Lagerung, Massenverbrauch, geringes Packvolumen und für genügsame Gemüter angelegt – der Survivalist, der das nötige Kleingeld für Fertiggerichte hat, sollte sich besser an die gefriergetrockneten und dehydrierten Mahlzeiten von Salewa (»Travellunch«), VauDe (»Mountain House« und »Dri-Li-

Amerikanische MRE-Packung und der Inhalt einer italienischen Ration.

te«) und Metzmachers »Cathay« halten. Gewichts- und geschmacksmäßig übertreffen sie das militärische Einheitsfutter. Wer trotzdem vor Büchsennahrung nicht zurückschreckt, erhält mehr für sein Geld, wenn er sich im normalen Lebensmittelhandel mit Reis, Nudeln, Instantkaffee, Milchpulver usw. eindeckt und sich die Mahlzeiten seiner Wahl mit Cornedbeefdosen, Schmalzfleisch und ähnlichen Konserven im Feld selbst anrichtet. Ein Feuer machen muß er auch bei den militärischen C- und EPA-Packungen! Die große Ausnahme unter den militärischen Kampfverpflegungen stellen die italienischen Pakete dar – unsere südlichen Alpennachbarn verstehen es wirklich zu leben! Diese Monsterpakete enthalten alles, bis hin zum Fläschchen Grappa für die Verdauung und sind das Schmackhafteste, was es innerhalb der NATO im Feld gibt. Wer also zur Extremtour nach Italien, Sizilien, Sardinien aufbricht, sollte sich in den italienischen Surplusgeschäften oder auf den Flohmärkten damit versorgen. Die in Metallfolie eingeschweißten »Razione Viveri Da Combattimento« wiegen allerdings 2,25 kg und sind 21×16,5×11,5 cm groß; also nur etwas für Motorisierte.

Nährstoffbedarf des Erwachsenen	
Protein	0,9 g je kg Körpergewicht
Essentielle Fettsäuren	10,0 g
Kohlenhydrate	250,0 g

Ernährung aus der Natur

Für den Laien ist es immer wieder erstaunlich, wie gering Parkranger, Rettungsdienste oder Bergwacht die Überlebenschancen verirrter Jäger und Angler einschätzen – gerade diese Outdoorsportler, so meint man, müßten doch über das nötige Handwerkzeug und Wissen verfügen, um sich fast unbegrenzt aus der Natur ernähren zu können. Weit gefehlt. Eine Analyse nordamerikanischer Survivalfälle beweist, daß Jäger und Angler beim Versuch, sich auf gewohnte Weise Nahrung zu beschaffen, Zeit, Energie und Reserven vergeudeten und am Ende buchstäblich am Verhungern waren. Es ist eine Sache, mit einem Kofferraum an Konserven dem Angel- oder Jagdsport nachzugehen und eine völlig andere, wenn man auf das so der Natur Abgerungene zur Ernährung angewiesen ist. Meist verbraucht man dabei mehr Kalorien, als man erhält!

Die reine Jagd – ob mit dem Gewehr nach Wild oder mit der Angelrute – ist in einer Überlebenssituation ein Luxus und muß an die dritte Stelle in der Beschaffung von Nahrungsmittel rücken. Fallen zahlen sich eher aus, sowohl in bezug auf die Zeit, als auch auf den Energieaufwand bei dieser Jagdform. – Innerhalb des Halbtags, den ein Jäger für eine Pirschjagd auf ein Stück Schalenwild oder ein Angler für eine Handvoll Forellen ansetzen muß, kann man mit Leichtigkeit eine Fischreuse oder Netzfalle an einem Bach aufstellen und zwei Dutzend Würgeschlingen oder andere Fallen an Wildpfaden einrichten, mit denen sowohl Kleinwild als auch ganze Rehe zur Strecke gebracht werden können. Für den Sportler ist dies natürlich unwaidmännisch, genauso wie das Legen von Lockköder bei einer Ansitzjagd – der einzigen Jagdform, die energiesparend ist.

Die zweite Nahrungsquelle aber ist das Sammeln, und diese Methode kommt bei der Nahrungsbeschaffung sogar noch vor der Fallenstellerei – der Survivalist sammelt ständig alles erkennbar Eßbare, auch während des Kontrollgangs der Fallen.

Leider wird dieser Bereich in vielen Survivalhandbüchern nur stichwortartig berührt, so daß viele Mißverständnisse entstehen können. Als Biologe hat die Verfasserin des nachstehenden Abschnitts nicht nur einige der in der Natur vorkommenden pflanzlichen Nahrungsmittel erläutert, sondern auch einige grundlegende Faktoren des menschlichen Ernährungsbedarfs berührt.

Kleinwild ist in einer Survivalsituation eine weitaus aussichtsreichere Jagdbeute als Rehe oder Wildschweine – besonders wenn man keine Schußwaffe hat. Kaninchen, Eichhörnchen, Feldmäuse, Bisamratten usw. können mit Fallen erlegt werden und lassen den Menschen oft nah genug herankommen, so daß sie zum Opfer eines geschickten Wurfes mit einem Stein oder einem kurzen Knüppel werden können.

Links: Ein Sumpf – hier lassen sich ausreichend Lebensmittel finden und erjagen: Schlangen, Eier aus Brutgelegen, Frösche, Pflanzen wie Froschlöffel (Wurzeln und Blätter eßbar) und Rohrkolben. – *Rechts:* Fischreusen und Netze sind für den Survivalisten besser als die Angelrute. Solche Fischfallen können aus Netzen geknüpft, aber auch durch Stöcke und Zweige im Fluß oder Seeboden abgesteckt werden.

Grundlagen der pflanzlichen Ernährung

(von Angela Kuhrts)

Seit es Menschen gibt, müssen sie sich mit der Natur auseinandersetzen, um ihre elementaren Bedürfnisse wie Wärme, Nahrung und Schutz zu befriedigen. Im Zuge unseres sogenannten fortschrittlichen Zeitalters ist jedoch die Fähigkeit des einzelnen, sich die Natur zunutze zu machen, auf ein Minimum reduziert. Schon wer einen Giersch von einer Schafgarbe unterscheiden kann, gilt als Botaniker, wer aber gar in den Wald zieht, Pilze zu sammeln, ist in den Augen seiner Mitmenschen ein ausgemachter Selbstmordkandidat. Wozu sollte man sich auch mit dem Nutzen der Natur, in diesem Fall speziell zur Versorgung der menschlichen Physis, beschäftigen, wenn der Supermarkt nebenan alles bietet, was der verwöhnte Mensch von heute zum Überleben braucht. So überlassen wir getrost das Wissen und die Verwaltung der natürlichen Schätze einigen wenigen, die mit profitorientierter Politik, Umweltkatastrophen, Butterberge, Milchsee und Hungersnöte zulassen.

Nun soll im folgenden weder das Motto »Zurück zur Natur« aufgewärmt, noch ein weiteres alternatives Ernährungsevangelium angeboten werden. Vielmehr ist es das Anliegen d. V., den Leser anzuregen, mit offenen Augen durch die Natur zu gehen, hier Dargestelltes wiederzuerkennen, in Gedanken oder auch praktisch durchzuexerzieren und im Ernstfall in der Lage zu sein, seinen Nahrungsbedarf aus der nichtkultivierten Natur zu decken.

Dieser Beitrag konzentriert sich hauptsächlich auf den vegetarischen Bereich der Survival-Ernährung, was jedoch nicht heißen soll, daß der Mensch über einen längeren Zeitraum ohne Schaden zu nehmen, auf tierische Proteine und Fette verzichten kann. Bekanntlich zählt der Mensch zu den sogenannten »Allesfressern«, d. h. das Verhältnis von Darmoberfläche zu Körperoberfläche ist größer als das eines Fleischfressers und umgekehrt kleiner als das eines Pflanzenfressers. Außer einer wesentlich größeren Darmoberfläche verfügen Pflanzenfresser meist noch über Wiederkäuermagen und Gärkammern, da pflanzliche Kost für die Verdauungsorgane wesentlich schwerer aufzuschließen ist.

Der Mensch gleicht das Fehlen dieser zusätzlichen Organe bzw. Darmoberfläche durch Kochen oder Zerkleinern der jeweiligen pflanzlichen Kost aus. Nur so können wertvolle Nährstoffe dem Körper zugänglich gemacht werden. Es gilt die im folgenden immer wieder auftauchenden Hinweise auf eine vorherige Behandlung der Pflanzen unbedingt zu beachten, da der Körper sonst gezwungen ist diese Nahrung nahezu völlig unverdaut wieder auszuscheiden.

Zur tierischen Protein- und Fettversorgung: Ein Erwachsener sollte täglich ca. 1 g Eiweiß pro kg Körpergewicht zu sich nehmen. Der Eiweißanteil der meisten Pflanzen liegt jedoch nur bei 1–3 % (Gemüse-, Salatpflanzen, Früchte, Beeren, Wurzeln und Knollen), lediglich aufgeschlossene Getrei-

Tab. I   Inhaltsstoffe einiger Wildgemüse (roh) in 100 g eßbarem Anteil

Bestandteile	Sauerampfer	Löwenzahn	Wegerich	Pastinak
Wasser	91,7 g	85,8 g	67,0 g	80,2 g
Eiweiß	2,3	2,6	1,0	1,31
Fett	0,4	0,7	0,4	0,43
Kohlenhydrate	3,63	7,2	28,3	14,9
Rohfasern	0,69	1,61	–	1,96
Vitamine A	3,5 mg	7,9 mg	0,6 mg	0,02 mg
B_1	–	0,19	0,05	0,08
B_2: Riboflavin	–	0,1	0,05	0,13
Niacin	–	0,8	0,7	0,94
C	47,0	33,0	26,0	18,0
Mineralien Natrium	4,0	76,0	–	gesamt: 1,18 g
Kalium	362,0	435,0	350,0	
Calcium	154,0	173,0	7,0	
Phosphate	71,0	70,0	35,0	
Magnesium	41,0	36,0	33,0	
Eisen	8,5	3,1	0,5	

Tabelle II   Vitaminbedarf des erwachsenen Menschen (70 kg)

Vitamin	mg
C	75
B_1	1,5
B_2-Komplex: Riboflavin Niacin Folsäure Pantothensäure	1,9 12 0,5 8
B_6	1,7
B_{12}	0,002
A	0,9
D	0,02
E	12
K	0,001

Tabelle III   Mineralienbedarf

Stoff	Minimum des tägl. Bedarfs in g	empf. tägl. Zufuhr in g
Natrium	0,4	2–7
Kalium	0,7	2–4
Magnesium	0,2	0,3
Calcium	–	1
Phosphor	0,8	1,5
Eisen	0,002	0,01–0,04
Fluor	0,25	1,0
Jod	0,1	0,15

desamen, Leguminosen wie Linsen, Erbsen, Bohnen etc., erreichen Proteinwerte von 10–25 %, Ausnahme Sojabohnen mit 40 %. Selbst wer ausreichende Mengen der oben genannten Pflanzeneiweiße seinem Körper zuführen würde, ist immer noch unterversorgt, da die Zusammensetzung der Aminosäuren (chemische Verbindungen, die als kleinste Einheit der Proteine fungieren) tierischen und pflanzlichen Eiweißes qualitativ unterschiedlich sind. Der Mensch bleibt auf eine Zufuhr von 20–40 % tierischer Proteine angewiesen. Auf die Survivalpraxis angewendet bedeutet das: Selbst wer nicht die Möglichkeit hat, zu jagen oder Fallen zu stellen, muß seinem Körper tierische Nahrung anbieten. Ein amerikanischer Biologieprofessor und Survivallehrer kreierte für seine Klasse den Slogan »if it moves, it's great food« und empfiehlt es wörtlich zu nehmen. Kleinsäuger wie Mäuse und Ratten, Würmer, Larven, Frösche und vor allem sämtliche Arten von Heuschrecken sind leicht zu fangen und bieten »genausoviele Proteine wie ein Hamburger«. Wem sich schon der Magen umgedreht hat, kennt wahrscheinlich keinen richtigen Hunger, sonst wüßte er, daß dieses elementare Bedürfnis jede anerzogene Scheu und Ekel vergessen läßt und nur nach Befriedigung und Überleben verlangt.

Das eingangs erwähnte Beispiel des »Naturburschen« Carl H. McCunn zeigt, wie mancher im Ernstfall erst einmal darauf verzichtet, ungewöhnliche Dinge zu essen, in der Hoffnung auf eine Verbesserung seiner Situation. Er wäre nicht der erste, der umgeben von ausreichenden Nahrungsquellen verhungert. Wer sich erst im letzten Moment zum Jagen und Sammeln entscheidet, ist dann zumeist diesen körperlichen Anstrengungen nicht mehr gewachsen. Also gilt, unabhängig davon wie groß die Chance einer Rettung ist, in jedem Falle sofort mit der Vorsorge zu beginnen. Dabei sollte man möglichst auf eine ausgewogene Ernäh-

Löwenzahn: Das einzige eßbare Wolfsmilchgewächs – trotz des beim Aufbrechen erkennbaren weißlichen Saftes sind Blätter und Wurzeln genießbar. Die jungen Blätter sind roh eßbar, ältere Pflanzenblätter müssen vorher gekocht werden.

Abziehen der Kambiumschicht an einer Kiefer. Die papierartigen, leicht abzublätternden Rindenteile sind hervorragendes Material zum Feuermachen. Die obere, harte Borkenkruste ist vorher entfernt worden.

rung achten. Der menschliche Körper ist zusätzlich zu den schon behandelten Proteinen auf Kohlenhydrate, Fett, Vitamine und Mineralien angewiesen. Wer glaubt, er könne sich ausschließlich von der Jagd ernähren, dem sei gesagt, daß die Kohlenhydrate hauptsächlich für unsere Energiezufuhr verantwortlich sind und nicht, wie häufig angenommen, die Proteine. So sollte ein Erwachsener mindestens 50% seiner täglichen Kalorienaufnahme durch pflanzliche Kost decken, und zwar in möglichst naturbelassenem Zustand, d. h. statt gekochtem, rohes Gemüse, statt fein gemahlenem, grob gemahlenes Getreide.

Dies kommt uns im Survivalfall sehr gelegen. Viele Wildpflanzen lassen sich ohne weiteres roh verzehren, so daß uns ihre Vitamine und Mineralien unbeschädigt zur Verfügung stehen. (Jedoch sollten sie vor dem Verzehr grundsätzlich gut gewaschen werden. Auf Pflanzen, die am Straßenrand, in Industrienähe oder chemisch behandelten Gebieten wachsen, unbedingt verzichten, da ihr Nutzen in keinem Verhältnis zu dem Schaden, den sie unserer Gesundheit zufügen können, steht. Die nachfolgende Auflistung bringt die bekanntesten mitteleuropäischen, eßbaren Wildpflanzen. Einige, die nicht als roh genießbar verzeichnet sind, müssen unbedingt gekocht werden, um eventuell vorhandene Giftstoffe zu entfernen, harte Pflanzenfasern für den Körper nutzbar zu machen oder Bitterstoffe zu neutralisieren. Leider haben sehr viele Pflanzen eine verdauungsfördernde Wirkung und können nur in Maßen genossen werden, da sonst sämtliche im Verdauungstrakt befindliche Nahrungsmittel durch eine beschleunigte Darmpassage den Körper zu früh verlassen und wertvolle Inhaltsstoffe verlorengehen.

Am reichhaltigsten ist das Angebot der Pflanzenwelt im Frühling und Sommer. In dieser Zeit enthalten die Pflanzengewebe noch wichtige Protein- und Saccharinverbindungen, die später bei der Ausbildung von Blüten und Samen verbraucht, bzw. in Zellulose umgewandelt werden. Letztere hat für den Körper nur noch einen Wert als Ballaststoff.

Die kalten und pflanzenarmen Jahreszeiten lassen uns eine sehr eingeschränkte Auswahl an Kohlehydratlieferanten, man braucht aber nicht völlig auf sie zu verzichten: So ist die Rinde von Tannen, Kiefern, Pappeln, Espen, Buchen, Birken und Weiden auch

Wildgemüsepflanzen und ihre Zubereitung

Alle Angaben dieser Auflistung beziehen sich nur auf die Blätter der Pflanzen. (V.: Vitamine, M.: Mineralien)

Volkstüml. Name	V.	M.	Sonstiges	Vorkommen	Erntezeit	roh	gek.	zu beachten!
Brennessel	x	x		weit verbr.	April–Sept.	x	x	bei rohem Verzehr kurz überbrühen
Löwenzahn	x			weit verbr.	April–Sept.	x	x	s. a. Wurzelgemüsetabelle
Wiesenklee			Proteine	Wiese, Weide	April–Sept.	x	x	max. 2× tägl. eine Handvoll
Hirtentäschel- kraut	x	x		weit verbr.	April–Sept.	x	x	Vorsicht, verdauungsfördernd!
Breit-, Spitz- Wegerich	x	x	Vit. A, C, K	Trockengeb.	Juni–Okt.	x	x	
Sauerampfer	x	x		Feuchtgeb.	Mai–Sept.	x	x	
Melde			Vitamin C	Feuchtgeb.	Mai–Sept.	x	x	
Schafgarbe				trock. Wiese	Mai–August		x	
Taubnessel	x	x		Feldränder	April–Sept.	x	x	Stengel können mitverwertet werden
Wiesen- schaumkraut			Vitamin C	Wiesen	April–Mai	x		alle Teile außer Wurzel eßbar
Brombeere	x	x		Wald, Wegrand	Mai–Juli	x	x	Früchte ab Juli–August eßbar
Himbeere	x	x		Wald, Gebüsch	Mai–Juli	x	x	Früchte ab Juli–August eßbar
Gänseblüm.				Wiese	ganzjährig	x	x	mäßige Mengen, da stoffwechselanregend!
Huflattich				Lehmboden	April–Juni		x	
Lungenkraut		x	Kieselsäure	Wald	März–Mai	x	x	
Wiesen- knöterich		x		Wiese	April–Mai		x	Blätter nur vor der Blütezeit sammeln
Bärenklau				Wiese	April–Juni		x	Vorsicht, verdauungsfördernd!
Giersch				Wald, Wegrand	April–Juni		x	sehr ergiebig, aber verdauungsfördernd
Klette				Ödland	April–August	x	x	s. a. Wurzelgemüsetabelle
Hopfen			Kalium	Waldrand	Mai–Juli	x	x	Sprosse u. Ranken a. zu verwerten
Günsel		x	Vitamin C	Wiese, Wegr.	Mai– Juni	x		verdauungsfördernd
Malve		x		Wald-, Wegr.	Mai–August		x	
Bärenlauch				Wald, Feuchtg.	April–Juli	x	x	
Guter Heinrich				Viehweiden	April–Juni		x	nur junge Triebe und Blätter benutzen
Weißer Gänsefuß				Felder	April–Juni		x	
Leimkraut				Trockengeb.	April–Juni	x	x	
Ackerrettich				Äcker, Felder	April–Mai		x	Ernte vor der Blütezeit, in Salzwasser kochen!
Echtes Barbarakraut			Vitamin C	Feuchtgeb.	Dez.–April	x	x	Frühlingsblätter roh, Winterblätter gekocht
Wald-Weiden- röschen				Sandböden	April–August		x	Sprosse vor der Blüte wie Spargel kochen
Birke				Wald, Heide	Mai–Okt.	x	x	Vorsicht, entwässernd! Birkenrinde eßbar
Linde				Waldrand	Mai–Juli	x	x	

Grundsätzlich werden nur junge Blätter roh gegessen, ältere Blätter müssen gekocht werden!

Die lateinischen Bezeichnungen
der hier aufgeführten Wildgemüse zur Erkennung regional unterschiedlicher volkstümlicher Benennungen:

Brennessel	Urtica	Bärenklau	Heracleum sphondylium
Löwenzahn	Taraxacum officinale	Giersch	Aegopodium proudagratia
Wiesenklee	Trifolium pratense	Klette	Arclium major
Wegerich	Plantago	Hopfen	Humulus lupulus
Sauerampfer	Rumex acetosa	Günsel	Ajugareptans
Hirtentäschelkraut	Capsella bursa-pastoris	Malve	Malva silvestris
Melde	Atriplex hortensis	Bärenlauch	Allium Ursinum
Schafgarbe	Achillea milleforium	Guter Heinrich	Chenopodium bonus-henricus
Taubnessel	Lamium album	Weißer Gänsefuß	Chenopodium album
Wiesenschaumkraut	Cardamine pratensis	Leimkraut	Silene vulgaris
Gänseblümchen	Bellis perennis	Ackerrettich	Raphanus raphanistrum
Huflattich	Tussilago farfara	Echtes Barbarakraut	Barbarea vulgaris
Lungenkraut	Pulmonaria officinalis	Wald-Weidenröschen	Epilobium angustipfolium
Wiesenknöterich	Polygonum bistorta		

Flechten von einem toten Baumstamm, nach Entfernen der Bitterstoffe werden die Flechten in der Sonne getrocknet und dann zu Mehl zerrieben.

Gänseblümchen gehören zu den seltenen Pflanzen, die man ganzjährig ernten kann.

im Winter nutzbar. Um an die verwertbare Rindenschicht, das Kambium, heranzukommen wird erst einmal die trockene Borkenschicht entfernt. Man stößt dann auf eine dünne Gewebeschicht zwischen Borke und Holz, die zuoberst grün, darunter weiß gefärbt ist.

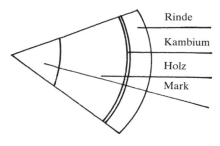

Rinde
Kambium
Holz
Mark

Den größten Nährwert hat das Kambium im Frühjahr, während des sogenannten Saftsteigens. Doch ist die Ernte auch im Winter lohnenswert. Man schneidet das Kambium in dünne Streifen und kann es roh oder gekocht essen. Getrocknet wird es zu Mehl zerrieben und dient gebacken als Brotersatz oder zum Andicken von Wildgemüsesuppen.

Ähnlich verfährt man mit den besonders in Nordeuropa und in den Alpen häufig vorkommenden Flechten. Nachdem sie durch Einlegen in Sodalösung von ihren Bitterstoffen befreit, getrocknet und gemahlen waren, wurden sie während der beiden Weltkriege als Getreidemehlersatz mindestens zu gleichen Teilen normalen Mehls dem Brot zugefügt. Dieses Brot war durch die antibiotisch wirkenden Reste der Flechtensäure besonders gut haltbar. Gleich neben den Flechten wachsen oft – besonders auf morschem Holz – Pilze, die den winterlichen Speiseplan bereichern könnten. Zum Pilzsammeln gehört aber eine Sachkenntnis, die sich nicht einfach durch Lehrbücher aneignen läßt. Dem Survivalisten steht das preisgünstige und reichhaltige Unterrichtsangebot der Volkshochschulen zur Verfügung, in denen neben der Theorie auch die Praxis auf Waldlehrgängen vermittelt wird.

Die gleiche Vorsicht ist bei Beeren geboten. Viele Arten lassen sich noch im Winter ernten, aber nur von dem, der Genießbares von Giftigem unterscheiden kann.

Damit ist das Angebot des Winters noch nicht erschöpft: Sinkt die Temperatur nicht zu tief unter den Gefrierpunkt, ist also der Boden noch nicht gefroren, sind Wurzeln und Knollen eine willkommene Nahrungsbereicherung. Über der Bodenoberfläche – eine dünne Schneedecke vorausgesetzt – sammelt man Gänseblümchenblätter und in der Nähe von Gewässern Brunnenkresse, Bachbunge und Barbarakraut.

Schlagartig zum Frühlingsbeginn ändert sich dann das Bild: Die Natur bietet alles, was der Mensch braucht, im Überfluß. (Wie lange noch?) Es be-

Giftprobe!

Wie testet man die Genießbarkeit unbekannter Pflanzen?

1. Man zerreibt ein kleines Stück der Pflanze auf der Innenseite des Ellbogens. Stellt sich nach 5 Minuten keine Hautrötung ein, kann man zum nächsten Test übergehen:
2. Ein weiteres Stück legt man für ebenfalls 5 Minuten zwischen untere Zahnreihe und Unterlippe. Als giftig erweist sich die Pflanze, falls sie in dieser Zeit einen bitteren, stark sauren, seifigen oder brennenden Geschmack hervorruft.
3. Ist dies nicht der Fall, ißt man mehrere Stunden nach dem Abendessen ca. eine halbe Handvoll der unbekannten Pflanze. Verspürt man bis zum nächsten Abend weder Magenschmerzen, Bauchkrämpfe noch Übelkeit und Erbrechen,
4. wiederholt man Schritt Nr. 3, diesmal mit einer ganzen Handvoll der zu testenden Pflanze. Bleibt auch dieser Versuch ohne negative Folgen, wird man nun am dritten Abend eine komplette Mahlzeit der nun nicht mehr ganz so unbekannten Pflanze zu sich nehmen können. *Nach Dr. Bruce Bauerle*

ginnt bei dem für jeden als solches zu identifizierenden Gras. Am nahrhaftesten sind seine Samen, die wie unsere Kulturgetreide zu essen sind, d. h. roh, eingeweicht oder zu Mehl zerrieben. Sind die Samen mit kleinen schwarzen Pilzen bedeckt, ist ihr Genuß für den Menschen lebensgefährlich. Die Blätter des Grases sind ebenfalls eßbar (roh) und haben einen durchaus angenehmen Geschmack.

Ähnlich leicht zu erkennen und reichlich vorhanden sind die Blätter von Birken und Linden. Sie können als Gemüse zubereitet werden, indem man die Blätter wäscht, in Streifen schneidet und mit wenig Wasser gardünstet. Wer in der glücklichen Lage ist, etwas Salz, Mehl (auch Rindenmehl) und Fett zu besitzen, der macht mit einer Mehlschwitze dieses Wildgemüse zu einem kulinarischen Genuß. Für einen Salat nimmt man immer die jüngsten Blätter und Triebe; um einen besseren Geschmack zu erzielen mischt man sie am besten noch mit anderen Wildkräutern. Da wir von einem Notfall ausgehen, sollen hier keine ausgeklügelten Rezepte aufgeführt werden, sondern es bleibt dem Improvisationsvermögen des einzelnen überlassen, aus dem spontanen Angebot zu mischen, was er unter den gegebenen Umständen für eßbar hält.

Die Zubereitung von Wurzeln ist, wie aus Tabelle IV hervorgeht, relativ aufwendig, ihr außerordentlich hoher Stärkegehalt macht aber die Mühe des Ausgrabens, Schälens, Kochens usw. lohnenswert. Wurzeln lassen sich das ganze Jahr über sammeln, speichern jedoch während der Winterzeit die meisten Nährstoffe.

Beim Farnkraut sollte man nicht auf die jungen, noch zusammengerollten Wedel verzichten. Bis zu 15 cm hohe Stiele werden kurz über dem Boden abgebrochen, ihre braune Wolle mit der Hand entfernt, die gesäuberten Stiele und Wedel müssen rund 30–60 Minuten kochen. Bei besonders bitteren Wedeln Wasser nach zehn Minuten erneuern.

In Tabelle IV wurden bereits Pflanzen aus dem Süßwasserbereich angesprochen. Neben diesen im Schilfgürtel wachsenden Arten ist die zum Schwimmblattgürtel gehörende Seerose (Nymphaea) noch erwähnenswert. Ihre oft armstarken Wurzeln am Grunde eines Gewässers wachsend, verarbeiteten unsere Vorfahren zu Mehl. Einfacher, als die Wurzeln sind aber nach der Blütezeit die Samen zu ernten. Nach dem Trocknen der großen Samenkapseln, können die Samen leicht herausgewaschen werden, leicht

Rohrkolben sind außer in der arktischen Tundra fast überall anzutreffen. Das Wurzelmark ist ganzjährig eine stärke- und zuckerhaltige Rohkost, die jungen Triebe können wie Spargel gekocht werden, und auch die Pollen können als Brei gekocht oder zu einer Art Kuchen gebacken werden.

Tab. IV Wurzelgemüse liefernde Wildpflanzen

Name	Zubereitungsart
Klette Arctium major	Wurzel schälen, wie Kartoffeln kochen
Löwenzahn Taraxacum off.	Nur die vor der Blüte geerntete Wurzel kann gekocht genossen werden
Pastinak Pastinaca sativa	Nach dem Schälen in möglichst kleine Stücke schneiden und weichkochen
Nachtkerze Oenothera biennis	Wurzeln schaben und garkochen
Wilde Möhre Daucus carota	Schaben und kochen wie Gartenmöhren
Wiesenbocksbart Tragopogon partensis	Ganze Wurzel überbrühen, schwarze Haut abziehen und garkochen
Farn sämtliche Arten[1]	Nach dem Entfernen der braunen Wurzelhaare 30 Min. kochen. Ältere, besonders dicke Teile rösten und nur das innere Mark essen
Wasserpflanzen: Froschlöffel Alisma	Wegen ihres scharfen Geschmacks Wurzeln erst trocknen, dann wie Kartoffeln kochen
Rohrkolben Typha	Wurzeln nach dem Schälen roh oder gekocht genießbar. Besonders wertvoll, da 46% Stärke und 11% Zucker enthalten sind und sie am besten im Winter zu sammeln sind.

[1] Ausnahme Dryopterisarten – einige der sogenannten Wurmfarne führen im Übermaß genossen zu Durchfall.

geröstet bieten sie eine gute Grundlage für ein nahrhaftes Mahl.

Nun ist es relativ leicht, Eßbares in

Huflattich: Eine der ersten Frühlingsblumen, die Blätter können bereits ab März geerntet werden.

Wiesenklee enthält viel Protein, sollte aber nur wenig verzehrt werden, weil es die Blutgerinnung hemmt.

Spiralförmig eingerollte Farnwedel: Diese im April/Mai zu erntenden Sprossen werden wie Spargel zubereitet.

Strand-Dreizack: Die Blätter ergeben ein spinatähnliches Gemüse, und die Samen wurden früher von Indianern geröstet.

Wolfsmilchgewächs: Der beim Abreißen austretende milchige Saft ist ein sicheres Signal für die Ungenießbarkeit der Pflanze. Der nachfolgende Gift-Test braucht nach dieser ersten Probe nicht mehr angewandt werden.

Süßwassernähe zu finden. Die Auswahl an Pflanzen im Küsten- d. h. Brackwasserbereich ist wesentlich geringer. Doch auch hier wußten unsere Vorfahren einige Arten zu nutzen: Der Meerkohl (Crambe maritima) mit seinen breiten, blaugrünen Blättern wurde wie Kohl zubereitet, seine Blattstiele dienen teilweise heute noch als Gemüsebeilage. Löffelkraut ist wegen seines hohen Vitamin C-Gehalts geschätzt, schon die Seefahrer vergangener Jahrhunderte wußten Skorbut durch eine tägliche Ration Löffelkraut zu verhindern. Ein spinatähnliches Gemüse ergibt der Strand-Dreizack (Triglochin maritima). Die vor der Blüte geernteten jungen Blätter bekommen erst durch Kochen einen angenehmen Geschmack. Das Meer selbst liefert eine Fülle von Algen, nur sind sie in Europa, im Gegensatz zu Asien, als Nahrungsmittel wenig bekannt. Einige Beispiele für in Europa genutzte Arten: Meersalat (Ulva lactula), Darmtang (Enteromorpha) und Zuckertang (Laminaria saccharina) – ißt man als Salat oder Suppeneinlage.

Literaturhinweise:
Da es nicht möglich ist, alle hier aufgelisteten Pflanzen gleichzeitig abzubilden, ein paar Tips, diese Pflanzen in

Samen und Nüsse

Bezeichnung	Bemerkungen
Eicheln	... müssen geröstet oder über Nacht eingeweicht werden, um Giftstoffe zu entfernen. Danach werden sie entweder getrocknet und zu Mehl verarbeitet oder mit Wasser zerdrückt und gebacken.
Bucheckern	... enthalten 46% Fett! Geröstet und gemahlen verwendete man sie in Notzeiten als Kaffee-Ersatz.
Haselnüsse	... enthalten 65% Fett! Werden aber sehr schnell ranzig.
Kiefern- und Tannenzapfensamen	... sind mühsam zu sammeln, aber eßbar.

der Natur wiederzufinden:
1. Pahlows Wildgemüsekompaß aus dem Gräfe und Unzer Verlag
Enthält wesentliche Blatt- und Wurzelgemüse im Handtaschenformat.
2. Peter Reuss, Kochen mit Wildpflanzen, Heyne Verlag, Nr. 4292
Gibt Rezeptvorschläge für denjenigen, der sich auch ohne Notfall Wildpflanzen in die Küche holen will.
3. Jörg Raitelhuber, Arzneikräuter und Wildgemüse, Falken-Verlag, Nr. 0459
Erteilt zusätzlich Auskunft über Heilwirkung der Wildpflanzen.

Feuer als Freund im Überlebenstraining

Jede noch so schlimme Nacht im ärgsten Wetter läßt sich überstehen, wenn man sich an einem einigermaßen geschützten Ort an einem Feuer wärmen kann. Feuer vermittelt nicht nur Wärme und eine Möglichkeit, Nahrung zuzubereiten, Kleidung zu trocknen oder ein Signal zu geben – es gibt auch ein Gefühl der Geborgenheit. Selbst wenn die Situation noch so schwierig ist, sobald das Feuer seine wärmende Strahlen ausbreitet, kommt in allen Betroffenen der erste Hoffnungsschimmer wieder auf. Dieser psychologische Faktor sollte nicht unterschätzt werden.
Feuermachen ist nicht so leicht, wie man das beim Lesen von Überlebenshandbüchern meinen möchte. In einer absoluten Notsituation – ohne Streichhölzer oder anderen *Feuerquellen* – kann es sogar derart zum Problem werden, daß man sich reiflich überlegen

Ein unbewachtes Lagerfeuer, eine weggeworfene Zigarette... jeder Funke kann einen Steppenbrand dieser Größenordnung verursachen, der Gefahr für Menschen, Tierwelt und das Fortbestehen ganzer Pflanzenkulturen bedeuten kann. Brandkatastrophen wie in der Lüneburger Heide oder in Südfrankreich sind Survivalfälle eigener Art, bei deren Bewältigung lebensgefährliche Situationen für Camper, Anwohner und Rettungsdienste entstehen.

sollte, ob man die noch vorhandene Zeit und Energie nicht dazu aufwenden sollte, anders Schutz und Wärme zu finden, statt sich mit wachsender Verzweiflung im Reiben von Feuerstökken, dem Schlagen von Steinen oder dem Warten auf einen Sonnenstrahl zu widmen. Gehen wir aber von einer Survivalsituation aus, in der wir über eine sichere Feuerquelle verfügen, Streichhölzer etwa, oder ein Feuerzeug, eine Schußwaffe mit Munition, ein Fahrzeug mit noch intakter Batterie. In jedem Fall aber sind unsere Mittel begrenzt – wir können es uns nicht leisten, zwanzig kostbare Streichhölzer zum Entzünden eines kleinen Feuers zu vergeuden. Die optimale Ausnutzung der vorhandenen Notmittel gebietet es, mit Bedacht und Überlegung vorzugehen. Eile tut not, aber es nützt nichts, wenn man beim Feuermachen sich verausgabt und mehr Kalorien verbraucht, als das dann entstehende Feuer uns Wärme zuführen kann. Spätestens in einer Notsituation merken wir, daß die in allen Survivalbüchern so schön graphisch dargestellten Feuerarten uns im Moment wenig helfen – ein Anfang wird gebraucht, ob man dann ein Jäger-, Balken-, Stern-, Gitterfeuer, ob zum Kochen oder Wärmen daraus macht, steht auf einem anderen Blatt. Die Vielzahl der beschriebenen Feuerarten ist sogar verwirrend, im Ernstfall werden zwei, drei Grundformen benötigt, auf deren Basis dann improvisiert wird.

Als erstes gilt es zu sammeln. Das Feuer braucht Brennholz und eine Art Zunder oder Anmachholz, mit dem die ersten Flammen geschürt werden können. Es wird immer mehr gebraucht, als man denkt – Faustregel zum Sammeln: Soviel wie man glaubt zu brauchen – und dann noch einmal die gleiche Menge! Sind Steine in der Nähe, so werden sie herangetragen oder gerollt, auch hier gilt es, den Energieaufwand und den Nutzen des Holzes abzuwägen, gerade beim Brechen von Ästen und Schleifen von toten Bäumen (geschweige denn dem Hacken oder Fällen mit dem Beil) vergeudet man seine Kräfte schnell. Wir brauchen in einer Survivalsituation keine Lagerfeuer nach Art der Pfadfinder, hochaufragend und lodernd, von dem die Indianer recht mißbilligend als »white man's fire« sprachen:
Es brennt hoch und hell mit großer Hitze und man muß sich in einigem Abstand halten, um nicht angebraten zu werden. Die Indianer benutzten

Ein mittelgroßes Kochfeuer mit Querbalken für zwei oder drei Personen.

Bei großen Koch- und Wärmefeuern für eine Gruppe ist es vorteilhaft, einen Wall aus Felssteinen anzulegen, die gleichzeitig vor der direkten Hitze des Feuers schützen und die Wärme durch Speicherung gleichmäßig abstrahlen.

kleine, wirtschaftlich brennende Feuer, an das man nah heranrücken muß, um in den Genuß der Wärme zu kommen. Für diese Art Feuer sind Äste mit einem Durchmesser von maximal 8–10 cm völlig ausreichend. Alles was dicker ist und zufällig in Reichweite liegt, wird für den Feuerschirm genutzt. Das Brennmaterial wird in sicherer Entfernung vom Feuerplatz gestapelt und nach Größe und Dicke sortiert. Mehr als unterarmlange Stücke werden beim Feuer nicht gebraucht, alles längere wird zerhackt oder durchgebrochen, wenn man dazu Mittel und Kraft übrig hat – sonst tut man besser daran, es durchzubrennen und den Energieaufwand zu sparen. Bevorzugt werden tote Äste, die man von den Bäumen abbricht, denn sie brennen auch bei nassem Wetter an. Am Boden liegendes Holz ist viel stärker durchgefeuchtet und muß erst etwas getrocknet werden.

Die Feuerstelle wird nun von Brennbarem sauber gemacht, Schnee wird bis zum Boden fortgekratzt – wo das nicht möglich ist, etwa auf einer Eisscholle, auf einem zugefrorenen See muß eine Unterlage aus Fell, Brettern, Ästen geschaffen werden, die ein Versinken des Feuers und damit ein Erlöschen im Schmelzwasser verhindert. Ein Blech, eine Radkappe oder ähnliches kann helfen, aber auch eine Gruppe Steine. Alle Brennmaterialien werden nun nach Größe in Armreichweite aufgeschichtet. Eine Zeltbahn, eine Decke, die Rettungsfolie oder der eigene Körper bildet den Windschutz, der ein Ausblasen verhindern soll. Hinter der Feuerstelle haben wir aus Steinen oder Holz einen Feuerschirm errichtet, der die Hitze reflektieren soll. Dieser Schirm ist gleichzeitig auch Lagerungsstätte für unser feuchtes Holz, das es zu trocknen gilt. Wollen wir das Feuer zum Kochen benützen, wird bereits jetzt eine Ablage aus Steinen oder dicken Ästen für den Kochtopf gebaut. Vorzugsweise wird eine getrennte Kochstelle angelegt, die dann mit der Glut aus dem Wärmefeuer beschickt werden kann. Glut mit seiner gleichmäßigen Wärmeabgabe eignet sich zum Kochen und Braten wesentlich besser als jede Flamme.

Gibt man einem Zivilisationsgeschädigten draußen in der Wildnis einige Streichhölzer und einen Stapel Holz, so wird er in der überwiegenden Mehrzahl der Fälle zwar unter fürchterlicher Rauchentwicklung »kokeln«, aber kein anständiges Feuer zustandebringen. Ist

Der »fuzz-stick« wird mit dem Taschenmesser geschnitzt.

Die Anmachhaufen beim Entzünden. Die blattartigen Stücke nahe dem Streichholz sind oberste Rindenstücke, die von einer umgestürzten Kiefer abgeblättert wurden – dieses Material brennt besser als trockenes Papier!

es dazu noch kalt und naß oder beides, werden in 99% der Fälle alle Streichhölzer verbraucht sein, ohne daß auch nur der Anschein eines Feuers zum Entzünden kommt. Feuermachen will gelernt, vor allem aber geübt sein. Auch die nachstehenden Beschreibungen entheben den Leser nicht von der praktischen Übung, die mehr wert ist, als das wiederholte Durchlesen eines ganzen Bücherregals von Survival-Literatur.

Zentrum der Anmachversuche ist der kleine Haufen von leicht entzündbarem Material, das hier der Kürze halber als Zunder bezeichnet werden soll, obwohl man im engeren Sinne darunter etwas anderes versteht. Dieses etwa faustgroße Häufchen soll nicht nur die Flamme oder den Funken unserer Feuerquelle aufnehmen. Vornehmlich Aufgabe des Zunderhäufchens ist die Entwicklung einer ersten Flamme mit genügend großer Hitzeentwicklung, auf die wir dann die ersten Reisigstücke und Ästchen auflegen können. Dann wird schrittweise das Feuer aufgebaut – immer langsam und mit Bedacht, um die sorgsam genährte Flamme nicht zu ersticken.

Wichtigster Bestandteil dieses Häufchens ist ein etwa 10–15 cm langer, daumendicker Stock, der »fuzz stick« wie die Mountainmen sagen. Dieses Hölzchen sollte trocken und von dem toten Ast eines Baumes abgebrochen sein. Ist die äußere Rinde durchfeuchtet, wird sie abgeschält. Ganz Vorausschauende suchen schon am Morgen einen geeigneten Fuzz-Stick, tragen ihn den ganzen Tag am Körper, in der Tasche oder im Rucksack mit sich herum, um ihn abends dann getrocknet seiner Bestimmung zuzuführen. Diese Schlauen haben auch immer eine Plastiktüte in der Tasche, in die sie geeignetes Zundermaterial vom Weg auflesen. Der Stock wird an einer Seite angespitzt, dort wo er in den Boden gerammt wird, stets auf Wirtschaftlichkeit bedacht, werden alle Schnipsel gesammelt, um sie später dem Häufchen zuzuführen. Als nächstes wird in Richtung auf die Spitze mit einem Messer (oder in Ermangelung dessen, einem Stück Blech aus der Konservendose, einer Glasscherbe, einem scharfkantigen Stein, einem Büchsenöffner) derart geschnitten, daß sich vom Kern des Stockes kleine wellenartige Splitter abbiegen, je mehr, desto besser. Der Fuzz-Stick wird in der Mitte der geplanten Feuerstelle in den Boden gesteckt und um ihn herum und an ihm hoch wird das Zundermaterial gestapelt:

Zuunterst einige Wollfusel, trockene Tannennadeln und Grashalme oder trockene Blätter – nicht solche, die noch etwas grün sind, sondern Totes, am besten jene Blätter und Nadeln, die zwar abgestorben sind, aber noch immer am Ast kleben und sich nicht am Boden mit Feuchtigkeit vollgesogen haben. Kleine, dünnste Zweige, etwas Rinde mit daranklebendem Harz, trockenes Moos oder einige Fasern Baumflechten, alte Vogelnester, Birkenrindstückchen, Segmente von Tannenzapfen und Kienäpfeln.

Unten am Fuzz-Stick lehnen die schnell entzündbaren, kurz auflodernden Materialien wie Tannennadeln, oben die ersten Zweige, die zum besseren Anzünden mit dem Messer zerspalten oder durch Brechen aufgefasert sind. Die Feuerquelle wird gegen den unteren Teil des kleinen Stapels gelenkt, und sobald sich die erste Flamme bis zu den größeren Zundermaterialien an der Spitze durchgefressen hat, wird das Feuer durch Nachlegen kleiner Zweige, dann Äste, genährt. Wichtig ist eine ausreichende Sauerstoffzufuhr durch Zugluft, Fächern oder Blasen. Selbst wenn wir über leicht brennbare Materialien wie Esbit-Tabletten, Papier, Öl oder Pulver verfügen, ist die Anlage eines Zunderhäufchens mit Fuzz-Stick ratsam, um mit dem Zünder so sparsam wie möglich zu wirtschaften. Das Reisig, das nach Entstehen der ersten Flamme aufgelegt wird, ist derart in die Nähe des Zunderhäufchens so zu plazieren, daß es zwar etwas von der Wärme mitbekommt, aber nicht die Luftzufuhr bremst. Diese ersten Reisigzweige sind höchstens fingerdick und handlang und sollten – besonders wenn Nässe vorhanden ist – durch Brechen aufgefasert oder der Länge nach mit dem Messer aufgespalten sein. Meist enthält auch nasses Holz einen trockenen Kern, an den man durch Abschaben der durchfeuchteten Rinde, oder durch Spalten gelangt. Ist das Reisig so stark durchnäßt, daß es sich biegt, statt zu brechen, lohnt sich die Mühe nicht. Dann greift man sich einen toten Ast und spaltet sich Brennmaterial aus seinem trockenen Kernholz. Das Reisig wird tipiartig auf den Zünderhaufen gelegt, sobald sich die erste Flamme entwickelt hat. Unbedarfte errichten meist den ganzen Holzstapel ihres geplanten Feuers und plazieren irgendwo in die Mitte dann das Zundermaterial, wo sie schon Schwierigkeiten haben, mit dem Streichholz hinzugelangen. Ob sich das Feuer dann entwickelt, ist eine Sache des Zufalls: Sauerstoff gelangt kaum an die Flamme und aus dem Stapel wächst nur eine Qualmwolke. Bei einem Survivalfeuer kann man sich nicht auf Glück oder Zufälle verlassen und muß planmäßig und schrittweise aus einem winzigen Flämmchen ein großes Feuer aufbauen.

Das Survivalfeuer brennt – im Hintergrund der kleine Reflektor mit dem ersten Stapel Reisig zum Nachlegen. Als Größenvergleich ein schwedisches Sandvik Handbeil, dessen Klinge eine Größe von 14×7 cm hat.

Ein kleines Koch- und Wärmefeuer im Windschatten eines Dreieckzeltes. Das hier gezeigte »Campingbeil« gehört zu den unbrauchbaren Billigprodukten. Diese Vollstahlmodelle mit Metallstiel wiegen mehr als ein größeres Handbeil mit Holzstiel und sind ungünstig ausbalanciert, ganz zu schweigen von der Schneidenqualität – ein normales Hausbeil ist ein besserer Kauf!

Das Survivalfeuer soll kein hochauflodderndes Feuer werden, das schnell Brennmaterial verbraucht, sondern gleichmäßig brennen und Wärme abstrahlen, ohne das Lean-to oder die Basha zu gefährden. Stern-, Gitter- oder Balkenfeuer eignen sich schlecht für eine Notsituation. Alle diese mehr oder minder großen Konstruktionen aus der Pfadfinderzeit resultieren in trauten Lagerfeuern für gemütliche Gruppenabende. Zum Durchwärmen eines behelfsmäßig konstruierten Schutzes in Art des Lean-to taugt nur eine etwas längliche Konstruktion, deren Ende auch als Kochstelle genutzt werden kann. Zwei große Holzstücke, Balken oder dicke Äste werden im Abstand von maximal 30 cm nebeneinandergelegt. Das Feuer wird dazwischen entfacht und dann zwischen diesen Begrenzungen ausgebreitet. Beim Nachlegen von Brennmaterial kann man nun auch nasses Holz querlegen, damit es antrocknet, bevor es in die Flammen kommt. Anstelle von Holz für die Seitenbegrenzungen bieten sich auch Steine an, welche die vom Feuer abgegebene Hitze lange Zeit speichern und so für eine rationale Ausnutzung der Wärme sorgen. Zur Nacht hin werden große Äste aus hartem Holz aufgelegt, die langsam durchglühen und lange Zeit für Wärme sorgen. Bei sehr starkem Regen oder Schneetreiben gilt es, das Feuer zu schützen. Aus einigen Ästen läßt sich schnell ein Dachgerüst basteln, das, je nach Größe des Feuers, etwa 30–60 cm hoch steht. Obenauf kommt nasses Holz, grüne Tannenzweige oder Laub, Moos oder die Grasnarbe. Selbstverständlich ist auch, daß das Feuer nicht unter einem schneebeladenen Ast angelegt sein darf, der durch den Tauvorgang mit Sicherheit irgendwann seine Ladung auf das Feuer herabwirft. Hat man unter einem Baum Schutz gesucht, so werden die Zweige über dem Feuer von ihrem Schnee befreit.

Glut wird durch Auflegen von dicken, frischen Ästen bewahrt, die dann mit einer Grassode, mit Steinen oder ähnlichem abgedeckt werden. Ein oder mehrere Luftlöcher bleiben, um ein Ersticken des Schwelvorganges zu verhindern. Hervorragendes Material zum Bewahren von Glut sind die großen, an Bäumen anhaftenden Schwämme, mit denen man Glut auch sehr gut in einer durchlöcherten Konservenbüchse transportieren kann. Sie halten mitunter sogar zehn Stunden vor. In Osteuropa waren solche mit Glut gefüllten Konservenbüchsen bei der Landbevölkerung noch bis in den Zweiten Weltkrieg üblich. Sie wurden mit einem langen Draht oder einer Schnur an einen Tragestock befestigt. Wollte man nun Feuer, so legte man einfach Zunder oben auf die Glut aus Kohlestückchen, Schwamm oder Holz und begann die Büchse am Seil kreisartig durch die Luft zu wirbeln. Binnen kurzer Zeit hatte der Luftzug eine helle Flamme angefacht, mit der man auch Tiere oder einen Angreifer abschrecken konnte.

Wärme und Ruhe

Ein gut gerichtetes Lean-To und ein Längsfeuer mit Reflektor davor garantieren, daß man eine Nacht halbwegs angenehm übersteht, statt vor Kälte bibbernd wach zu liegen. Was aber tun, wenn durch widrige Umstände der zeitraubende Bau eines Unterschlupfs vor

Kleines Survival-Kochfeuer, bei dem eine Felsspalte als Herd und Reflektor benutzt wurde, um mit geringstem Brennmaterial eine größtmögliche Wärmeausnützung zu erreichen. Das Bundeswehrkochgeschirr eignet sich hervorragend bei solchen Kleinfeuern, das französische Modell hat ähnliche, aber rechteckige Ausmaße.

Einbruch der Dunkelheit nicht möglich war? Man kann ein größeres Feuer in einer ausgestochenen Grube anlegen, die etwa Körperproportionen hat, die Glut später mit Steinen, Sand oder den Grassoden abdecken und sich darauf zur Ruhe legen. Zusammen mit einer Rettungsfolie als Abdeckung lassen sich so fünf, sechs Stunden ungestörter Schlaf gewinnen. Noch besser aber ist eine körpergroße Spalte im Fels, in der man ein großes, langes Feuer entfacht, um die Steine zu erwärmen. Hinterher wird die Glut abgedeckt oder zur Seite geräumt und man liegt zwischen zwei überdimensionalen Wärmflaschen! Kühlt der Stein aus, wird der Vorgang für eine halbe oder ganze Stunde wiederholt – so hielt es ein amerikanischer Jäger hoch in den Rockies eine ganze Nacht durch – nur mit einer Alufolie und einem Päckchen Streichhölzer versehen, bei Neuschnee und schneidendem Wind. Bei Tagesanbruch hatte er über acht Stunden geschlafen und war völlig ausgeruht!

Brennmaterialien

Holz ist das primäre in der Natur greifbare Brennmaterial und in der Mehrzahl aller Notsituationen ausreichend vorhanden. Selbst in den meisten Wüsten gibt es ausreichend gut brennbares Gestrüpp, trockenes Gras, das man zu festen Bündeln zusammenschnürt, damit es langsamer und gleichmäßiger abbrennt. In südlichen Regionen und den großen Trockengebieten Afrikas und Asiens benützen die Einheimischen in der Sonne getrockneten Tierdung, der allerdings mit einem markanten Geruch und mitunter starker Rauchentwicklung abbrennt. Beides kann in einer Fluchtlage problematisch sein. In den europäischen Breitengraden gehört trockener Torf und Moos zu den Ersatzstoffen.

Hat man nichts von alledem, behilft man sich nach Art der Eskimos oder Tundrajäger. Diese benützen tierische Fette für das Feuer und können sich selbst auf einer Eisscholle treibend noch recht gut versorgen, sobald es ihnen nur gelungen ist, eine Robbe oder ein anderes Tier zu erlegen: Ein Stück Fell wird mit der Haarseite nach unten als Unterlage benutzt, damit das Feuer nicht in seinem eigenen Schmelzwasser versinkt. Einige Stücke Fett werden vom Fleisch geschabt und bereitgelegt. Vom Gehstock, vom Schlitten, ja selbst vom Gewehrschaft werden dünne, kaum streichholzlange Holzsplitter abgeschabt und zu einem kleinen Haufen in das Fett gesteckt. Beim Anzünden läßt dieses Holz – man kann zur Not auch etwas Stoff, Schnur oder ähnliches nehmen – das Fett schmelzen, saugt es auf und entwickelt so eine gleichmäßig mit guter Hitze abbrennende Flamme: Ein kaum handtellergroßes Stück Fett und Haut, das aus dem Hinterteil einer Wildente gewonnen wurde, sorgt in Verbindung mit einigen Streichhölzern für ein 20 Minuten lang brennendes Feuer, das für das Anbraten kleiner Fleischstücke und für eine heiße Tasse Suppe reicht.

Als Faustregel gilt: Je härter das Holz, desto schwerer entzündbar und länger ist die Brenndauer

Nadelhölzer	– brennen wegen der darin enthaltenen Harze gut an, entwickeln aber auch starken Geruch. Kurze Brenndauer, kaum Glut. Brauchbar auch wenn angefeuchtet.
Birke	– wie Nadelholz, nur mit geringer Rauchentwicklung. Birkenrinde auch in feuchtem Zustand wegen der ätherischen Öle guter Zunder.
Eiche	– schwer entzündbar, brennt aber mit großer Hitze und guter Glutbildung, wenn es einmal Feuer gefangen hat.
Buche	– in trockenem Zustand gut entflammbar, große Wärmeleistung und Glutbildung.
Weide, Pappel, Linde, Esche	– haben geringen Heizwert, weil sie zu schnell verbrennen, sind aber leicht entzündbar und als Anmachholz zu gebrauchen.

Oben links: Ein handtellergroßes Stück Fett und ein Holzspan brennen länger als eine Viertelstunde!

Oben rechts: Behelfskocher aus einer sandgefüllten Dose, einem Stück Leinwand, Tuch, Seil oder Stoff als Docht und etwas Motorenöl oder Petroleum – der becherartige Topf ist ein BW-Kochgeschirr-Einsatz. Mit einer solchen Dose lassen sich auch Esbit-Tabletten besser – weil windgeschützt – ausnutzen und die Wärmewirkung durch Nachlegen kleinster Aststücke erhöhen.

Rechts: Wurst und Fleisch lassen sich auch ohne Pfanne oder Kochgeschirr braten – nur verliert man hierbei das Fett, das ins Feuer tropft und zum Brennstoff wird. Etwas Alufolie verhindert nicht nur ein Verkohlen des Außenfleisches, sondern nützt Fett und Wärme besser aus. Etwas Alufolie gehört deshalb in jeden Survivalpack!

Auf der Flucht:

Anders als in der gängigen Survivalsituation, wo das Feuer als Licht- und Rauchsignal eine zweite Bedeutung hat (grüne Blätter, Gras oder nasses Holz stets bereithalten!), kann Rauch oder Lichtschein verräterisch sein, wenn man sich verstecken muß. Darüber hinaus bleibt zu bedenken, daß jeder Rauch nicht nur sichtbar, sondern auch riechbar ist und entsprechend geschulte Verfolger aufmerksam machen kann.

Trockenes, hartes Holz brennt mit geringer Rauchentwicklung; mit Steinen oder einem Messer wird die rauchproduzierende Rinde abgeschabt, Blätter und Gras um die Feuerstelle werden entfernt. Damit der Feuerschein weitgehend verborgen bleibt, wird das Feuer in einer Grube angelegt, die über der Öffnung eine Dachkonstruktion in 20 cm Höhe erhält, die an drei Seiten schräg abgedeckt ist. Diese hausartige Konstruktion lenkt nicht nur die Hitze zur einzigen offenen, dem Körper zugewandten Seite zu, sie verteilt auch den aufkommenden Rauch. Das Feuer muß notgedrungen klein bleiben. Die eigentliche Feuergrube soll gerade so groß sein, daß sich ein Mann daran wärmen und kochen kann, der Durchmesser wird also 15 cm kaum übersteigen und eine Tiefe von 20 cm ist schnell erreicht, selbst wenn zum Graben nur ein Messer oder ein zurechtgeschnitztes Grabholz zur Verfügung steht.

Ist das Feuerloch in der notwendigen Breite und Tiefe fertiggestellt, erhält es noch einen fast luxuriösen Zusatz, der sich aber in der Praxis sehr bewährt hat: Zur offenen Seite des Feuerschirms, also in Richtung des eigenen Körpers, wird eine Art Stichkanal in die Grube geleitet, ein schmaler Graben, der gerade so groß ist, daß man mit der Hand zum Boden des Feuerloches gelangt; er braucht kaum länger als 40–50 cm zu sein. Dank dieses Grabens, der schräg von der Sohle des Feuerlochs nach oben geht, gelangt immer genug Luft an die Flamme, auch wenn auf oder in die Öffnung des Feuerlochs Kochtopf oder Kochgeschirr gehängt wird. Man kann nun den Zunderhaufen ohne Problem mit dem Streichholz erreichen, Reisig und Brennholz nachlegen, während man in Decke, Mantel oder Poncho gehüllt über dieser Öffnung sitzt und die daraus entsteigende Wärme genießt, während auf dem eigentlichen Feuerloch gekocht wird.

Schutz und Ruhe – Das Einrichten einer Notunterkunft

Die meisten Not- und Extremsituationen stellen den Betroffenen gleich zu Anfang vor das Problem, Schutz vor den Witterungseinflüssen und Wärme zu finden. Mit einbrechender Dunkelheit eröffnet sich die Frage nach den Schlafmöglichkeiten, die unweigerlich mit der Suche nach Wärme verbunden ist: Selbst in der (sonst so warmen) Wüste kann uns die Nachtkälte den für unsere Kräfte notwendigen Schlaf rauben, und nur wer mal eine Nacht in Nässe und Kälte durchwacht hat, kennt die demoralisierende Wirkung, die Zerschlagenheit, die Bleischwere der Glieder, die oft mit Kopfschmerz und Konzentrationsschwäche einhergeht. Sehnsüchtig wartet man auf die ersten Sonnenstrahlen, das erste Licht. In den Stunden nach Mitternacht scheint sich die Lage zusehends zu verschlimmern, war es bislang schon kalt, so sinkt die Temperatur jetzt noch um einige Grade ab, die Kälte kriecht durch Kleidung und Decken, selbst ein Schlafsack erweist sich nun als ungenügender Schutz. Zuerst werden Füße und Schultern kalt, dann der ganze Körper. Ist es bislang möglich gewesen, mehr oder weniger schlecht zu schlafen, wird man nun ganz wach – an ein erneutes Einschlafen ist nicht mehr zu denken.

Wohl dem, der in einer solchen Situation über ein Zelt verfügt, es schützt nicht nur vor Regen, Wind oder Schnee, sondern hält die vom Körper oder einer Wärmequelle (z.B. Kerze!) ausgehende Wärme in einem gewissen Grad. Ein Zelt macht aus einer Extremtour fast schon wieder eine Komfortreise! Ist kein Zelt vorhanden, muß man einen Unterschlupf suchen, oder an die Konstruktion einer Notunterkunft gehen. Vor zwei Fehlern sei in diesem Zusammenhang gewarnt:
– Bei dem Wetter (der Gegend, dem Klima, der Jahreszeit usw.) ist es nicht nötig, wir können unter freiem Himmel schlafen und uns mit den Sternen zudecken!
– Jetzt schon anhalten? Es sind ja noch zwei Stunden bis zum Sonnenuntergang, wir haben ja noch Zeit!

Zum ersten Fall ein Beispiel aus eigenem Erleben: Während einer Frühjahrstour durch die Judäische Wüste von Bethlehem zu einer Oase am Toten Meer »streikte« am Spätnachmittag eine Teilnehmerin der Fußwanderung. Für heute wäre es ja nun genug, da drüben sei doch ein geeignetes Plätzchen zur Übernachtung – der Verfasser ließ sich überstimmen. Man kochte ab und kroch nach Einbrechen der Dunkelheit in die Schlafsäcke. Zelte wurden keine mitgeführt, die Ruck-

Auch in einer Steinwüste – wie hier im südlichen Sinai – bietet die Natur einen guten Unterschlupf. Die Felsrinne links entwickelt sich zu einem langen, schmalen Wadi, in das vom Regenwasser eingeschnittene Sandsteinformationen als schmale, windgeschützte Schlafstellen genützt werden können. Der Kies am Wadiboden gibt eine bessere Schlafunterlage als Wüstensand oder Fels, und überall findet sich totes Gestrüpp oder Schwemmholz zum Feuermachen. Achtung: In den Wintermonaten kann sich ein solches Canyon in Minuten zur wasser- und schlammgefüllten Todesfalle entwickeln!

säcke wurden wie ein kleiner Wall als Windschutz am Kopfende aufgestellt und gegen den Morgentau wurden die zwei mitgeführten Ponchos über die Schlafsäcke gelegt. Der letzte Satz vor dem Einschlafen seitens des Verfassers: »In dieser Gegend hat's noch nie geregnet.« Angesichts dieser von Ortskenntnis und Fachwissen getragenen Aussage schliefen alle Beteiligten ruhig ein – nur um knapp eine Stunde später von den ersten Regentropfen aufgeweckt zu werden. Mit »Naja, kann sich nur um eine verirrte Wolke handeln« wurden die Ponchos nun auch über die Gesichter gezogen, notdürftig an den Rucksäcken festgemacht, denn es war mit dem Regen auch ein Wind aufgekommen, und man versuchte weiterzuschlafen. Die ersten Tropfen »klärten« sich zum regelrechten Schauer auf, an Schlaf war nicht mehr zu denken. Mit dem Gesicht unter dem von Kondensation nassen, stickig-schwülen Poncho, das Prasseln des Regens im Ohr, war man stets darauf bedacht, den Poncho am Verrutschen zu hindern, was bei zwei Ponchos für vier sich schlaflos herumwälzende Personen ein vergebliches Unterfangen bleiben sollte. Zudem lief das von der Ponchofläche gesammelte Wasser zuweilen an der Seite herunter und zwischen Isomatten und Schlafsack. Nach vier Stunden ließ der Regen allmählich nach, aber Gepäck und Schlafsäcke waren mehr oder minder stark durchfeuchtet. Die Luft hatte sich abgekühlt, es wurde empfindlich kalt. Am andern Morgen – nur der Verfasser hatte noch etwas Schlaf dank Autosuggestion (mir ist warm, ich spüre keine Nässe!) gefunden – stieß die Gruppe keine 500 m weiter entlang des Weges auf eine Höhle an der Seitenwand eines Wadi.

Mehrere Lehren können aus dieser kleinen Episode gezogen werden: Eigentlich hätten Jahreszeit und die in diesem Wüstenteil aufgesprossene Vegetation Warnung genug sein müssen – ein Wetterumschwung (der immer eintreffen kann) war zu jener Zeit wahrscheinlich. Zwar gibt es in dieser Gegend keine Bäume, aber mit etwas Suchen hätte man schon eine Stelle finden können, um aus den beiden Ponchos ein oder zwei »Bashas« zu bauen. Die Leinen hätte man an Felsen oder Strauchwerk, zur Not auch an den übereinandergetürmten Rucksäcken festmachen können, um einen First zu gewinnen, damit der Regen richtig abläuft. Das Bestimmen des Lagerplatzes kann nicht von den Launen eines Moments abhängig gemacht werden – der ursprüngliche Plan hätte die Wandergruppe anderthalb Kilometer weiter in einen geschützten Canyon gebracht, der genügend Felsvorsprünge und andere Unterschlupfmöglichkeiten geboten hätte. Trifft aber ein Notfall zu, sollte man die Umgebung etwa 300–500 m weit auskundschaften – so findet man nicht nur genügend Baumaterialien, meist ist auch eine günstige

In einem solchen Wadi aus von Erdbeben verschobenen Felsstücken läßt sich nach kurzem Suchen immer eine geschützte Bleibe finden. Links unterhalb des Baumes sind zwei Steinplatten wie ein Zelt geformt – mit einem kleinen Wärmefeuer davor läßt sich so auch die kälteste Wüstennacht aushalten!

Lagerstätte nur »um die nächste Ecke« entfernt.

So wie der erste Fehler eine gewisse Fehleinschätzung der Wettermöglichkeiten beinhaltet, resultiert der zweite aus der Unterschätzung der eigenen Möglichkeiten: Besonders dann, wenn eine Behelfsunterkunft aus Zweigen und Blattwerk erstellt werden soll und noch das Material für Koch- und Wärmfeuer gesammelt werden muß, sind zwei Stunden bis zum Sonnenuntergang nicht gerade üppig. Es gehört etwas Übung dazu, jederzeit die richtigen Zeiträume einzuschätzen. Befindet man sich in einer gänzlich unbekannten Region, so tut man gut daran, reichlich Zeit für solche Verrichtungen zu bemessen. Eine Unterkunft bei Dunkelheit zu erstellen, ist mehr als ein Kunststück. Zeitsparend ist natürlich das Vorhandensein von Materialien wie Seilwerk, Poncho, Rettungsfolien oder Biwaksack, aber selbst dann sind eine Stunde Restlicht für den Aufbau und die Anlage eines Lagerfeuers fast schon knapp bemessen.

Beim Survival unterscheiden wir zwischen Notunterschlupf und -unterkunft. Der Unterschlupf ist ein im Gelände vorhandener, gedeckter Bereich, wie z. B. ein Felsvorsprung, eine Höhle, eine Ruine oder ein Gebäude, eine Strohmiete, ein Schützenloch oder -graben, in den man ohne große Vorbereitung »hineinschlüpfen« kann und sich nur noch häuslich einzurichten braucht. Ein Schützengraben erfüllt diese Bedingung, denn die meiste Arbeit ist bereits getan. Man braucht ihn nur noch mit einem Poncho oder einem Dach aus Zweigen und Blättern abzudecken, um ihn wetterfest zu machen. Ein Baum mit einem tiefhängenden, aus- (eigentlich ein-)ladenden Ast mit dichtem Nadelwerk kann schon ein solcher Notbehelf sein. Richtig exklusiv dagegen sind Aushöhlungen, Spalten oder Zwischenräume in Felsgestein, denn das Gestein reflektiert und speichert die Wärme des Feuers. Nicht umsonst waren unsere Ur-Urahnen Höhlenbewohner. Die meisten in der Natur vorhandenen Unterschlupfe sind dem Bau einer Notunterkunft vorzuziehen, denn man spart Zeit und Kraft. Es lohnt sich, einen Blick für solche Möglichkeiten zu entwickeln, und die hier gezeigten Bildbeispiele sollen nur als Anregung verstanden sein, nicht als lückenlose Aufzählung. In bestimmten Regionen ist bei Höhlen, Felsspalten, Ruinen und gedeckten Gräben Vorsicht angeraten – sie können bereits Bewohner haben, seien es nun Bären, verwilderte Hunde, Schlangen oder ähnlich unfreundliche Nachbarn, denen man in ihrer eigenen Behausung nicht zu nah auf den Pelz rücken sollte.

Die Notunterkunft erfordert je nach Art und Anzahl der zu beherbergenden Personen einen entsprechenden Arbeitsaufwand beim Sammeln geeigneter Materialien und beim Bau. Ausschlaggebend für die Errichtung einer solchen »Hütte« ist die Frage, ob man sie mit Feuer oder ohne gestaltet. Ein Wärmefeuer ist in den meisten Regionen vorzuziehen, nichts hilft besser bei einer kalten, unfreundlichen Nacht als ein stetig am Brennen gehaltenes Feuer in Längsrichtung zum Körper. Aber es gibt Situationen, da kann man einfach kein Feuer machen – entweder weil die Materialien dazu nicht vorhanden sind, oder weil der Lichtschein unfreundliche Zeitgenossen anlocken könnte. Fangen wir mit dieser unerquicklichen Situation an, denn sie stellt den Wärme- und Schutzsuchenden vor die größten Probleme und unterstreicht gleichzeitig einige Grundprinzipien dieses Survivalbereichs.

Kein Feuer

Die verschiedensten Ausgangslagen sind denkbar, bei denen die Einrich-

Ein natürlicher Notunterschlupf in den kalifornischen Bergen, ein Felsüberhang mit etwas trockenem Gras als Unterlage. Rußspuren zeigen, daß dieser Platz schon früher als Nachtlager Verwendung fand.

Der Beginn eines Notunterschlupfs an einem zugefrorenen See: Ein umgestürzter Baum, umgeben vom Schilf – man braucht nur noch die Schilfseiten verstärken, mit Schnee bepacken und hineinschlüpfen!

tung eines Wärmefeuers unmöglich ist – nicht zuletzt durch das Fehlen von einfachen Feuerquellen wie Streichhölzer, Magnesiumstab, Feuerzeug oder ähnlichem. Die Methoden primitiver Feuererzeugung, die sich in jedem Survivalhandbuch säuberlich aufgelistet finden und vom Funkenschlagen mit Stein und Stahl bis zu den verschiedenen Methoden der Reibungswärme reichen, haben eins gemeinsam: Sie erfordern neben den richtigen Grundmaterialien eine gehörige Portion Erfahrung. Ein Unerfahrener wird kostbare Zeit und Energie vergeuden, ohne zu dem gewünschten Ergebnis einer Flamme zu kommen. Wer also unvorbereitet und ohne Hilfsmittel in eine Survivalsituation gerät, sollte nicht versuchen, nebulöse Vorstellungen primitiver Feuererzeugung, die er irgendwann einmal in einem Buch oder einem Film gesehen hat, in die Tat umzusetzen – er würde nur zu bald erschöpft und deprimiert aufgeben. Sehr viel klüger ist es, die bis zum Einbruch der Dunkelheit verbliebene Zeit und eigene Energie darauf zu verwenden, einen Unterschlupf zu suchen oder eine Behelfsunterkunft zu errichten, in der man auch ohne Feuer vor Kälte und Nässe geschützt ist.

Die nachstehenden Ratschläge können auf Situationen angewandt werden, in denen Temperaturen nur kurz unter dem Gefrierpunkt liegen und die Schneedecke nicht höher als 20–30 cm ist. Der Bau von Schneehöhlen ist bei einer solch geringen Schneelage schwierig, wenn nicht unmöglich.

Worauf es bei einem Überleben im Freien ankommt, ist der Schutz vor den Klimaeinflüssen wie Kälte, Wind und Feuchtigkeit. Zusätzlich zur Kleidung müssen Schutzschichten errichtet werden, die eine Aus- und Unterkühlung des Körpers verhindern. Eine Frostnacht ist z. B. relativ leicht in einem großen Strohhaufen zu überstehen – was jedes Jahr von unzähligen Bettlern in Europa bewiesen wird, die ohne den Luxus von Zelten oder Schlafsäcken überleben. Das Stroh wirkt wie ein überdimensionaler Daunenschlafsack: Eng zusammengepreßt ergeben die Halme eine feste Schutzschicht, in der die vom Körper abgestrahlte Wärme gehalten wird, während gleichzeitig eine wirksame Sperre gegen Wind und Nässe besteht. Stroh oder Schilf ist einer der besten in der Natur vorhandenen Isolierungsmittel – in ausreichender Menge vorhanden, ist der Bau einer Schutzhütte nur eine Sache von

Neben den Halmen bietet Schilf auch noch ein anderes, sehr gutes Bau- und Wärmematerial: Aufgeriebene Rohrkolben, deren dicke Knäuel wollähnlicher Fasern zum Ausfüttern von Kleidung, als Unterlage oder als Füllmaterial für einen Behelfsschlafsack herangezogen werden können. Rohrkolben sind darüber hinaus auch Nahrungsquelle, wie in dem entsprechenden Kapitel erläutert wurde.

Minuten. Finden sich diese Materialien nicht in dem Gebiet, wo sich unsere Notsituation ereignet hat, heißt es, den gleichen Effekt mit anderen Mitteln herzustellen. Zweckmäßigkeit ist das oberste Gebot, denn ein solcher Unterschlupf dient nicht dazu, einen Schönheitswettbewerb im Pfadfinderlager zu gewinnen, noch als repräsentable Villa für Statussymbolik. Das »Nest« von dem die Rede ist, bleibt eine Erstmaßnahme nach Eintreten der Notsituation, mit der wir die unmittelbaren Gefahren der Unterkühlung und des Erfrierens überstehen können, um genügend Zeit zu gewinnen, uns nächste

Eine Zweighütte, deren Hohlraum jetzt mit Gras, Blättern oder ähnlichem vollgestopft wird, bevor man selbst hineinschlüpft.

Verflechten von biegsamen Ästen und Weidenruten zu einem senkrechten Windschutz oder einer Hüttenwand, die nun mit beblätterten Zweigen, Grasbüscheln oder Tannenzweigen abgedichtet wird. Beim Einflechten von Blattwerk oder Tanne ist auf die Richtung der Zweigspitzen zu achten – Blätter und Nadelzweig müssen so wie am Baum hängen, um Regen und Wind abweisen zu können.

Eine indianische Zweighütte aus Schilfhalmen, deren Tür durch eine Decke oder geflochtene Zweige oder Schilf verschlossen werden kann. Am Giebel befindet sich ein Rauchabzug.

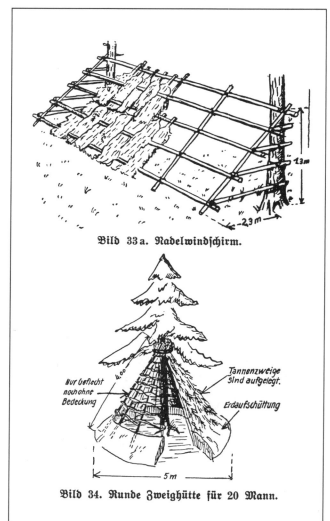

Aus einem deutschen »Taschenbuch für den Winterkrieg« von 1942. Beispiele für das Errichten von Zweighütten.

Schritte zur Rettung zu überlegen. Der Standpunkt dieser Art von Schutzhütte ist vom Gelände und von der Wetterlage bedingt. Wie jeder Unterschlupf oder jede Notunterkunft wird sie an einem möglichst windgeschützten Platz errichtet. Auf freier Fläche kann schon eine kleine Erhebung oder Bodenfalte, ein Felsen, ein umgestürzter Baum den Wind brechen. Gleichzeitig müssen einige physikalische Grundregeln beachtet werden: Kalte Luft sammelt sich in Talsohlen und Gruben, so daß die tiefsten Stellen vermieden werden sollten. Ein Wasserlauf, ein Teich oder See in nächster Nähe ist zwar praktisch, sorgt aber für eine entsprechende Anreicherung der Luftfeuchtigkeit und kann uns durch Nebelbildung und die damit verbundene Abkühlung sehr zu schaffen machen. Ein umgestürzter Baum, ein entsprechend tiefhängender, ausladender Ast oder ein Felsen können uns auf der anderen Seite beim Bau des Nestes entgegenkommen. Sind solche Hilfen nicht in Sichtweite, werden drei lange Äste zu einer Art Dreibein zusammengestellt, wobei ein Ast mindestens Körperlänge besitzt und den First dieses natürlichen Behelfszelts bilden soll. Dieses Dreibein stellt das Grundgerüst dar, auf das nun andere Äste und Zweige angehäuft werden, bis ein undurchsichtiger Haufen entsteht. Farnblätter, Laub, Tannenzweige, Grashalme und schließlich auch Erde verdichten diesen Haufen. Seine Größe hängt von der

Anzahl der Betroffenen ab, denn man benützt ein solches Nest höchstens paarweise, zumeist aber als Einzelperson. Die unter dem Gerüst entstandene Höhle wird nun bis in die hinterste Ecke und bis nach oben mit isolierendem Material gefüllt. Zuunterst kommt eine Schicht Tannenreisig, so dick wie möglich, um der Bodenkälte zu entgehen. Gras, Moos, Tannennadeln und Laub folgen, wobei mit Bedacht das Trockenste ausgesucht wird. Ein Ast wird in das Zentrum gelegt. Ist die Schutzhütte jetzt bis zum Giebel vollgestopft, wird durch Hin- und Herdrücken des Astes ein Loch geschaffen, in das wir schlüpfen können. Vor diesem Eingang angelegte Haufen werden nun vor den Einstieg gezerrt. Nasse Kleidung wird vor dem Einsteigen in das Nest abgelegt und auf oder vor die Hütte gelegt. Es ist besser nackt in das Nest zu kriechen, als seine isolierende Wirkung durch Feuchtigkeit zu verlieren. Aus ähnlichen Gründen kann man zwar Schnee außen als zusätzliche Schicht aufwerfen, aber in das Innerste darf kein noch so kleiner Rest Schnee gelangen.

Was tun, wenn das Terrain nicht genügend Materialien hergibt, wie z.B. die Dünenzone am Meer oder in der Wüste? Schiffbrüchige, die durchnäßt an Land geschwommen sind, werden hier mit dem schnellen Tod durch Unterkühlung konfrontiert. Die nasse Kleidung muß so schnell wie möglich abgelegt werden, und jeder so in Not Geratene gräbt sich eine Mulde oberhalb der Flutmarke, dort wo der Sand trocken ist. Dünengras kann zur Auspolsterung des Erdlochs herangeholt werden, aber nicht zuviel Zeit sollte mit der Suche verschwendet werden. In nassen Kleidern oder mit nasser Haut ist die Auskühlungsgefahr drei- bis viermal höher als im trockenen Zustand. Nasse Körperoberflächen werden durch Rollen im Sand getrocknet. Sobald der trockene Sand anklebt, wird er mit der Hand abgeklopft und der Vorgang mehrmals wiederholt, bis die Haut einigermaßen trocken ist. Dann legt man sich in die Grube und schaufelt sich bis zum Hals zu. Sind mehrere Personen dabei, geht man im Partnerverfahren vor, so daß schließlich nur einer übrigbleibt, der sich selbst eingraben muß. Ein kleiner Wall um den Kopf schützt vor dem Wind, das Gesicht wird nach Lee gewandt. Derartig geschützt kann man eine Nacht zwar nicht bequem, aber von der Auskühlung unbeschadet überstehen.

Bundeswehrsoldaten beim Bau eines Schneewalls vor ihrem Zelt. *(Foto: BW, Gillian)*

Schutzbau in Schnee und Kälte

Schnee und Eis stellen in einer Notsituation Hindernis und Hilfe zugleich dar: Zwar sind die üblichen Baumaterialien wie Zweige, Blattwerk, Gras und Tannenreisig schwer auffindbar oder gänzlich vom Schnee verdeckt, aber auf der anderen Seite ist Schnee, wenn in genügender Menge und trocken vorhanden, das beste Baumaterial – schallschluckend und wärmeisolierend!

Der Iglu der Eskimos, der beim Thema Schneeschutz immer zuerst ins Gedächtnis gerufen wird, ist noch die für Survivalzwecke am wenigsten geeignete Bauform: Viel Erfahrung, etwas Geschick, einige Hilfsmittel nebst einer Menge Zeit und ausreichende Schneemassen werden für den Bau dieser halbkugelförmigen arktischen Unterkunft gebraucht. Für einen einzelnen in einer Notsituation liegt ein solcher Iglu zumeist außerhalb der Möglichkeiten – für eine Gruppe, die länger am Ort ausharren will, aber ist er ein warmes und komfortables Heim.

Wer bei einer Ski- oder Bergwanderung von einem Schneesturm überrascht wird oder sich plötzlich in einer ähnlichen Notlage befindet, hat wenig Zeit und muß sich so früh wie möglich vor dem Wind in Sicherheit bringen. Sind Bäume oder ein Wald nah, sind die Chancen groß, dort einen geeigneten Unterschlupf an oder unter einem Baum zu finden, den man grubenmäßig ausbauen kann.

Eine erste Hilfe auf freiem Gelände ist ein Schneewall von 60–70 cm Höhe, der den Wind abhält und etwas von der Körperwärme zurückwirft. Schneeblöcke oder -kugeln, die man wie beim Schneemannbauen durch Herumrollen eines Balles zusammengepreßt hat, werden in V-Form in Richtung des Hauptwindes zu einer Mauer zusam-

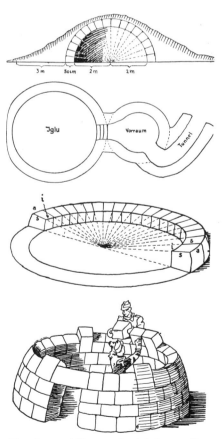

Bauplan und Phasen des Iglubaus mit einer äußeren Schicht von Schneebewurf.

Für den Iglubau werden Schneequader ausgeschnitten, eine hölzerne Lehre hilft beim Formen der Kanten.

Eine Schneehütte aus Quadern oder Schneeballen ist einfacher zu bauen, der Abschluß, die Quader vor der Öffnung fehlen bei dieser Aufnahme noch, rechts eine weitere Hütte im Entstehen.

mengestellt. Mit etwas mehr Zeit kann man nun den offenen Raum zwischen den beiden Schenkeln der V-Mauer mit Zweigen, Skistöcken und einer Isomatte, einer Persenning oder ähnlichem überdachen und mit Schnee belasten. Vor der offenen V-Seite läßt sich ein Feuer machen, und in der Endphase kann man auch diese Seite etwas abschließen. In ähnlicher Weise kann man eine Unterkunft für zwei, drei Personen bauen, die statt der V- eine rechteckige Form aufweist.

In tiefem Schnee, der sich bei offenem, windigem Gelände z.B. in einer Bodenfalte findet, spart man sich den Bau der Schneemauern und gräbt sich ein Längsloch, das überdacht wird. Ist der Schnee mehr als einen Meter tief, kann man sich, ähnlich wie eine Maus, zuerst in die Tiefe, dann seitlich wühlen und eine längliche Höhle ausformen, deren offene Seite später mit Schneekugeln, -platten oder losem Schnee bis auf ein Luftloch abgeschlossen wird. In ähnlicher Weise wird die ebenerdige Schneehöhle gebaut, wenn nicht genügend Schnee zum »Tunnelbau« vorhanden ist: Der Schnee wird an einer Stelle zu einem großen, etwa mannshohen Berg zusammengeschoben und etwas festgeschlagen. Dann gräbt man sich von einer Seite aus in diesen Berg hinein, drückt Decke und Wände fest und verschließt das Eingangsloch mit einer Schneekugel. Mit einem Stock wird ein Luftloch gebohrt. Je nach Größe des Berges kann man so eine Unterkunft für eine Person bauen,

die man mittels ein, zwei Kerzen auf eine erträgliche Temperatur erwärmen kann. Da der Schnee das Licht reflektiert, sind solche Höhlen sehr hell und durch die isolierende Wirkung der etwa 50–60 cm dicken Schneewände auch ruhig – draußen kann der schlimmste Schneesturm heulen, innen kann man ruhig schlafen! Eine solche Schneehöhle ist schneller und einfacher als ein Iglu zu bauen und erfüllt den gleichen Zweck. Selbst bei Außentemperaturen von −30° Celsius, bei der die Haut innerhalb einer Minute erfrieren kann, bleibt die Innentemperatur in der Nähe des Gefrierpunkts und fällt selten unter −7°.

Wichtig ist die Anlage einer »Kältefalle« bei allen Schneebauten, einem Graben an der Sohle der Höhle, in der sich die kälteste Luft sammeln kann, während die Luft sich langsam durch die Körperwärme und die Hitze der Kerze erwärmen. Wichtig ist auch ein sauberes Abklopfen oder Abstreifen der Wände, so daß Tauwasser an der Wand herunterlaufen und sich im Tauwassergraben sammeln kann, ohne auf die Insassen zu tropfen.

Aus Wärmegründen wird auf Schneebänken gesessen und geschlafen, die mit Tannenzweigen und Isomatten eine zusätzliche Schutzschicht für den Körper erhalten. In sehr kalten Gebieten,

Eine Schneehöhle mit zwei Öffnungen, durch Aufwerfen von Schnee entstanden. Nach Fertigstellung werden die Bauöffnungen durch Schneekugeln zugerollt.

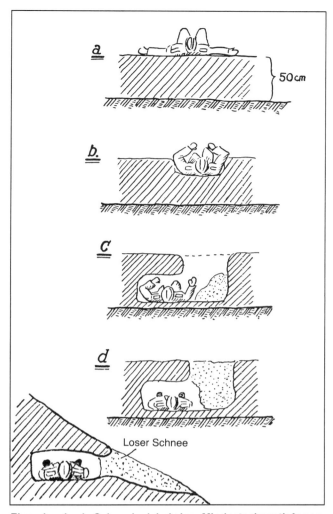

Eingraben in ein Schneeloch bei einer Mindestschneetiefe von 50 cm. In der Praxis ist ein solches Mauseloch nicht so leicht herzustellen, wie es diese schematische Darstellung aus den vierziger Jahren glauben machen will. In einem Schneesturm auf freier Strecke aber kann dieses Eingraben lebensrettend sein!

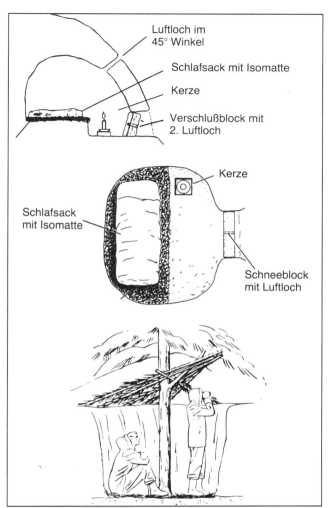

Schneehöhle in einem selbstgemachten Schneeberg oder einer Windaufwehung. Wichtig ist die erhöhte Schlafbank und die Position des Luftlochs, damit nicht zuviel Wärme entweicht. Solche Höhlen können für zwei bis drei Personen angelegt werden! Bild unten: Eine Behelfsunterkunft unter Ausnützung eines Nadelbaumes als Dach.

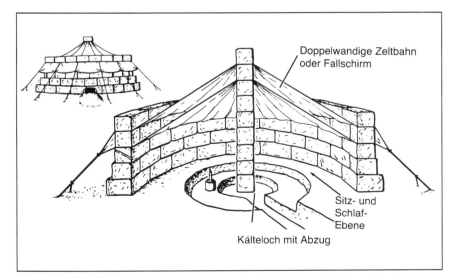

Aus dem USAF-Handbuch: Anlage eines Schneehauses aus einfachen Quadern und einem doppelt gelegten Zeltdach als Isolierungshilfe.

wie etwa in der Arktis oder Nordnorwegen, sind die herkömmlichen Luftmatratzen zum Aufblasen nicht zu gebrauchen – der feuchte Atem würde sofort gefrieren. Entweder man behilft sich durch Schaummatten oder den besseren (aber teuren) selbstfüllenden Luftmatratzen.

Ein Zelt kann auch im Winter einen guten Schutz abgeben; dank der geringeren Aufbauzeit erhöht es die Mobilität bei Winterwanderungen und wird deshalb heute auch von Eskimos bei ihren Jagdausflügen benutzt. Ein Zelt aber wird selten den Komfort einer Schneehöhle oder eines Iglus bieten können: Zum Heizen eines 10-Mann-Gruppenzeltes braucht man z. B. vier Brenner und an Benzin etwa 12–15 Liter pro Nacht, wenn die Außentemperaturen zwischen $-20°$ und $-30°$ liegen. Außerdem muß immer ein Mann auf die Heizgeräte aufpassen. Auch für ein Zelt sollte man als Windschutz eine Schneemauer errichten, besonders wenn es sich um ein kleines Modell handelt. Italienische Alpinis, die der Verfasser in Nordnorwegen beobachten konnte, bauten ihre Zwei-Mann-Zelte zuerst in eine Grube, deren ausgehobener Schnee zu einer Mauer verarbeitet wurde, die nun über den Zeltfirst hochreichte. Unter Verwendung von Schnüren, Skiern und Skistöcken wurde nun eine Überdachung aus Pappe, Segeltuchresten und Schnee gebastelt, die das Zelt zusätzlich abdeckte und etwas zur Wärmeisolierung beitrug.

Fast schon Komfort – Unterkunft mit Feuer

Wer in der Lage ist, sich eine Unterkunft mit Feuerstelle anzulegen, hat schon mehr als halb gewonnen! Er braucht sich vor der Nacht und der Kälte nicht mehr zu fürchten und wird genügend Ruhe finden, um seine Kraft zu regenerieren. Mit einer vernünftig eingerichteten Schutzhütte und genügend Brennholz läßt sogar ein Schneesturm, wenn nicht sogar ein Winter einigermaßen überstehen. Es ist alles nur eine Zeitfrage, wie groß oder komfortabel die Unterkunft werden soll. Für die meisten »Bauwerke« dieser Art braucht man nicht einmal handwerkliches Geschick, es sei denn, man will sich als Aussteiger eine Blockhütte fernab von der Zivilisation anlegen – hierfür ist Werkzeug, erhebliche Zeit und, je nach Größe, auch zusätzliche Hilfe nötig. Bei den nachfolgenden Erläuterungen soll aber nicht auf solche »Siedlungsformen« Bezug genommen werden. Die Schutzhütte oder Notunterkunft, von der hier die Rede ist, bleibt im Rahmen des improvisierten, temporären Behelfs: Lediglich für eine Nacht, ein paar Tage, einige Wochen gebaut, ein Zeltersatz dessen vornehmliche Aufgabe nicht die Wohnlichkeit, sondern der Schutz des Körpers vor den Unbilden des Wetters ist. Zuviele Survivalisten übersehen diesen Aspekt beim Entwurf für ihre Schutzhütte. Sie verschwenden kostbare Energie zur Errichtung von architektonischen Wunderwerken, in denen man zwar stehen und Freiübungen machen kann, die aber bei einem Wetterumsturz kaum den Naturgewalten standhalten.

Die Unterkunft muß so gestaltet sein, daß man als Einzelperson (oder mit den Leidensgenossen) bequem darin liegen und sich vielleicht noch aufsetzen kann. Je kleiner der überdachte Raum, desto besser: Weniger Hitze ist nötig, um ihn zu erwärmen, d. h. der Verbrauch von Brennmaterialien ist sparsamer, und wir sparen Energie beim Sammeln von Holz. Die gleiche Aufwand/Nutzen-Rechnung gilt für den Kräfteverbrauch beim Bau. Bequemlichkeit wird da ein Faktor, wo es um die Auswahl des Standortes geht: Gesucht wird ein Stück ebenes Gelände, auf dem man sich ungestört durch knorrige Wurzeln, scharfe Felskanten oder abschüssiges Terrain der Länge nach ausstrecken kann. Ist dieses Stückchen Erde auch noch so gelegen, daß der Bau durch einen umgestürzten Baum, die Windrichtung oder als Eckpfeiler brauchbare Jungbäume begünstigt wird, so kommt das schon fast einer günstigen Schicksalsfügung gleich. Wohl dem, der nun über einen Poncho, ein Stück Zeltbahn, eine große Plastikfolie und etwas Schnur verfügt, er braucht es nur noch aufzuspannen, und schon steht sein Zeltersatz. Ganz Auserwählte (zumeist nur Piloten oder Fallschirmjäger) befinden sich im Besitz eines Fallschirms, mit dem man binnen kürzester Zeit ein Tipi, eine Hängematte mit Abdeckung oder ein Lean-To herstellen kann. Wir anderen Sterblichen wenden uns nun dem Bau einer Behelfsunterkunft aus den in der Wildnis auffindbaren Materialien zu.
Es gibt unzählige Baumuster, um eine Behelfsunterkunft mit oder ohne Zu-

Ein Lean-to mit vorgebautem Reflektor für zwei Personen. Hier wird der Reflektor gleichzeitig als Holzreserve für das Feuer genutzt. *(Foto: Gung-Ho, Jim Shults)*

Fernspäher der Bundeswehr vor ihren Para-Tipis.

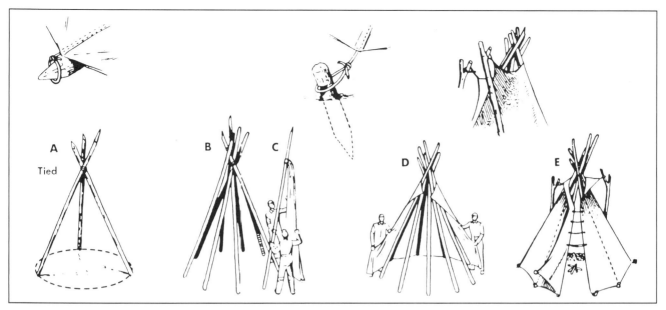

Die Phasen beim Errichten des Para-Tipis: Als Basis dient ein verschnürtes Dreibein, in das alle anderen Stangen (ca. 10–12) gelegt werden. Nach Umlegen der Plane oder des Schirms, der vorher doppelt zum Halbkreis gefaltet wurde, spreizt man die Stangen innen etwas ab, um eine glatte Spannung der Tipi-Wand zu erhalten. Die offene Spitzenseite zeigt in Windlee und kann, je nach Windrichtung, mit den beiden Stellstangen so verändert werden, daß der Rauch abziehen kann. (USAF Survival Manual)

satzmaterialien aus der Zivilisation herzustellen. Die zweckmäßigste und einfachste Form ist eine Schrägdachkonstruktion, das dem Lean-to entspricht, denn es nützt die Wärme des Feuers optimal aus: Zwei senkrechte Äste oder Jungbäume werden durch einen Dritten als Giebelstange verbunden und mit entsprechenden langen Ästen dreibeinartig abgestützt. Weitere Äste bilden von der Giebelstange zum Boden zu das Grundgerüst des Schrägdachs, in das nun kleinere, biegsame Zweige quer eingeflochten werden. Blätter, Gras oder Tannenzweige dienen der Abdichtung. Merke: Je schräger das Dach, desto besser ist seine Belastbarkeit mit Schnee und seine Undurchlässigkeit für Regen. Vor die Längsöffnung kommt nun die Feuerstelle, deren Wärme durch einen kleinen Wall aus Steinen oder Holzstämmen in das Hütteninnere reflektiert wird. Soll das Lean-To längere Zeit benützt werden, oder herrschen windige, regennasse Wetterverhältnisse vor, bei denen man sich vor einer Änderung der Windrichtung in acht nehmen muß, wird der Reflektor bis auf die Giebelhöhe der Schutzhütte gebaut.

Eine solche Schrägdachhütte kann für mehrere Personen eingerichtet werden, die dann nicht längs, sondern quer zum Feuer liegen. Unter kalten Klimabedingungen und im Zweifelsfall ist es aber ratsam, statt einer eher zwei Hütten anzulegen, deren offene Seiten gegenüberliegen. Das Feuer in der Mitte strahlt nach beiden Seiten, der Reflektor entfällt und die Wärme wird optimal ausgenutzt. Auf jeder Seite können bis zu zwei Personen längsseitig liegen, ohne daß die Hütten zu groß angelegt werden müssen: Die Grundfläche des überdachten Raums braucht lediglich 2 × 1,25 m betragen, die Höhe der Giebelstange liegt bei 1,20–1,30 m über dem Boden. Am besten aber fertigt man ein solches Schrägdach gerade so groß, daß darunter ein Mann und seine Ausrüstung Platz hat. Die Grundfläche beträgt dann etwa 2 × 0,8 m, die Giebelhöhe liegt bei 1 m, je nach Bau-

Aufbau eines komfortablen Zweig-Tipis für eine Gruppe. Das Feuerloch erhält seine Sauerstoffzufuhr durch einen kleinen Tunnel oder eine Röhre, die unter der Erde aus dem Tipi herausführt. Der Aufbau einer solchen Hütte erfordert Zeit und Materialien, stellt aber eine windschlüpfige und gut heizbare Alternative zu anderen Hütten mit senkrechten Wänden dar.

art. Hat man die Möglichkeit, das hintere Ende der Dachstangen etwas höher abzustützen, etwa an einem Hang oder einem umgestürzten Baumstamm, gewinnt man ungleich mehr Raum.
Beim Aufbau ist die Windrichtung zu bedenken: Baut man nur eine Hütte, stellt man das Dach selbstverständlich in Windrichtung auf. Plant man aber zwei Hütten oder einen hohen Reflektor, so muß die Hütte im rechten Winkel zur Hauptwindrichtung stehen, damit der Rauch gut abziehen kann. Die zweit-meistgebrauchte Form der Schutzhütte ist das aus Zweigen und Ästen zusammengefügte Dreieck. Wie bei der Notunterkunft ohne Feuer, ist das Grundgerüst ein Dreibein aus starken Ästen, dessen eine Seite etwas mehr als Körperlänge hat. Das Wärmefeuer wird, mit einem Reflektor versehen, vor die Öffnung gestellt. Anders als beim Lean-To ist diese Art der Unterkunft kleiner und weniger komfortabel. Sie speichert aber die Wärme besser, ist leichter zu errichten und sparsamer in bezug auf die Baumaterialien. Da die Hütte gerade zwei Meter lang und an ihrem höchsten Punkt, dem Eingangsloch unter dem Dreibein, nur 70–80 cm hochragt, benötigt man nur ein Viertel bis ein Drittel der für das Schrägdach notwendigen Zweige und Äste. Auch das Wärmefeuer ist entsprechend kleiner und sparsamer. Im freien Gelände ist diese Konstruktion windschlüpfriger und stabiler als das Lean-to, gleichzeitig aber auch unauffälliger.
Ein Poncho, ein Stück Leinwand oder Plastikfolie reduziert den Arbeitsaufwand beim Bau einer Schutzhütte erheblich. Das lästige Zusammensuchen von Ästen und Zweigen, ihr Ineinanderverflechten entfällt. Mit etwas Schnur hat man binnen weniger Minuten eine Art Zelt errichtet und kann sich nun der Suche nach Brennbarem widmen. Der militärische Poncho mit seinen Druckknöpfen und Ösen an den Rändern ist ein Universal-Hilfsmittel beim Überlebenstraining: Er dient nicht nur als Regenschutz in seiner ursprünglichen Bedeutung als Überzieher, sondern auch als fast vollwertiger Zeltersatz. Man kann sogar eine zwar nicht sehr bequeme, aber durchaus erträgliche Nacht zubringen, indem man mit übergezogenem Poncho an einen Baum gelehnt sitzt, die Beine je nach Wetterlage ausgestreckt oder angezogen, mit einem Kerzenstummel darunter, dessen jedem Blick verborgene Flamme Wärme spendet. Selbst völlig Ungeschickte können mit einem Poncho, ihren Schnürsenkeln und einigen passenden Ästen oder Jungbäumen als Stützen innerhalb kürzester Zeit eine Schrägdach-Unterkunft, ein Giebelzelt oder selbst nur einen schlauchartigen Behelf errichten. Die britische Armee ersetzt die in anderen Armeen üblichen Zwei-Mann-Zelte bei ihren Commandos und Fallschirmjägern mit der »Basha«. Mit diesem aus der indischen Kolonialzeit stammenden Begriff ist eine Schutzdachkonstruktion aus Poncho und Schnüren gemeint, die sich in zahlreichen Einsätzen und Erdteilen bestens bewährt hat, nicht zuletzt im Falklandkrieg. Für die Basha braucht man noch nicht einmal einen Baum oder ein Astgerüst, zur Not werden die vier Enden des Ponchos an Sträuchern festgemacht. Wesentlich sind nur zwei Faktoren: Genügend lange Leinen zur Befestigung, und daß das Dach eine ausreichende Schräge besitzt, um das Regenwasser ablaufen zu lassen.
Aber die Basha-Konstruktion zeichnet sich durch eine zusätzliche Feinheit aus: Um den Poncho immer straff zu halten und ihn gleichzeitig gegen Windstöße zu sichern, die einem zu fest aufgezogenen Poncho die Ösen ausreißen könnten, gehört zum Gepäck jedes Tommy eine Anzahl »rubber bungees«, dehnbare, außen mit Nylongewebe ge-

Wenn es ganz schlimm kommt, kann man sich mit einem Poncho angetan, hinhocken und den Regen aussitzen. Um den Schulterbereich sollte man allerdings dann ein Handtuch legen, damit die Kondenswasserbildung vermindert wird.

Der Poncho als Dreieckszelt, eine Bauart, die sich besonders zur Anlage eines kleinen Survivalfeuers und zum Unterbringen des Rucksacks eignet.

Verschiedene Verwendungsarten des Ponchos: Überdachung der Hängematte, Hundehütte, als Lean-to und als Basha. Jede dieser Schutzhütten war in weniger als vier Minuten aufgestellt.

schützte Gummibänder. Diese elastischen Bänder werden zwischen Ösen und Halteleinen gesetzt und ermöglichen der Plane bei Windstößen ein Nachgeben. Beim Zusammenrollen des Ponchos werden sie außen um das Bündel gespannt. Den gleichen Zweck erfüllen Gepäckhaltebänder, wie man sie in Fahrradläden oder vom Autozubehörhandel erhält. Entsprechend kann man natürlich jede Plane, die Alu-Rettungsfolie, ein Stück Segeltuch oder Plastikbahnen anordnen – aber nur der Poncho hat die Ösen und Druckknöpfe ab Werk, mit denen man zwei der Regenumhänge zu einer großen Fläche verbinden kann. Er sollte deshalb bei keiner Ausrüstung fehlen!

Zelte

Ein Zelt macht aus einer Survivallage einen Luxustrip und eigentlich hat es beim Überlebenstraining keinen Platz. Aber Globetrotter und Extremtouristen verzichten nur ungern auf das ihnen liebgewordene trag- und faltbare Behelfsheim und daher ist die Behandlung dieses Ausrüstungsteils notwendig. Wohlgemerkt: Unter Zelt verstehen wir eines jener modernen, doppelwandigen, mit Unterboden versehenen, moskitonetzgeschützten Wunderwerke unseres Plastikzeitalters. Verglichen mit den nur bedingt wasserabweisenden Segeltuchkonstruktionen früherer Entdecker-Generationen, sind diese leichten Nylon- oder Gore-Tex-ver-

Durch Zusammenknüpfen zweier Ponchos lassen sich Schutzhütten für drei bis vier Personen errichten.

Die Fa. Söhngen, Taunusstein, bietet eine alubeschichtete Rettungsdecke, die »Orion-Reflex« an, welche einen interessanten Poncho-Ersatz im Survivalbereich darstellt. Das Dreifach-Verbundmaterial ist an den Rändern eingefaßt und an den Ecken mit Ösen versehen und kann wie ein Poncho aufgespannt werden. Die Decke ist 350 g schwer, zusammengefaltet nur 3×21×30 cm groß und hat ausgebreitet 210×140 cm Fläche. Die Alu-Oberfläche reflektiert 80–90 % der Körperwärme, die andere grüne Seite paßt sich gut in die Landschaft ein. Alternative: Signal-Orange. Auch im Preis hält diese Decke den Vergleich mit einem Poncho aus. Frankonia bietet eine ähnliche, außen im Tarnmuster beschichtete Plane von 200×155 cm, Gewicht 750 g für DM 95.– an, die dank eines Reißverschlusses wie ein Poncho als Regenschutz getragen werden kann.

sehenen Biwakkonstruktionen ein wahrer Zivilisationssegen. Einem Dr. Livingstone oder Asmundsen würde angesichts dieser in reicher Auswahl und Formenvielfalt angebotenen Pracht das Wasser in die Augen schießen, ob der versäumten Chancen seines Expeditionszeitalters. Damals waren Zelte nur bedingt einsatzfähig und wogen ein Vielfaches von den heutigen Leichtgewichten. Als letztes Relikt an diese heute mit Nostalgie betrachtete Epoche ist das sogenannte Armee-Zwei-Mann-Zelt anzusehen, das in den Augen des Verfassers nur eine billige Entschuldigung für ein Zelt ist. Zahlreiche Surplusläden bieten diese Monster aus angeblich imprägniertem Segeltuch in zumeist mehrfach geflicktem Zustand für gutes Geld an und ziehen Jahr für Jahr Generationen von Camping-, Wander- und Globetrotteranfängern das sauer ersparte »Moos« aus der Tasche. Von einem, der unter den verschiedensten Armeezelten Monate zugebracht hat, den folgenden Rat: Hände weg! Es lohnt sich nicht. Selbst in fabrikneuem Zustand sind diese Dinosaurier der Zeltentwicklung einem handfesten Dauerregen nicht gewachsen. Daß diese Dinger im Zeitalter der Marschflugkörper, der Lenkwaffentechnik und Restlichtaufheller seit fast 150 Jahren immer noch in den meisten Armeen der Welt Dienst tun, zeugt nicht etwa von ihrer Brauchbarkeit, sondern von der unleugbaren Tatsache, daß der einfache Soldat in den Verteidigungsministerien und Beschaffungsämtern keine Lobby hat, und daß die dort eingesetzten Etappenhengste, Beamte und sonstigen Vordenker sehr, sehr weit ab von der Realität sitzen.

Bevor man an die Auswahl eines geeigneten modernen Zeltes geht, muß man sich selbst ehrlich einige Fragen stellen. Die erste lautet: Brauche ich wirklich ein Zelt? Nun ist ein Zelt eine feine Sache, aber der je nach Größe, Bauart und Gewicht zunehmende Komfort wird mit Platz und Kilogramm erkauft. Selbst die qualitativ hochwertigen und aus den modernsten Materialien gefertigten Expeditionszelte wiegen immer noch um die drei bis vier Pfund und nehmen ein gehöriges Stück Raum im, am oder auf dem Rucksack ein. Ihr Federgewicht und geringes Packmaß steht zumeist im umgekehrt proportionalem Verhältnis zum Preis, d.h. je leichter und besser das Zelt, desto teurer! Normalverdiener werden die hohen Anschaffungskosten von oft über 1000,– DM scheuen und sich eher der preislichen Mittelklasse zuwenden, die zwischen zwei- bis fünfhundert DM liegt. Gewichtsmäßig ist man dann bei einem Zwei-Mann-Typ bereits auf Modelle angewiesen, die je nach Größe zwischen 2,5 bis 4 kg liegen – und diese fünf bis acht oder mehr Pfund wollen erst einmal getragen sein! In einigen Klimazonen, im Winter oder bei einer Hochgebirgstour ist ein Zelt fast unerläßlich, aber bei vielen Wanderungen und Touren in unseren gemäßigten Breitengraden kommt man auch sehr gut ohne Zelt aus. Viel wichtiger ist ein guter Schlafsack und eine Unterlage, und hier gilt es mit Bedacht abwägen, welche Prioritäten man bei der Ausrüstungsbeschaffung setzt. Die Staffelung

Bequem haben es Kanuten – sie haben ihr Dach immer dabei!

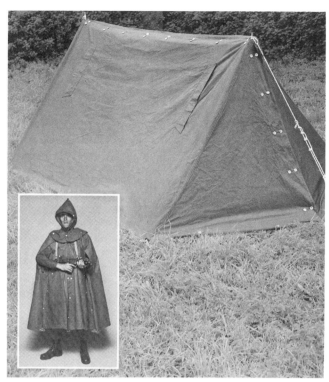

Armeezelt aus »shelter-halves«, zwei zusammengeknüpften Planen – ohne Zeltboden oder Moskitonetz versehen, sind diese 2-Mann-Zelte eine billige Entschuldigung für einen wirklichen Wetterschutz. Einziger Vorteil: Man kann eine Zeltplane wie einen Poncho tragen.

Kuppel- und tunnelförmige Version der modernen Alu-Bögen-Konstruktion, bei denen innen keine Zeltstangen stören. ▶

lautet: Kleidung und Schuhwerk, Schlafsack und Matte, Rucksack – und erst dann kommt, wenn man noch Geld übrig hat, das Zelt. Viele Globetrotter fangen mit diesem letzten Utensil an und sparen dann bei so wichtigen Dingen wie Stiefeln oder Schlafsack. Reist man allein, will man große Strecken oder schwieriges Gelände zu Fuß überwinden, dann ist das Gewichtsproblem vorrangig, und es ist ratsam, die Mitnahme eines Zeltes abzuwägen. Selbst wenn man zu zweit unterwegs ist, sollte man sich überlegen, wieviel mehr an Nahrungsmittel man z.B. anstatt des Zelts mitführen kann und ob der Poncho, der ohnehin als Regenschutz mit muß, nicht ausreicht. Erst bei Kanu- oder Fahrzeugtouren können Gewicht- und Platzfragen als zweitrangig betrachtet werden. Bei allen anderen Exkursionsformen aber steht die Frage im Raum: Wieviel größer ist mein Aktionsradius ohne dieses Extra, wieviel mehr Wasser (in der Wüste!), wieviel mehr Lebensmittel, Munition, Kameragepäck oder Extra-Kleidung kann ich anstelle eines Zelts mitnehmen?

Wofür oder wogegen wird das Zelt gebraucht?
Ein Zelt ist ein dünnwandiger Schutz gegen Wetterunbilden, gegen Kälte, Regen und Wind und speichert die vom Körper oder einer Flamme abgegebene Wärme nur mittelmäßig. Es schützt hervorragend gegen Taufeuchtigkeit und mit Moskitonetzen versehen, gegen fliegende, kriechende und krabbelnde ungebetene Gäste. In belebten Gegenden bewahrt das Zelt seine Bewohner vor den Blicken Unbefugter, aber es schränkt auch die Rundumsicht und in geringerem Maße Gehör und Aufmerksamkeit ein. Ein Zelt setzt zwei- und vierbeinigen Dieben (Bären, wildernde Hunden, Ratten, ja selbst Feldmäusen mit vom Hunger getriebener krimineller Energie) kaum einen nennenswerten Widerstand entgegen. Ein Zelt ist schlecht beheizbar – kaum eines der modernen mit Kunststoffen hergestellten Campingmodelle kann so aufgestellt werden, daß es die von einem Lagerfeuer abgestrahlte Wärme ausnutzen kann. Mit ein oder zwei Kerzen, mit einem Gasbrenner oder einer ähnlichen zivilisationsabhängigen Wärmequelle kann man zwar binnen kurzer Zeit eine wohlige Wärme produzieren, aber sobald man den Brenner abstellt, schwindet die Wärme schnell. Der Vorteil des Zeltes in diesem Zusammenhang liegt in dem mittelfristigen Halten der von Körper und Schlafsack entweichenden Wärme – in den meisten doppelwandigen Zelten kann man auch Nächte mit Temperaturen um den Nullpunkt tiefschlafend überstehen, solange man nur mit einem guten Schlafsack ausgestattet ist. Für ein monatelanges Biwak in der Wildnis aber ist ein Zelt nur bedingt brauchbar. Man tut besser daran, sich eine Schutzhütte, eine Erdbehausung oder ein Schneeiglu anzulegen, wenn man gegen die Kälte angehen will, besonders wenn man diese so einrichtet, daß man eine Feuerstelle in die Unterkunft mit einbezieht. Der Wanderer andererseits, der zu normalen Jahreszeiten in die Wildnis vorstoßen will, ist oft mit einer Poncho-Basha, einem Stück Persenning oder einer Plastikfolie besser bedient als mit einem Zelt. Mit welchem Wetter muß

5 kg schweres Bogen-Stangen-Zelt von North Face. Diese amerikanische Firma hat auf dem Gebiet der geodätischen Zelte Pionierarbeit geleistet. Die hier zu sehende Innenzeltkonstruktion des »Pole Sleeve Oval« zeigt die Spannweite dieser selbsttragenden Modelle, die sich bei Hochgebirgstouren bewährt haben.

Salewas »Mini-Wigwam«, ein 1,2 kg schweres Ein-Mann-Zelt in traditioneller First-Hauszeltart (DM 198.–) wurde hier zum Schutz gegen die direkte Sonnenbestrahlung völlig mit Farnblättern abgedeckt.

man rechnen? Ein bißchen Nieseln, einen kurzen Schauer, ein sommerliches Gewitter kann man mit diesen Hilfsmitteln sehr gut überstehen. Frühere Generationen von Outdoor-Enthusiasten betrachteten jeden »Zeltschlepper« als weiche Memme – man schlief in Decken oder einfachen Schlafsäcken eingerollt unter dem freien Himmel, und wenn der sich bezog, wurde der Lagerplatz unter einen Baum verlegt. Diese Puristen bauten sich ein Lean-To aus Zweigen, wenn das Wetter wirklich umschlug. Die zahlreichen neuen Zeltvariationen aber können selbst Survivalpuristen zu Ausrüstungsfreaks bekehren. Die Auswahl ist zu verlockend. Also: Bedarf analysieren, Kataloge studieren, Preise vergleichen!

Die Formen- und Ausführungsvielfalt dessen, was wir unter einem normalen Campingzelt verstehen (und hier seien Hauszelte, Mannschaftsmodelle und jene villenartigen Konstruktionen der Massencampingplätze ausgenommen), ist selbst für Spezialisten verwirrend. Jedes Jahr kommen neue Modelle heraus; vorher fast unerschwingliche Expeditionsluxusmodelle von Markenfirmen werden plötzlich als äußerst billige Kopien in Kaufhäusern angeboten, Fachleute verwirren den Laien mit ihrem Chinesisch, sprechen von Tunneln, geodätischen Domen, Pyramiden usw. Man fühlt sich in die Geometriestunde zurückversetzt. Da gibt es exotische Versionen, die sich fast selbst aufstellen, sobald man sie nur aus ihrem Packsack befreit, während andere ihrem Besitzer einen Meisterschaftsgrad im griechisch-römischen Ringen abverlangen. Der Interessierte sollte nicht versäumen das entsprechende Kapitel in Wolfgang Uhls »Handbuch für Rucksackreisen« zu lesen. Er findet dort einen Wegweiser durch das Gewirr der gängigsten, auf dem deutschen Markt erhältlichen Marken.

Der Ankauf eines Zeltes ist – wie der des Schlafsackes – eine sehr persönliche Angelegenheit, bei der man bewußt oder unbewußt auch von optischen Eindrücken und privaten Vorlieben beeinflußt wird. Der eine will das futuristische Dom-Design mit dem leichten Hauch von Raumfahrt, der andere zieht das traditionelle Firstzelt vor, dem man seine Verwandtschaft zu Heerlager und Marschlied noch ansieht. Das »Wohin« der Reise ist einer der ausschlaggebenden Faktoren. Im Hochgebirge mit seinem steinigen Untergrund und seinen Schneeflächen ist z. B. den selbsttragenden Modellen der

Vorzug zu geben – bei ihnen braucht man nicht eine Unzahl Heringe in den Boden zu rammen, um Standfestigkeit zu erzielen. Sie sind auch gegenüber Windstößen flexibler als die Firstzelte mit ihren festen Flächen. Andererseits aber können die bei diesen Versionen benutzten biegsamen Fiberglasstäbe und Stecksysteme den Benutzer beim Aufbau zum Wahnsinn treiben, weil sie beim Einfädeln in die Spannschläuche immer wieder auseinanderrutschen und am Ende doch nicht richtig passen.

Neben der Haltbarkeit des Zeltes (Nähte in Augenschein nehmen, Ösen, Leinen und Stoffe eingehend prüfen!) ist das einfache Aufstellen eines der wichtigsten Kriterien, nach denen ein Zelt ausgesucht werden sollte. Es hat keinen Sinn, den Aktionsradius bei Wanderungen und Touren, bei Jagdausflügen und Durchschlageübungen noch dadurch zusätzlich zu reduzieren, daß man allein für das Auf- und Abbauen des Zeltes ganze Stunden einkalkulieren muß! Ein Zelt muß aus dem Packsack gezerrt, ausgebreitet und binnen weniger Minuten aufgestellt werden, wenn es seinem eigentlichen Sinn, dem Schutz vor plötzlichen Wetterunbilden, entsprechen soll. Der Survivalist und Outdoor-Fan unterscheidet sich gerade dadurch vom normalen Urlaubscamping-Mitmenschen, daß er jenseits ausgetretener Pfade und Plätze in die Wildnis vorstoßen möchte, heute hier und morgen schon zwanzig Kilometer weiter sein will, sich überall häuslich einrichten kann und ein Minimum an Spuren hinterläßt. Dazu gehört auch eine vom Grundkonzept einfache und praktische Zeltkonzeption, die es u. a. erlaubt, das Zelt durch eine Einzelperson aufzustellen, während der Partner bereits das Lagerfeuer vorbereitet. Die Pyramidenzelte mit ihrer einzelnen zentralen Hauptstange erfüllen zumeist diese Anforderung. Sie sind außerdem windschlüpfrig und weisen den Regen an ihren schrägen Dreiecksflächen gut ab. Bei dem von Fjällräven entwickelten »Thermo Expedition« – oder den bei Südwest unter dem Namen »Wigwam« und beim Kaufhof als »Silvretta Matterhorn« vertriebenen Kopien (Preisgefälle 990,– DM / 499,– DM / 199,– DM) – faltet man nur das Innenzelt auseinander und steckt die vier Ecken im Boden fest. Dann kriecht man hinein, und richtet die Mittelstange auf; wird jetzt das Außenzelt darübergezogen, ist die nach innen geworfene Ausrüstung schon mal vor dem Regen sicher. Das Festmachen des Außenzeltes ist dann nur noch eine Kleinigkeit. Es bietet für zwei bis drei Personen mit Ausrüstung genügend Platz und hat ein kleines Vorzelt, unter dem man kochen oder ein Wärmefeuer einrichten kann. Ursprünglich ist es als Vier-Mann-Zelt gedacht, aber das wird dann eng! Was nun ist der qualitätsmäßige Unterschied zwischen den drei Ausführungen?

– Das Fjällräven Original wiegt weniger als 3 kg, ist alubeschichtet, mit leichten, verstellbaren Stangen ausgestattet und an den Belastungspunkten mit Rucksackgewebe verstärkt. Packmaß 32 × 13 cm.

– Das »Wigwam« wiegt 4400 Gramm und hat ein Packmaß von 55 × 20 cm, normales Alugestänge und leichte Zeltnägel. Es ist auf der Außenzelt-Innenseite alubedampft. Auch die Wanne ist alubedampft.

– Das Silvretta entspricht dem Wigwam in Bauart und Größe, ohne Aluschicht, es wiegt etwa 3,5 kg.

An dieser Stelle sei angemerkt, daß den Herstellerdaten, besonders was die Größe anbelangt, mit Vorsicht zu begegnen ist: Die als »Zwei-Mann«-Zelte deklarierten Rucksackmodelle sind genau das – sie bieten zwei Personen ohne Ausrüstung überdachte Schlafplät-

Ein anderes Spitzzelt mit außenliegenden Zeltstangen – auch der Zeltplatz sollte mit Bedacht ausgewählt werden, diese Stelle war nach einem nächtlichen Regensturm nur noch eine knöcheltiefe Pfütze!

Silvrettas Spitzzelt, auch diese billige Ausführung hat bisher mehrere Touren unbeschadet überstanden und erlaubt das Zelten bei Temperaturen um den Gefrierpunkt.

Bei Extremtouren in feuchten Gebieten, besonders im Sumpf, ist die Hängematte ein guter Ausweg vom langen Suchen nach trockenen, ebenerdigen Zeltplätzen. Mit einem Poncho oder einer Zeltbahn kann man auch im Regen schlafen...

ze. Wer seinen Rucksack nicht im Regen lassen will, muß entweder eine Hülle mitführen, oder auf die größeren Versionen ausweichen. Will man das Gepäck innen haben, sind die für drei und vier Personen konzipierten Muster gerade für zwei gut genug. Also: Eine Nummer größer ist auch hier nicht falsch!

Aufstellen und Abbauen eines Zeltes will geübt sein, bevor man sich auf Tour begibt. So entdeckt man auch fehlende Teile, Schadstellen und die mäßige Brauchbarkeit der Heringe. Zum Zeltgepäck gehört immer auch Flickmaterial: Klebeband, Nadel und Zwirn. Kein Zelt ist unverwüstlich, auch die sehr guten und teuren Markenzelte können an den Belastungsstellen reißen oder durch Funkenflug Schaden leiden.

Ein weiterer Punkt sollte dem naturbewußten Survivalisten bei der Auswahl seines Zelts im Gedächtnis bleiben: Viele Campingzelte werden in den schreiendsten Farben hergestellt. Die für diese Produkte Verantwortlichen scheinen noch in den Vorstellungen der sechziger Jahre zu verharren, als Popfarben »in« waren. Viele Wanderer empfinden ein knallblaues oder -gelbes Zelt im Gelände störend, es springt sofort ins Auge, zieht die Blicke an und bringt auf die schönste Hochwiese einen Hauch von Industriezivilisation. Beim Bergsteigen oder bestimmten Expeditionen hat der Signalcharakter auffällig gefärbter Zelte durchaus seine Berechtigung, aber beim normalen Trekking, bei Wanderungen, Reisen und Extremtouren ist ein Stoff mit gedeckten, natürlichen Farben (wie grün oder braun) vorzuziehen. Man paßt sich in die Landschaft ein, beweist Rücksicht und macht andere nicht auf sich aufmerksam und hält sich zurück.

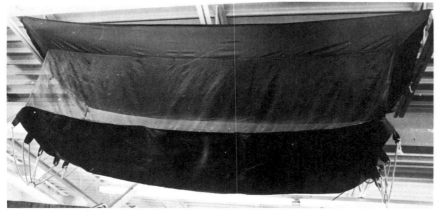

...oder man wählt gleich eine solche Luxushängematte mit Überdach und umlaufendem Moskitonetz!

82

Ein Hogan der Navajo-Indianer in Arizonas Monument Valley: Eine Erdbehausung traditioneller Art, mit der man auch jeden Winter überstehen kann.

Diese Sandsteinhöhlen in Israels Schephala-Ebene wurden von Menschenhand als Wohnungen, Vorratsstätten und Ställe vor mehr als 2000 Jahren ausgebaut.

BEHAUSUNGEN AUS FRÜHERER ZEIT

Auch diese Behausung ist eher eine Erdhöhle als ein richtiges Haus – trotz der Front mit Tür und Dachfirst. Der hintere Teil dieser Siedlerhütte an der Grenze von Kalifornien zu Oregon ist Berghang.

Das Allernotwendigste für den Ernstfall: Survivalset – Basisausführung

Es gibt einige Binsenwahrheiten, die können überhaupt nicht oft genug erwähnt werden, und die absolute Notwendigkeit eines Basis-Survivalsets gehört dazu. Bei jeder Art des Aufenthalts in der Natur, fernab von Telefon und menschlicher Behausung, sollte man mindestens eine solche Grundausstattung für den Notfall dabei haben und zu benützen wissen. Jeder Schriftsteller, der sich über das Survivaltraining ausläßt, jedes behördliche Handbuch, jede Anleitung für Bergsteiger, Wanderer und Jäger, beschreibt diese Basisausrüstung mehr oder weniger ausführlich. Trotzdem: Die Zahl der Wanderer, Tramper, Alternativtouristen, Jäger und Abenteuerurlauber, die eine solche Notpackung mit sich führen, ist nach wie vor gering. Jedes Jahr geraten in Europa, Kanada und den USA Zivilisationsgeschädigte in Not, weil sie nur mit einem Butterbrot in der Tasche »einen kleinen Spaziergang« in die Berge, den Wald, die Dünen gemacht haben. Bergführer in den Alpen können ein Lied von solchen Turnschuhhelden singen, die von den Rettungsmannschaften halb erfroren (und nicht selten auch ganz erfroren!) aufgespürt werden, weil sie sich in unseren heimischen Bergen verirrt haben oder vom Wetter überrascht wurden.

Nur die dümmsten Autofahrer würden ohne Reserverad, Wagenheber und Werkzeug die Fahrt antreten. Erste-Hilfe-Kasten, Warndreieck, und in einigen Ländern sogar Feuerlöscher, sind vom Gesetzgeber vorgeschrieben, aber zahllose Urlauber begeben sich jedes Jahr in Gefahr, weil sie ohne eine Art Sicherheitsnetz Bootsfahrten, Campingtouren und Wanderungen in Gebiete unternehmen, wo es keine Telefonzellen gibt, mit denen man mal schnell ein Taxi oder einen Rettungswagen herbeiholen kann. Der Survivalset ist unser Reserverad, das uns weiterhelfen soll, wenn wir einmal einen »Platten« haben. Seine Notwendigkeit müßte eigentlich selbstverständlich sein – aber immer noch gibt es z. B. Kanuten, die jahrelang für den großen Trip in Kanada oder Norwegen gespart, am Ort Zelte, Boot und Ausrüstung ausgeliehen haben, nur um dann hinter irgendeiner Flußbiegung naß und frierend aufzustecken, weil ihnen alles von der Strömung fortgetrieben wurde, als das Boot kenterte.

Der Survivalset ist nicht – ein Päckchen, das man zuunterst im Rucksack verstaut hat, im Boot läßt wenn man ans Ufer will oder im Kofferraum vergißt. Er ist keine Reserveration, die man nach Belieben ausplündert, nur weil man im Moment zu faul ist, die Streichhölzer, das Verbandszeug oder den Schokoriegel aus dem Rucksack zu kramen. Er ist auch kein Utensilienbeutel, in dem man all das untergebracht hat, was man meint, vielleicht irgendwann zu benötigen, oder für das man gerade keine andere Stelle im Gepäck hat. Er darf auch keine 15 Pfund schwere Hausapotheke sein, die bei jeder Gelegenheit aus Gewichtsgründen irgendwo abgelegt wird. Er ist auch kein Antiquitätenladen – einmal zusammengestellt und dann für Jahre ungeöffnet vergessen, während die Verbandsstoffe stockig, das Messer rostig, die Streichhölzer faulig und die Kompaktnahrung ungenießbar geworden ist. Der ideale Survivalset ist das nicht! Auf der anderen Seite soll er kompakt, für alle Notfälle gerecht, immer up-to-date und dabei so klein und so leicht sein, daß er in die Brusttasche eines Hemdes paßt. Nur: Solche Wunder-Notpackungen gibt es leider nicht, und ein idealer, für alle Bedürfnisse gleicher Survivalset existiert auch nicht. Einige Hersteller firmenmäßig verpackter Überlebenssets möchten uns gern vom Gegenteil überzeugt wissen und bieten Notpackungen im Taschenformat an. Bei genauerem Hinsehen lassen aber alle diese ästhetisch schönen Mustersets zu wünschen übrig – und den Vogel schoß 1984 eine Zigarettenfirma ab, die als Werbegag einen Survivalrucksack anbot, der neben Taschenmesser und Regenumhang vor allem Zigaretten und Streichhölzer enthielt. (Nein, es war nicht die Sorte mit dem Wüstenschiff darauf, die aber auch sonst mit ewig rauchendem Naturburschen und Survivalsituationen ihre Lungenverpester an den Mann zu bringen hofft.) Gewerblich hergestellte Survivalsets sind leider a) zu teuer, b) unzureichend oder mit Überflüssigem gefüllt und letztlich c) nicht für den individuellen Bedarf des Benutzers zugeschnitten. Denn, ob sich jemand in den Bergen, auf dem Wasser oder in der Wüste aufhält, bestimmt seine Bedürfnisse im Ernstfall. Zwar gibt es einige Ausrüstungsgegenstände, die kann man überall gut gebrauchen – Messer, Rettungsfolie, Streichhölzer, um nur drei Beispiele zu nennen – aber was sollten einem Angelhaken in der Wüste Nefud helfen? Nun, was gehört in einen Basis-Survivalset? Wer sich durch die einschlägige Fachliteratur durchgelesen oder den einen oder anderen staatlichen oder privaten Kurs durchlaufen hat, merkt sehr schnell, daß selbst darüber die Meinungen geteilt sind. Jeder Spezialist hat seine Liste und ist von ihr wie vom Evangelium überzeugt. Auch der Autor möchte sich da nicht ausschließen. Zwar mangelt es an der religiösen Überzeugung, nun das einzig Wahre gefunden zu haben, aber die nachstehend vermittelten Tips stellen die Summe der Erfahrungen unterschiedlichster Survivalschulen und Denkmuster dar. Die Liste der Empfehlungen sollen nicht als »nonplus-ultra« verstanden werden, wie eingangs erwähnt, gibt es den idealen Set nicht. Vielmehr soll hierdurch der Leser zum Zusammenstellen seines eigenen individuell zugeschnittenen Notpäckchens angeregt werden. Er muß sich Gedanken machen, welchen Problemen er bei seinen Unternehmungen begegnen kann. Deshalb steht an dieser Stelle des Buches auch nicht nur einfach eine Auflistung von Gegenständen, die den Survivalset ausmachen, sondern eine Gegenüberstellung mit den Gründen, warum die eine oder andere Sache ausgewählt oder verworfen wurde. Zuerst einmal muß man sich bei seinen Überlegungen von den geographischen und klimatischen Bedingungen anleiten lassen, um die Auswahl der einzelnen Survivalset-Elemente zu bestimmen. Grundsätzlich aber gibt es eine kleine Gruppe von Gegenständen, die man so gut wie überall auf der Welt gut gebrauchen kann, wenn man in der Wildnis in Not geraten ist. Vor mehr als vierzig, fünfzig Jahren begannen bereits amerikanische Bergsportvereine in ihren Kursen die Maxime von den zehn Notwendigkeiten aufzustellen, die man selbst bei kurzen Tagesausflügen in einer Gürteltasche, im Umhängebeutel oder in einem kleinen Rucksack dabeihaben sollte:

1. **Extra-Kleidung,** welche die am Körper getragene ergänzen kann, um vor einem plötzlichen Wetterumschwung oder vor der Nachtkälte geschützt zu sein.

2. **Extra-Nahrung,** eine eiserne Ration, die erst dann angebrochen wird, wenn man sich verirrt hat und wirklicher Notstand im Magen ausbricht.

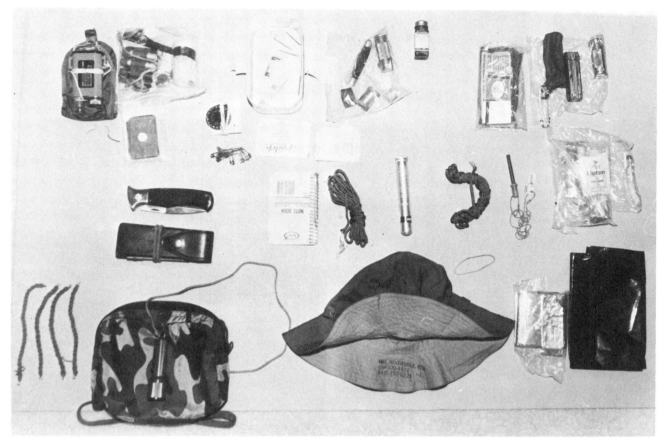

Ein Survivalset, zusammengestellt nach Angaben des SERE-Kurs, mit Hut, Rettungsdecke, Taschenlampe, Medikamenten, Teebeuteln, zwei Klappmessern (ein Schweizer Allzweckkombi, eins mit feststehender Klinge), Feuerstahl, Streichhölzern, Signalmitteln (Raketen und Notrettungsleuchte, Fischnetz, Blechbüchse, Riemen und Sicherheitsnadeln, Nähzeug usw.).
Zusammengepackt ist alles kaum größer als ein DIN-A-6-Notizbuch.

3. **Sonnenbrille,** in unseren Breitengraden, wo man sich über jeden Sonnentag freut, erscheint dies überflüssig – aber nicht in Wüstenregionen oder verschneiten Bergen, wo das gleißende Sonnenlicht Kopfschmerzen, Schneeblindheit und mehr hervorrufen kann.

4. **Messer,** das Universalwerkzeug des Schiff- und Landbrüchigen. Wie später noch anzumerken sein wird, ist weniger ein Kommandodolch, Spezialsurvivalmesser oder eine Machete notwendig, sondern ein ordinäres, handliches Werkzeug.

5. **Streichhölzer oder Feuerzeug** – versteht sich von selbst, zu vermeiden sind Benzinfeuerzeuge (die austrocknen) und Streichholzbriefchen.

6. **Feueranzünder:** Um auch in widrigen Fällen das wärme- und energiespendende Feuer zu erhalten, sollte man sich angesichts des kleinen Vorrats an Streichhölzern nicht auf das eigene Geschick des Feueranzündens mit Zunder, Reisig und anderem verlassen, sondern Trockenspiritus-Tabletten, eine Tube Anzünder, ein Teelicht oder vergleichbare Mittel benützen.

7. **Verbandszeug:** Pflaster, Mullbinde, Nadeln oder Rasierklinge und einige wenige Medikamente – schmerzstillend, gegen Durchfall, Salzverlust und Jod.

8. **Taschenlampe mit Ersatzbatterien.**
9. **Karte**
10. **Kompaß**

Nach wie vor ist diese Liste der zehn Notwendigkeiten für den Ausflug eine gute Anleitung beim Zusammenstellen des Gepäcks: Kleinen Unfällen und Notfällen kann man damit ruhig ins Auge sehen. Mit einem Lagerfeuer, warmer Zusatzkleidung und einem Riegel Kraftfutter zwischen den Zähnen läßt sich schon mal eine Nacht im Freien überstehen und bis zum Eintreffen der Suchmannschaften ausharren. Der Survivalset geht über den Inhalt einer solchen Ausflugsliste hinaus, denn er soll ja den Besitzer in die Lage versetzen, selbst aktiv zu werden. Dieser Set gehört nicht in den Rucksack, sondern wird am Mann getragen. Dazu dient entweder der Gürtel oder ein Umhängeriemen mit Tasche. Bei bestimmten Jacken kann man diese Ausrüstung auch aufteilen und in ein, zwei Taschen verstauen, vorausgesetzt, daß man diese Jacke nicht ablegen oder im Camp zurücklassen wird. Als Beispiel sollte hier die Survivalweste der US-Luftwaffe erwähnt werden, die auf einem netzartigen Nylonstoff gut verschließbare Taschen und neben dem Verbandsmaterial, Signal- und Rettungsgerät, Revolver und Munition aufweist. Die Weste ist so gestaltet, daß sie der Pilot beim Flug permanent trägt und selbst ein Ausbooten mit dem

Schleudersitz und das Landen mit dem Fallschirm übersteht. Bei dem nun von der USAF gedachten Durchschlagen zur eigenen Truppe bleibt die Weste am Mann, denn selbst bei großer Hitze belastet sie den Piloten nicht, da das Netzmaterial keinen Wärmestau verursacht.

Ähnlich sollte der Basis-Set beschaffen sein – nie im Weg und wie eine Selbstverständlichkeit immer dabei, auch wenn man mitten in der Wüste oder im Wald fluchtartig den brennenden Wagen oder das kenternde Kanu verlassen muß. Die Zusammenstellung richtet sich nach den vier Grundelementen des Überlebens: Schutz, Ruhe, Nahrung und Rettung:

1. **Als Schutz** vor Kälte und Wetter ist eine Isolations-Rettungsdecke das Minimum. Mit den Maßen 11 × 15 cm im flachen Zustand, läßt sie sich zu einer Rolle von 3–4 cm Durchmesser reduzieren und paßt damit überall hin. Beim Kauf sollte man nicht das Billig-

Die US-Armee führt noch immer eine Gürteltasche, die als »ass pack« bekannt ist. Mit Riemen lassen sich Poncho und Poncho-Liner, ein Pullover oder eine Jacke festschnallen, innen ist genug Platz für drei Survivalsets oder MREs und das Ganze kann am Gürtel oder Schulterriemen eingehakt werden.

angebot wählen, sondern ein Qualitätsprodukt wie die von der Firma Söhngen im Taunus hergestellte »Sirius«. Ihre alubedampfte Silberseite wird als Kälteschutz zum Körper hin angelegt, als Wärmeschutz gegen Sonne und Hitze nach außen getragen. Auseinandergefaltet mißt sie 215 × 140 cm und reicht daher, um einen ausgewachsenen Mann von Kopf bis Fuß einzuwickeln. Eine solche Decke kann man auch als Wärmeschirm am Lagerfeuer oder als Unterlage benutzen. Gleichzeitig sind die reflektierenden Schichten ein gutes Signalmittel. Sie ist allerdings auch luft- und wasserdicht und wird zur Kondenswasserbildung führen. Aus dem gleichen Material gibt es ganze Anzüge und einen biwaksackähnlichen »Rettungssack«, in den man wie in eine Zeltröhre oder einen Schlafsack hineinschlüpfen kann. Der Sack bietet erheblich mehr Schutz als die Decke, ist aber zusammengepackt doppelt so groß wie das Sirius-Iso-Modell und kostet mehr. Gleiches gilt für den Anzug. Das alube-

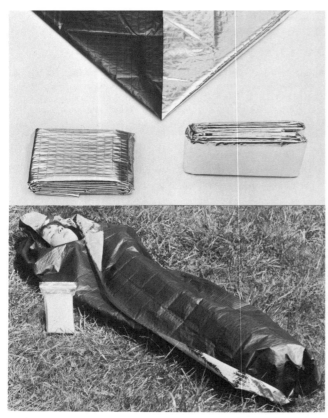

Die Firma W. Söhngen GmbH, D-6204 Taunusstein 4, stellt die verschiedensten Sanitätsartikel und Rettungsdecken her. Neben der einfachen und weithin bekannten »Sirius« jetzt auch die verbesserte Mehrzweckversion »Super-Sirius«, deren verstärktes Material das lästige Knittergeräusch der einfachen Sirius nicht mehr aufweist, reißfest und mehrfach verwendbar ist: Gewicht 175 g, zusammengefaltet: 18×10×14 cm.

Der Rettungssack von Söhngen aus dem gleichen Material wie die Sirius Iso-Folie. Der Sack hat verstärkte Kanten und Ecken und ist 2×1 m groß, gepackt aber nur 23×13×4 cm groß. Er wiegt 150 Gramm.

dampfte Material reflektiert bis zu 80% der Körperwärme, ist aber je nach Kostenpunkt der Rettungsdecke mehr oder minder reißfest. Vor Einwegdecken, wie sie bei Sanitätseinsätzen benützt werden, sei gewarnt. Für den Survivalset wird eine Rettungsdecke oder ein Biwaksack gebraucht, der mehr als nur eine Nacht übersteht. Sie kostet mehr als die einfachen Decken, macht sich aber bezahlt. Eine Iso-Decke ist die Mindestausstattung! Am besten ist die Kombination von einer Iso-Decke und einem Biwaksack. So kann man sich schnell ein Behelfszelt mit Reflektor errichten, in dem man die Nacht einigermaßen ruhig überstehen kann.

2. **Kopfschutz:** Wie an anderer Stelle erwähnt, gehört der Kopf zu den Teilen des Körpers, die es vor Kälte oder Hitze zu schützen gilt. Welcherart Kopfschutz in unseren Survivalpack gehört, hängt vom Terrain ab, in dem wir uns bewegen: In kalten Regionen brauchen wir als Notbehelf eine der reinwollenen Pudelmützen (ohne die Bommel natürlich), die auseinandergerollt über Ohren und bis zum Hals herunterreicht und nur einen Gesichtsausschnitt hat. Sie kann nachts als Schutz vor Wärmeverlust beim Schlaf getragen werden und wird tagsüber mehr oder weniger weit hochgerollt, um der jeweiligen Witterungslage angepaßt zu sein. In warmen Regionen braucht man einen Hut, der vor Sonnenstrahlen genausogut wie vor einem Regenschauer Schutz bieten kann und zusammengerollt wenig Platz einnimmt, den Busch- oder Dschungelhut aus Segeltuch. Er ist nicht schön, dafür aber praktisch und muß von Zeit zu Zeit mit Imprägnierungsspray nachbehandelt werden, um seine wasserabweisende Eigenschaft zu behalten. Mit seiner Rundumkrempe ist er weitaus besser als jedes Barett oder jede Feldmütze mit Schirm.

3. **Messer:** In einer Notlage ist das Messer in erster Linie Werkzeug, nicht Waffe. Für den Set brauchen wir ein verhältnismäßig kleines, leichtes Messer mit feststehender, scharfer Klinge. Aufgrund der räumlichen Anforderungen an die Basis-Notpackung kommt nur ein Klappmesser in Frage. Es muß mindestens eine feststellbare Klinge haben und so groß sein, daß es bequem in die Hand paßt und beim Aufwirken und Schneiden genügend Druck auf die Klinge ausgeübt werden kann. Das

Verschiedene Klappmesser: Oben Buckknife und Bucklite (Klingenlänge: 7,5 cm, Gewicht: 90 g) darunter ein GI-Büchsenöffner und ein Traveller (Klingenlänge: 11 cm), links außen ein Frankonia-Jagdmesser mit Aufbruch und Sägeklinge, rechts ein auseinandernehmbares Taschenmesser-Besteck.

»Bucklite« entspricht diesen Anforderungen in fast idealer Weise. Es ist klein genug, um auch bei Gesetzeshütern keinen Argwohn zu erregen und nimmt im Pack nur wenig Platz und Gewicht ein.

4. **Taschenlampe:** Eine Lichtquelle ist überlebenswichtig – als Signalgerät und zur Orientierung bei Nacht. Nur wenige Stadtmenschen wissen, was eine wirklich stockfinstere Nacht in freier Natur bedeuten kann, bei der man blind vom Weg abkommt, in Gebüsche stolpert, gegen Bäume rennt und nicht einmal den Boden unter den Füßen sieht. Die Notlampe muß widerstandsfähig und langlebig sein, leicht und wasserdicht. Die amerikanische Firma »Tekna« hat eine Auswahl solcher Lampen, von denen das Modell »Tekna-Lite 2« den Gegebenheiten des Basis-Sets am besten entspricht. Ohne Batterien knapp 50 Gramm schwer, wird es von zwei 1,2 V Mignonzellen gespeist und kann mit einer kurzen Drehbewegung des Kopfteiles an- und ausgestellt werden. Ein unabsichtliches Anstellen im Rucksack oder in der Tasche – wie es immer wieder bei den handelsüblichen Taschenlampen mit Schieber geschieht – ist durch diese Schraubgewindekonstruktion aus Plastik ausgeschlossen. Das Tekna-Lite 2 ist nicht billig und liegt mit Ersatzbatterien bei rund 50,– DM, aber es ist den

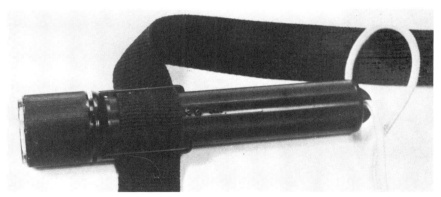

Tekna-Lite 2. Diese Taschenlampe ist klein genug, um sie mit den Zähnen halten zu können, wenn beide Hände gebraucht werden.

zahlreichen billigen Kleintaschenlampen japanischer und europäischer Herkunft haushoch überlegen. Nach Entfernen von Birnenhalterung und Reflektor (ein Handgriff!) kann der abgeschraubte Kopf mit seiner konvex geschliffenen Sammellinse als Brennglas benützt werden.

Die Tekna hat zwei Riemenhalterungen: einen Ring am Ende und zwei schmale Schlitze im Mittelteil. In den Ring kommt eine Nylonschnur von etwa 80–90 cm Gesamtlänge zur Schlaufe zusammengebunden. Wird der Basis-Set auseinandergenommen, muß die Lampe stets griffbereit und vor Verlust gesichert am Körper getragen werden, die Schlaufe kann um den Hals gelegt, die Lampe einfach vorn unter die Kleidung oder in eine Brusttasche gesteckt werden und ist so stets griffbereit ohne Suchen zur Hand. Ähnlich kann man auch mit Gürtel und Hüfttasche verfahren. Durch die beiden Schlitze wird eine Klettbandvorrichtung bezogen, so daß man die Lampe innen am Unterarm festmachen kann und so beide Hände frei hat, wenn man allein ist. Mit dem Klettband wird die Lampe mit dem Survivalpack verbunden. Zwei in Plastik eingeschweißte Reservebatterien gehören zur Reserve in den Packen.

5. Feuer: Als primäre Energiequelle zum Feueranzünden in Notsituationen dienen Streichhölzer. In den Basis-Set gehört mindestens eine Schachtel mit Sturmhölzern, in ein wasserfestes Behältnis gepackt (Filmdose oder ähnliche verschließbare Plastikdose aus dem Campinghandel). Als Notvorrat werden mindestens 50 bis 100 Hölzer gebraucht. Von Benzin- oder Gasfeuerzeugen ist abzuraten: Benzin verdunstet zu schnell und Langzeitversuche haben ergeben, daß selbst die im Handel erhältlichen Einweggasfeuerzeuge ihren Inhalt über den Zeitraum von einem Jahr verlieren können. Zu den Streichhölzern gehört Anzündermaterial. Trockenbrennstoff in Form der »Feuersticks« oder Esbit-Tabletten soll für extreme Notlagen eine Hitzequelle bieten, mit der man auch feuchtes Reisig oder anderes Brennmaterial anbrennen kann. Besonders die Esbit-Tabletten müssen wasserdicht verpackt sein, in feuchtem Zustand sind sie unwirksam. Alle anderen Feuerquellen, wie Magnesiumstab oder »Perma-Match« sind zweite Garnitur, die man dabeihaben kann, aber von denen man nicht zuviel erwarten sollte!

6. Baumaterialien: Mit den Teilen 1–5 des Basis-Sets sind die Mittel gegeben, um eine oder mehrere Nächte zu überstehen: Biwaksack oder Rettungsdecke genügen zum Errichten einer Schutzhütte oder Notunterkunft; ein Feuer mit Reflektor davor und der Pudel auf dem Kopf sorgen für die nötige Wärme, damit wir Ruhe finden können. Das Messer muß zum Aufspalten kleiner Zweige und dem Schnitzen des »fuzz-sticks« herhalten und ähnliche

Wasserfeste und Sturm-Zündhölzer in ihren Originalpackungen. Die Sturmhölzer (»DDR«-Ware) sind stark schwefelhaltig, und das Einatmen der Dämpfe ist entsprechend gesundheitsschädlich. In der Mitte eine alte Filmdose als wasserfeste Zündholzschachtel, links davor ein Magnesiumstab, der als »Survival-Feuerzeug« angepriesen wird – mit dem Messer wird etwas vom Block abgeschabt und durch Funkenschlagen am eingelegten Stab entzündet. In der Praxis ist ein Feuermachen mit diesem Magnesiumblock zwar nicht unmöglich, aber eine viel schwierigere Angelegenheit als die Gebrauchsanleitung vermuten läßt.

Die von BCB in Cardiff hergestellten »Lifeboat Matches« sind die besten Survivalstreichhölzer, die es derzeit auf dem Markt gibt (Bezugsquelle: AfT Berlin). Die wasserdichte Schachtel mit ihrem 3-cm-Durchmesser enthält 25 Hölzer, die wasserfest beschichtet sind und auch im Wind gut brennen. Dafür sind sie nicht billig: DM 2.50 pro Dose.

Arbeiten beim Herstellen von Windschutz oder Lean-to verrichten. Man kann zur Not ohne weitere Bauhilfen auskommen, aber das Anfertigen einer Zweighütte oder eines Notzeltes geht mit etwas Schnur schneller und einfacher. Schnur nimmt nicht viel Platz ein, denn sie wird unserem Survivalset nicht etwa als Bündel beigegeben, sondern außen um die fertige Packung als Zusammenhalt herumgewickelt. Für Überlebenssituationen ist die amerikanische »550 Schnur« weit besser als alle handelsüblichen Hanfstrippen, auf die man nur zurückgreifen sollte, wenn an die 550er nicht heranzukommen ist. Diese olivgrüne Nylonschnur ist auf 500 Pfund Reißfestigkeit getestet – das heißt, man kann sich zur Not daran abseilen! Im militärischen Gebrauch dient sie als Fallschirmleine, und Fallschirme wurden früher oft genug dieser wertvollen Miniseile beraubt. Heute kann man diese Leinen in Längen bis zu 100 yards bei entsprechenden Firmen auf dem Postweg beziehen. Zehn bis zwanzig Meter dieser Leine sind für das Basis-Set nicht zuviel, vor allem, wenn das Set in zwei Teile verpackt wird. Im Innern des Nylonmantels befinden sich 7 Nylonfäden. Man kann also ohne zwei oder zwei 550er »kannibalisieren« und die Fäden zum Reparieren von Kleidung und Ausrüstung, zum Nähen, zum Herstellen eines Fischnetzes oder ähnlichem mehr verwenden. Die 550er Fallschirmschnur ist witterungs- und feuchtigkeitsunabhängig und verträgt nur eines nicht: Feuer. Die offenen Enden der Nylonschnur müssen auch mit einer Flamme versiegelt werden, damit die Leine sich nicht aufräufelt. Eine unmilitärische und längst nicht so haltbare Alternative ist die beim Südwest-Versand erhältliche 4 mm Poly-Zeltschnur, die es für 5,95 DM pro 20 Meter gibt.

Draht ist das zweitwichtigste Behelfsmittel in der Wildnis. Während Schnur aufgrund der ihr innewohnenden Elastizität beim Festmachen von Zeltbahn, Biwaksack und Lean-to-Stangen benützt wird, dient der Draht zum Fixieren von Verbindungen, die einfach nur stabil sein sollen: Beim Gerüst des Schutzdaches aus Zweigen, beim Herstellen eines Tragegestells oder des Kochdreibeins fürs Feuer. Sogenannter Gärtnerdraht ist dünn und biegsam und ist für wenige Mark in jedem Eisenwarenhandel zu haben. Fünf bis zehn Meter werden von der Haspel abgerollt und dem Survial-Pack a) als flache, handtellergroße Rolle und b) um

Streichholz- oder Pillenbüchse gewikkelt beigegeben. Dieser Draht wird für Kleinwildschlingen benutzt.

Ohne Angelsehne sollte man nie auf Reisen gehen; diese dünnen Nylonfäden sind als Reparaturmittel und Notbehelf unersetzlich! In den Survivalset kommt daher ein kleines Bündel mit rund 50 m Angelsehne, die neben ihrer ursprünglichen Aufgabe – dem Fischen – für die Reparatur von Leder und Kleidung, als Bindemittel und für die Herstellung von weiteren Fangschlingen vonnöten ist. Für alle diese Zwecke ist die Angelsehne »Ultra Damyl 2000« von D.A.M. mit einer Stärke von 0,5 mm und einer Reißfestigkeit von 11,5 kg kräftig genug. Für den Basisbedarf sind 50 m mehr als ausreichend. Eine solche Länge läßt sich auf ein Bündel von 2 cm Durchmesser und 9,5 cm Länge zusammenrollen. Mit dieser Sehne läßt sich auch die Rettungsdecke als Notzelt oder Lean-to aufspannen. Mit Draht und Sehne ist bereits ein Teil der Nahrungssuche in der Überlebenssituation angesprochen:

7. **Drei bis fünf Angelhaken** verschiedener Größen mit Senkblei werden mit je einem kurzen Stück Sehne versehen und in einem kleinen, flachen Plastikbeutel eingeschweißt oder so zwischen zwei selbstklebende Klarsichtfolien gelegt, daß sie vor Verlust gesichert sind und nur noch mit dem Messer herausgetrennt werden. Schwimmer und Angelruten liefert die Natur.

8. **Als Notvorrat** und Gewürz: Bouillonwürfel.

9. **Teebeutel,** bevorzugt Hagebutte und Pfefferminz wegen der beruhigenden Wirkung auf Magen und Darm. Suppenwürfel und Tee werden zuletzt zum Set dazugepackt, nachdem sie in kleine Plastikbeutel verschlossen wurden. Menge – je nachdem wieviel Platz noch im Pack ist, aber nicht weniger als 2 Brühwürfel und 5 Teebeutel!

10. **Notnahrung:** Wenn alle Angelsehnen gerissen und die Fallen leer sind, greift man auf diesen eisernen Vorrat zurück. Die Auswahl sollte je nach Geschmacksrichtung des Benützers entweder in Art der Schoko-Energieriegel oder der Compactnahrung aus dem Seenotbereich sein, wie die SR- oder STD 500 Rationen.

11. **Wasserentkeimungstabletten** Micropur, mindestens 25–50 Tabletten.

Eine Tablette reicht für einen Liter. Jedes in der Natur gefundene Wasser (und in vielen Ländern auch das Leitungswasser!) sollte mit diesen Tabletten behandelt werden.

12. **Plastikschlauch,** Länge 25–30 cm, zum Aussaugen von Flüssigkeit.

13. **Wassertransportbehälter:** faltbarer Ein-Liter-Container mit Schraubverschluß $10 \times 10 \times 10$, oder entsprechende verschließbare Plastikbeutel.

14. **Als Kochtopf,** Transport- und Schutzbehälter, Trinkbecher und Teller wird die Aluminiumbox gebraucht, die man im Globetrotterhandel in Preislagen von 8,50 DM bis 19,50 DM je nach Größe und Ausführung unter Namen wie »Trangia-Alu-Box«, Stullenbüchse oder Safety-Box erhält. Hier hinein kommen die vielen Kleinigkeiten des Survivalsets.

15. **Erste Hilfe:** Eine Rasierklinge, Aspirin-Tabletten, ein Satz Pflaster, Mullkompressen oder Mullbinde, Leukoplast-Klebeband in breiter Ausführung, drei elastische Klammern. Nach individuellem Bedarf sollte diese Notapotheke noch vervollständigt werden, so z.B. bei empfindlichen Magen-Darm-Trakt mit einem Satz Tabletten gegen Durchfall, Darmkrämpfe und Gastritis. Zwei weitere Zusätze haben sich in der Praxis in allen Klimaregionen bewährt: Jod oder Jodtinktur und ein Stift mit Lippenschutzsalbe. Zusammen mit dieser Notausstattung werden auch Nähnadeln und Faden aufbewahrt. Auch eine kleine Pinzette sollte mitgenommen werden, sofern der Platz ausreicht.

16. **Signalmittel:** Feuer, das Licht der Taschenlampe und Rauch sind unsere primären visuellen Mittel, um auf uns aufmerksam zu machen. Die Rettungsdecke mit ihrer breiten, reflektierenden Silberfläche ist aus der Luft von weitem zu entdecken. Als nächstes wird ein Signalspiegel benötigt, mit einem Loch in der Mitte, das ein Anpeilen erleichtert. Der Spiegel darf nicht zu klein sein, 7,5 cm Höhe und Breite ist das Minimum, sonst kann man gleich die Messerklinge benutzen! Natürlich scheidet Glas aus, und so wird ein Metallspiegel für den Set präpariert: Damit die Spiegelfläche nicht zerkratzt wird, bekommt sie einen Schutzüberzug aus leicht zu entfernendem Klebeband. Auf die Rückseite wird mit

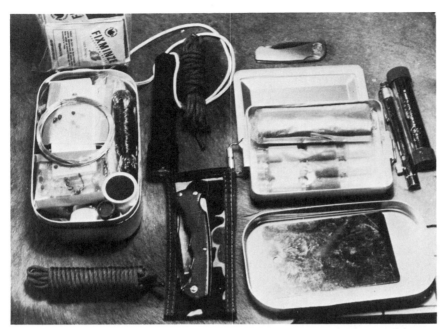

Links die Alu-Stullenbox mit gummiverkleidetem Handgriff, in der die hier aufgezählten Teile verstaut sind. Rechts unten der Deckel mit Spiegel, darüber eine zweite Trangia Box mit Signalgerät, Raketen und einer weiteren Iso-Folie plus einem kleinen S & W Klappmesser mit feststehender 6-cm-Klinge. Bucklite und Taschenlampe werden mit den hier noch zusammengerollten 550er-Schnüren (Bezugsquelle: Brigade Quartermaster, USA) an die Alu-Büchse festgeschnürt.

durchsichtiger Klebefolie eine Tabelle mit dem Morsealphabet geklebt. Hilferufe tragen nicht weit und erschöpfen sehr schnell den Rufenden. Der Basis-Set enthält deshalb eine Signalpfeife aus Metall – Hände weg von den kleinen Plastikpfeifchen, die eher für den Kindergarten als für eine Notsituation brauchbar sind. Bereits zum Luxus gehört ein Abschußgerät für Signalsterne, und jeder muß für sich selbst entscheiden, ob er dieses zusätzliche Gewicht in Kauf nimmt. Für die Größenordnung des Basis-Sets kommen lediglich die Signalstifte in Frage, mit denen man einzelne Signalsterne abfeuern kann.

17. Die Taschensäge ist gleichfalls bereits dem Luxusbereich zuzuordnen, da sie aber mit 20 g wenig wiegt und zusammengerollt einen Durchmesser von 5 cm hat, kann man sie getrost zum Basis-Set hinzufügen, wenn noch Platz ist. Vor billigen Ausführungen sei gewarnt, die bessere Ausführung ist an den unterschiedlich großen Ringen und der Aufhängung des Sägedrahts zu erkennen. Sie kostet in Deutschland etwa 16,– DM und kann zur Not auch als Würgeschlinge zum Fang von Niederwild benutzt werden.

18. Kein Luxus ist ein Notizblock und Bleistift zum Schreiben – um Mitteilungen zu hinterlassen, wenn man sich vom Unglücksort entfernt, um ein Tagebuch zu führen zwecks Übersicht. Beides wird in Plastikbeutel verpackt, die uns in der Notfallsituation auch als Transportbehälter für Eßbares, für Wasser und eingesammeltes Zündmaterial dienen können. Die Rückseite des Schreibblocks wird mit einer kleinen Tabelle der wichtigsten internationalen Rettungszeichen beklebt und mit Klarsichtfolie abgedeckt.

Wohin nun mit der Survival-Notpakkung? Eine Gürteltasche kommt als erstes in den Sinn und viele Bücher empfehlen einen Rettungsgürtel, an dem auch noch Feldflasche, Handbeil oder Fahrtendolch hängen. Dies ist nur mit Einschränkung ratsam – auf kurzen Wanderungen, Jagdausflügen und ähnlichen Unternehmungen, bei denen man nicht mit einem Rucksack belastet ist, dessen Hüftgurt auf die Taschen des Gürtels drückt. Außerdem verführt ein derart belasteter Rettungsgürtel laufend zum Abschnallen. Man kann den Inhalt des Basis-Sets in zwei oder drei Teilpackungen aufteilen und sie so in die Tasche einer Jacke oder Hose verstauen. Wer einen Schritt weitergehen will, wird Rettungsdecke, Messer und die anderen Materialien in das Futter einnähen, sofern sichergestellt ist, daß die betreffende Jacke oder Weste immer am Mann bleibt. Dies entspricht in groben Zügen den Prinzipien der Luftwaffen-Survivalweste und ist besonders denjenigen Alternativreisenden und Abenteuerlustigen zu empfehlen, die mit einer Kameraausrüstung ausziehen: Besser – weil weniger störend und leichter zu tragen – als herkömmliche Fototaschen sind Ausrüstungswesten, in deren Taschen Objektive und Filme verstaut werden. Da man sich kaum von einer solch wertvoll gefüllten Weste trennen wird, ist der Notpack hier am besten aufgehoben. Fotowesten kann man sich selbst nähen oder eine der billigen Anglerwesten umgestalten – die werksmäßig gefertigten Westen für ganz Betuchte sind von Lowe und anderen amerikanischen Herstellern ab 200,– DM aufwärts zu beziehen.

Der Verfasser hat den Basis-Set als eine Einheit in eine kleine Tasche verpackt, nachdem die einzelnen Elemente auf ein Mindestmaß zusammengerollt und – sofern nötig – in Plastikbeutel verschlossen wurden. Die Tasche wurde in Heimarbeit mit einer eigenen Aufhängung versehen: Nylonbänder wurden als Schlaufen an die Rückseite

Die Coghlan-Drahtsäge, Ausrüstungsstück des britischen SAS, kostet bei AfT in Berlin DM 13.– und ist damit auch nicht wesentlich teurer als japanische Billigkopien. Der Sägedraht ist 60 cm lang und kann – wie hier vor einem Kaninchenloch – auch als Schlingenfalle eingesetzt werden.

In den meisten großen Camping- und Tramper-Geschäften kann man Nylonriemen vom Meter und Fastex-Verschlüsse in allen Größen kaufen. Mit geringem Zeitaufwand kann sich so jeder Trageriemen, Zusatzbefestigungen für Rucksack und Tragegestell selbst herstellen. Auch die kleinen Tanka-Zugverschlüsse sind als Ersatzteile wertvoll. Preislich bewegt sich dieses Zubehör unterhalb der Fünf-Mark-Grenze und ist damit billiger und haltbarer als fertige Riemen vom Sattler.

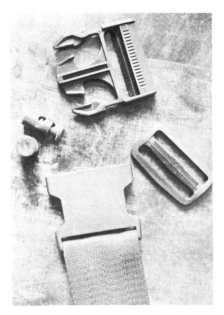

des Packs genäht und erhielten je einen Fastex-Verschluß, der mit einem Gegenstück am Rucksack korrespondierte. Andere Fastexschließen befinden sich an der Photoweste, der Phototasche, einem Hüftgürtel, im Auto usw., so daß der Basis-Set je nach Bedarf mitgenommen werden kann und seinen festen Platz hat.

Der Inhalt des Basis-Sets stellt natürlich nur das absolute Minimum dar, das man zum Überleben und Durchschlagen in der Wildnis braucht. Wer einen Jagdurlaub, eine Extremtour oder einen Abenteuertrip mit Rucksack oder Kanu plant, wird natürlich das hier Genannte mit einer Grundausstattung an Kleidung, Gerät und Zelt ergänzen. Der Inhalt des Basis-Sets sollte auch nicht doktrinär als unveränderbar angesehen werden – je nach individueller Vorliebe, nach Terrain und Klima können einzelne Teile weggelassen oder hinzugefügt werden. Der Kopfschutz ist zum Beispiel eine solche Variante. Trägt man sowieso immer einen Hut, braucht man keinen im Basis-Set. Hat man einen besonderen Erste-Hilfe-Set am Mann, der über das hier Aufgezählte hinausgeht, kann dieser Teil des Survival-Sets durchaus für etwas anderes ausgetauscht werden. Ähnliches gilt für Wasserflaschen oder einen Poncho, die am Trageriemen oder am Gürtel befestigt sein können; in bestimmten wasserreichen Regionen ist z. B. auch die Mitnahme eines kleinen Fischnetzes zu empfehlen. Dem Einfallsreichtum und der Innovationsfreude soll mit der obigen Checkliste keine Begrenzungen auferlegt werden.

Es ist ratsam, die einzelnen Elemente des Sets gemäß den hier vorgegebenen Blöcken zusammenzupacken, so daß man bei Bedarf alles im richtigen Zusammenhang zur Hand hat.

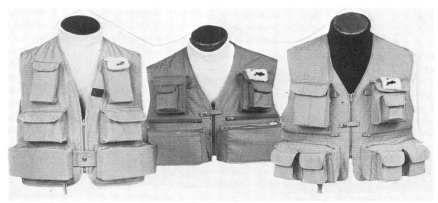

Oben rechts: Eine USAF Rettungsweste, die bei Brigade Quartermaster rund 65 Dollar kostet. – *Unten:* Anglerwesten gibt es in den verschiedensten Ausführungen, auch mit eingebauter Schwimmweste, was besonders bei Kanu-Touren hilfreich ist.

Basis-Set-Checkliste

2 Isolationsdecken oder
1 Rettungssack u. 1 Iso-Decke
1 Kopfschutz (Pudel/Hut)
1 Messer
1 Taschenlampe/Reservebatterien
50 Streichhölzer (min.)
5 Feuersticks oder
5–10 Trockenbrennstoff-Tabletten

2 Brühwürfel
5 Teebeutel
1–2 Riegel Compactnahrung
25–50 Micropur-Tabletten

Signalspiegel
Pfeife
Notizblock/Stift
Taschensäge
Signalraketen und Stift

Nylonschnur, 10 m

Draht, 20 m
Angelsehne, 50 m
3–5 Haken mit Blei
Plastikschlauch, 25 cm
Wasserbehälter
(Beutel o. Faltkanister für 1 l)

1 Rasierklinge
Satz Pflaster (5–6)
2 Mullkompressen u. 3 Klammern
Leukoplastband
Nadeln, Faden, Pinzette
Jodtinktur
div. Tabletten
Lippenschutz

Metallcontainer in Büchsenform

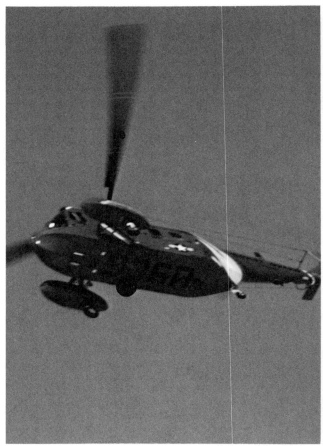

»Whop-Whop-Whop«... der Sound der Rettung: Ein SAR-(Search and Rescue)-Hubschrauber der Küstenwache im Überflug. Jetzt entscheidet es sich: Welche Mittel hat man zum Signalisieren?

Rauchbomben aus Militärbeständen funktionieren auch unter Wasser und sind sehr gute Signalmittel. Achtung: Der Rauch ist giftig; in trockenem Terrain kann die Rauchbombe Brände verursachen!

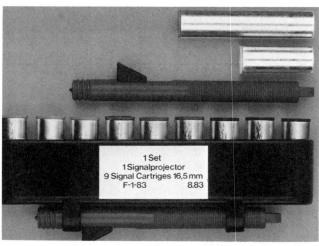

Das Signal-Set 11009 der deutschen Firma Feistel hat auch die Zustimmung der US-Küstenwache gefunden. Die Raketen steigen über 70 m hoch und der Signalstern brennt 6 Sekunden.

Handpatrone für Signalsterne mit Fallschirm: Steighöhe ca. 70 m; Leuchtzeit 12 Sek. Hersteller: Feistel GmbH, D-6719 Goellheim.

Januar 1985, West Virginia/USA:
Auf dem Weg in einen Wintersportort blieb ein junges Paar in einem Schneesturm in den Bergen stecken. Es dauerte zwei Tage, bis Helfer das Fahrzeug entdeckten. In dieser Zeit fiel die Temperatur bis auf −36°C. Das Paar überlebte mit nur geringen Unterkühlungen, obwohl sich selbst im Wageninnern Eiszapfen gebildet hatten.
Als die Wagenheizung wegen Benzinmangels ausfiel, verbrannten die Insassen schrittweise die Wagenpolster. Der Mann zerschnitt die Bezüge in kleine Streifen, tränkte sie in Öl aus dem Motor und zündete sie in einer leeren Konservendose an, die zwei Tage lang als Heizapparat herhalten mußte. Zusätzlich umwickelten beide nachts Gesicht, Hände und Füße mit Verbandsmull aus dem Erste-Hilfe-Kasten des Fahrzeuges!

Notausstattung für das Fahrzeug

Jeder Autofahrer kennt die unangenehmen Situationen, wenn man mit dem Fahrzeug auf Reisen ist und es plötzlich nicht mehr weitergeht: Der Stau auf der Autobahn oder am Grenzübergang, der leere Benzintank auf der Landstraße mitten im Wald und in der Nacht, die Panne abseits jeder Tankstelle und Ansiedlung. Man sitzt fest und es wird dunkel. Mit jeder weiteren Stunde wird die Lage ungemütlicher, die Temperatur im Fahrzeuginnenraum sinkt, die Gewißheit, daß nun auch keiner mehr kommt, wächst und der Magen grollt. Wer einmal solch eine Nacht im oder am Wagen zugebracht hat, macht sich Gedanken, wie er bei einer Wiederholung der mißlichen Lage besser vorbereitet sein kann. In weniger dicht besiedelten Gebieten Europas oder bei einer plötzlich einbrechenden Schneekatastrophe in der Art des Winters 1978/79 kann das Übernachten im Fahrzeug zur Überlebensfrage werden. Bei Schneetreiben, Gewitter oder Nebel ist es nicht ratsam das Fahrzeug zu verlassen, um zu Fuß das nächste Haus zu erreichen, wenn man nicht genau über Wegstrecke, Richtung und eigene Position Bescheid weiß. In vielen Gebieten der Welt ist eine Notausrüstung im Wagen fast schon eine Selbstverständlichkeit, und jeder kennt die Verhaltensmaßregeln, wenn er mit seinem Fahrzeug durch eine Panne draußen übernachten muß, oder im Schnee- oder Sandsturm festsitzt.

Der Basis-Set würde auch einem mit dem Fahrzeug Gestrandeten weiterhelfen und ihn mit dem Nötigsten versorgen. Aus Prinzip gehört daher der Survivalpack bei jeder längeren Autofahrt mit zum Gepäck, man kann aber auch auf dem gleichen Prinzip aufbauend eine Notausstattung zusammenstellen, die immer im Fahrzeug verbleibt. Anders als beim Survivalpack braucht man kaum Kompromisse an Gewicht und Platz eingehen; da jedes Fahrzeug über eine Autoapotheke verfügt, fällt dieser Bereich weg, während man bei der Nahrung andere Wege einschlagen kann. Zwar soll diese Notausstattung sich in den Grenzen der denkbaren Notfälle halten und nicht den gesamten Kofferraum ausfüllen, aber Gewicht und Ausmaß der einzelnen Elemente sind bei der Mitnahme in einem Fahrzeug zweitrangig. Die nachfolgende Zusammenstellung geht von Ernstfällen aus, die von der Pannenreparatur im strömenden Regen über Staus, Nothilfe am Unfallort bis zum Übernachten im Schneesturm reicht und nicht in die Kategorie der Fahrzeugexpedition hineinstößt. Bei einer Reise mit Expeditionscharakter bildet die hier geschilderte Notausstattung nur einen Ausgangspunkt für die Ausrüstung des Fahrzeugs.

1. **Die Rettungsdecke** gehört auch ins Auto, wo sie sowohl als Kälteschutz für den Fahrer als auch bei der Versorgung von Verletzten dienlich ist. Zwei solcher Alu-Folien sind das mindeste, was ein Autofahrer mitführen sollte. Eine gehört in die Tasche der Notausstattung, die andere in den Kasten der Ersten Hilfe.

2. **Poncho** – nicht die dürftigen Zivilausführungen, sondern das militärische Modell mit umgenähten Rändern, Ösen, Druckknöpfen und Kapuze aus festem Nylon. Dieser Poncho wird zusammengerollt auf die Nottasche geschnallt, wo er sofort greifbar ist, wenn mal im Regen ein Rad gewechselt werden muß! Ein solcher Poncho ist nicht

Ab einer bestimmten Schneetiefe hilft auch ein Vierradantrieb nicht weiter!

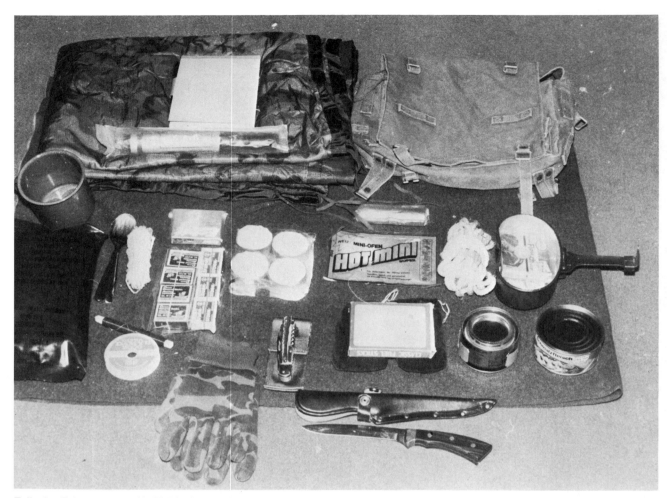

Teile des Fahrzeugsets. Als Mahlzeiten sind hier eine Büchse Schmalzfleisch, eine MRE-Packung und Suppenwürfel nebst einer Büchse Brot/Kekse vorgesehen. Der Pack enthält außerdem zwei Taschenöfchen und einen »Mini-Ofen«-Beutel: Dieser »Hot Mini« schafft auf chemischem Weg ohne Feuer Wärme, indem die Plastikhülle geöffnet und der darin enthaltene Beutel etwas durchgeknetet wird – für einige Stunden ist er dann angenehm warm und leistet bei oberflächlichen Erfrierungen eine gute Ersthilfe! Für den Dauergebrauch sind die Taschenöfchen mit Brennstäben oder Benzinfüllung besser.

nur Regenschutz, Schlafsacküberzug, Behelfszelt oder Windschutz zum Kochen, sondern auch – dies ist bei Verkehrsunfällen wichtig! – eine geeignete Behelfstrage: Ein Verletzter kann auf den Poncho gelegt werden und von vier Personen, die an den zusammengerollten Rändern zugreifen, bequem weggetragen werden. Mit zwei Holmen und Ästen versehen, wird aus dem längsgefalteten und zusammengeknöpften Poncho eine richtige Krankentrage.

3. **Wolldecke:** Eine zusammengefaltete Wolldecke hat überall im Auto Platz, und sei es auf dem Rücksitz als Schonbezug der Polsterung. Zusammen mit Poncho, Iso-Decke und einer Wolldecke kann man auch der bittersten Kälte im Fahrzeug trotzen und eine einigermaßen ruhige Nacht durchschlafen. Bei der Auswahl einer solchen Decke sollte man nicht nach opti-

Besser als Esbit-Tabletten, die in geschlossenen Räumen nicht benützt werden können, sind diese Büchsen mit Brennstoff-Gelee, »Firestar« oder »Sterno« genannt. Sie liefern bis zu zwei Stunden eine saubere Flamme, die ausreicht, um eine kleine Mahlzeit oder Wasser im Kochgeschirr zuzubereiten.

Der altbekannte Esbitkocher ist immer noch eine der platzsparendsten Möglichkeiten zu kochen. Zur besten Ausnutzung der Tabletten sollte man aber das Gefäß mit Bedacht auswählen: Ein BW-Kochgeschirr-Oberteil oder wie hier der Feldflaschenbecher ist das größte, was die Esbit-Würfel anheizen können.

schen Gesichtspunkten einkaufen – die in Kaufhäusern oder von Autozubehörläden angebotenen »Decken« verdienen diesen Namen kaum. Sie sind zu dünn gewebt, oft zu klein und im Ernstfall nicht warm genug. Unsere Autodecke stammt aus einem Armee-Surplus-Geschäft, oliv, 2 m × 1,80 m, ist fast 2 kg schwer und aus 94% Wolle. Eine Alternative dazu sind die Poncho-Liner aus polyestergefülltem Nylon, die von der US-Armee als Behelfsschlafsäcke benutzt werden und eine Größe von 120 × 170 cm haben. Sie sind aber in der Regel teurer als die Surplus-Wolldecken.

4. **Messer:** Es wird außen an der Notausstattungstasche angebracht, damit man es ohne Wühlen findet. Entweder ein Fahrtenmesser mit feststehender Klinge oder ein Klapptaschenmesser mit Büchsenöffner, Korkenzieher und ähnlichem, mehr oder weniger brauchbarem Beiwerk – nach Möglichkeit sollte eine Klinge feststellbar sein, um Verletzungen zu vermeiden.

5. **Ein Paar robuster, warmer Handschuhe** für Pannenreparaturen bei kaltem Wetter.

6. **Kopfschutz** gemäß den Kriterien des Basis-Sets.

7. **Taschenöfchen** mit Brennstäben, der bei Reparaturen im Kalten, zum Aufwärmen von Händen und kalten Körperteilen und zum Trocknen von nassen Schuhen und Socken gute Dienste leisten wird.

8. **Stabtaschenlampe** mit Reservebatterien und/oder Warnblinklampe (gehört griffbereit neben den Fahrersitz oder außen an die Nottasche geschnallt).

9. **Zwei bis drei Packungen Streichhölzer,** wasserdicht in einen Plastikbeutel verpackt, der außerdem Kerzen (Teelichter) und einen Esbit-Ofen mit Tabletten enthält. Alternative: Sterno-Büchsen.

10. **Zwei Plastikschläuche:** a) längerer und dickerer Durchmesser zum Ansaugen von Treibstoff aus dem Tank, b) 25 cm Schläuchchen aus durchsichtigem Material für Trinkflüssigkeit.

11. **Faltkanister für Wasser,** optimale Größe 5 Liter, oder Ein-Liter-Flaschen.

12. **Micropur-Tabletten** (für ganz Betuchte oder in bestimmten Regionen Katadyn-Taschenfilter »TF« oder Siphonfilter »SF«), zusätzliche Möglichkeit: der Überlebensstrohhalm.

13. Neben dem Abschleppseil des Fahrzeuges: **Bündel Nylonschnur** oder feste Hanfleine, Draht und Nylonsehne, jeweils nicht unter 10 m Länge.

14. **Kombiwerkzeug** oder Handbeil, kleine Säge und Schaufel und/oder Klappspaten.

15. **Signalraketen** und Abschußgerät, Alternative: Warnfackeln oder Warnblinklampe.

16. **Notizblock** und Stift wie im Basis-Set.

17. In schneereichen Regionen eine **leichte Schaufel** mit großem Blatt zum Freischippen des Fahrzeugs; in der Bundesrepublik reicht dafür zumeist der Klappspaten, aber schon in den Alpen oder im Bayerischen Wald ist die Schneeschaufel ein Muß.

Bundeswehr-Kampfgepäcktasche mit dem Beschriebenen gefüllt und mit angeschnallter Feldflasche. Zusammen mit einer zusammengefalteten Wolldecke ergab alles ein Bündel von 35×35×35 cm. Im Vordergrund die Originaltrageriemen dieses BW-Gepäcks für die Verwendung mit der Koppel.

Für manche liegt der Reiz von Extremtouren nur in Verbindung mit dem Offroadvehikel, wie hier in einem Canyon von Arizona.

Erst mit dem Allradfahrzeug lassen sich große Gebiete abseits der normalen Straßen erschließen, wie hier im israelischen Negew.

Nordsinai, Wadi Arish: Anders als die Sanddünen im Hintergrund bietet das flache, ausgetrocknete Flußbett im Vordergrund eine Piste mit wenigen Hindernissen – allerdings, Vorsicht ist geboten: Wenige Tage vor dieser Aufnahme kamen einige Kilometer weiter acht Beduinen in diesem Wadi um. Regenfälle hatten das breite Flußbett überschwemmt und mehrere Zeltlager fortgespült.

Nevada: Die Samen dieser Sträucher gehörten zur Grundnahrung der Indianer, abseits der normalen Wüstenpiste fanden wir an dieser Stelle die Überreste eines Goldsucher-Camps.

BERGSTEIGEN (Fotos: Walter Gläsel)

Man muß nicht unbedingt in die Dschungel Borneos, an die Quellen des Weißen Nils oder in die Tundra Alaskas, um bei einer Extremtour die eigenen Grenzen zu erfahren. Die europäische Bergwelt bietet viele Möglichkeiten. Rochefort-Grat im Montblanc.

Biwaklager in Schnee und Geröll. Im Vordergrund ein Doppeldach-Spitzzelt, Modell Nanga Parbat.

Nach einem Wetterumschwung, jetzt beweist sich Umsicht bei der Ausrüstungswahl und der Vorbereitung!

18. Nahrungsmittel:

Eine Flasche mit Mineralwasser oder ein, zwei Büchsen sollten bei jeder Fahrt dabei sein. Was man sich für eine einsame Nacht im Auto an Eßbarem vorrätig hält, hängt sehr vom Geschmack des Benutzers ab. Kompaktnahrung als eiserne Ration (falls es doch einmal länger dauert oder zusätzliche Mäuler gefüllt werden wollen) ist nie fehl am Platz. Ein, zwei Konservendosen, etwa Corned Beef, Nasi Goreng oder Hühnerbrühe mit Einlage, nehmen gleichfalls kaum Platz weg und sind lange Zeit haltbar. Zur Grundausstattung gehört darüber hinaus:

a) Teebeutel und/oder Instantkaffee mit Coffeemate,

b) Salz und Zucker,

c) Instantsuppen oder Brühwürfel,

d) Schokoladenriegel (öfter mal auswechseln), Schoko-Cola-Büchsen,

e) eine Packung haltbarer Zwieback, Knäckebrot oder Büchsenbrot,

f) mindestens ein Eßlöffel oder BW-Besteck.

Eine andere Möglichkeit bieten die Salewa-Travellunch-Packungen oder Einmann-Reserve-Rationen aus Armeebeständen, zu deren Zubereitung es höchstens des heißen Wassers bedarf.

Um diese Mahlzeiten zuzubereiten, bedarf es noch eines Koch- und Eßbehälters, wobei man mit einem Alu-Feldflaschentrinkbecher oder dem Oberteil eines BW-Kochgeschirrs gut bedient ist. Nur einen Henkel sollte das Gefäß haben, sonst wird das Kochen und Essen zu umständlich.

Diese Notausstattung wird unter den gleichen Gesichtspunkten sorgfältig in Plastikbeutel verpackt und eingeschweißt, wie der Basis-Survivalset. Damit der ganze Packen griffbereit und transportfähig verwahrt bleibt, bietet sich eine Tasche oder ein kleiner Rucksack an. Als ideale und billige Lösung dient dem Verfasser die Sturmgepäck-Tragetasche der Bundeswehr, welche die beschriebene Ausrüstung kompakt aufbewahrt und als Tragetasche oder Mini-Rucksack aushilft, wenn man das Fahrzeug verlassen will, um zu Fuß die nächste Ortschaft zu erreichen. Diese BW-Gepäcktasche hat genügend Innenraum für Konserven und Einzelteile nebst einer ausreichenden Anzahl Laschen, um alles andere griffbereit an den Außenseiten zu verschnüren. Außerdem nimmt sie im Kofferraum verhältnismäßig wenig Platz ein.

99

Schlafsäcke und Bettrollen

Erst wer eine Nacht ohne Schlafsack oder Decken im Freien zugebracht hat, weiß welche Vorteile eine solche Schutzhülle bietet. Eine solche Umhüllung hat nicht nur die Aufgabe, die vom Körper abgestrahlte Wärme einzufangen und eine Schutzschicht gegen Außentemperatur und in bedingtem Maße gegen Feuchtigkeit zu sein, sie ist darüber hinaus auch eine »psychologische Krücke«: In Decken oder Schlafsack fühlt man sich geborgen und beschützt, man schläft besser und tiefer, man zieht sich förmlich in einen eigenen Kokon zurück. Schon ein Mantel oder eine Jacke, deren Kragen und Kapuze man hochschlägt, kann dieses Gefühl beim Einschlafen vermitteln.

Ein Schlafsack ist aber auch immer ein Kompromiß. Er soll Wärme geben, gleichzeitig möglichst undurchlässig gegenüber Wind und Wetter sein, aber auch nicht das vom Körper abgegebene Kondenswasser am Verdunsten hindern. Allen kann man es nicht recht machen und was dabei raus kommt, wenn man einen Schlafsack möglichst wasserdicht machen will, zeigt das von Bundeswehr-Beschaffungsgehirnen kreierte Modell: Er sollte nicht nur Regen abweisen, sondern auch noch mit Schießärmeln und einer Beinöffnung versehen, Ansitzsack und Mantelersatz zugleich sein. Doch er ist nichts von alledem, sondern ein schlechter bis mittelmäßiger Schlafsack – je nach Außentemperatur! Er saugt den Schweiß und das Kondenswasser wie ein Schwamm auf und – da die Außenhaut ja gegen Regen gummiert wurde – es geht nichts raus. So kann es passieren, daß man bereits vor Tau und Tag bibbernd im klammen Schlafsack wach wird. Auch das Lüften und in der Sonne Trocknen dieses Bundeswehr-Wunders dauert verhältnismäßig lang. Beim neuesten Modell ist man wenigstens soweit klug geworden, die gummierte Außenhaut abknüpfbar zu gestalten, aber dieses Modell kostet – wenn überhaupt im Handel erhältlich – runde 250,– DM, und dafür kann man bereits einen sehr guten Markenschlafsack erhalten, der bei gleichem Temperaturbereich mehr Komfort liefert.

Der Temperaturbereich, in dem der Schlafsack nutzbar ist, bildet den Schlüssel bei der Auswahl dieses Ausrüstungsteils. Den idealen Schlafsack für alle Klimazonen gibt es nicht, mit den Polarmodellen wird man bei Sommertouren in der Lüneburger Heide genausowenig glücklich, wie mit den für Hüttenübernachtungen gedachten Steppdecken-Versionen beim freien Übernachten im Hochgebirge. Die meisten Schlafsäcke sind für Temperaturen über dem Nullpunkt gedacht, auch die herkömmlichen »US-Mumien« – oder »Pilotenschlafsäcke«, die in vielen Surplusläden billig zu haben sind, reichen gerade für Wetterlagen bis 5–10° Celsius. Auch die vom Hersteller angegebenen Temperaturbereiche sind relativ zu sehen. Wie warm man es bei –5° Außentemperatur im Schlafsack hat, hängt auch von der körpereigenen Wärmeleistung ab. Wer also schnell zum Frieren neigt, sollte hier mit Bedacht vorgehen und besser die nächsthöhere Klasse kaufen. Für Survivalzwecke kommt es darüber hinaus auch auf Packgröße und Gewicht an. Als Beispiel: Der Caravan Wings, ein mit Daunen gefülltes Mumienmodell mit Ärmeln, wiegt 1700 Gramm und ist zusammengepackt etwa 40 cm lang und 25 cm dick. Die Ärmel ermöglichen ein Hantieren im Zelt, am Feuer oder mit Kamera/Waffe, ohne den Schlafsack öffnen zu müssen. Der Temperaturbereich wird als zwischen +12° und –5° angegeben. Will man es sehr warm haben, holt man sich die Ärmel nach innen.

Jeder Schlafsack läßt sich in der Wärmewirkung durch einen Überzug erhöhen. Bereits die amerikanischen Armeeschlafsäcke der Weltkrieg-Zwei-Ära machten sich diesen Umstand zunutze, sie hatten einen imprägnierten, schmutz- und feuchtigkeitsabweisenden Außensack über einen mit Daunen gefüllten Mumiensack aus atmungsaktiver Baumwolle. So war ein Trocknen und Lüften des Schlafsackes leicht gemacht. Heute gibt es in jedem Globetrotter-Laden Schlafsacküberzüge aus Segeltuch, Nylon oder dem neuen Wundermaterial Gore-Tex. Die Außenhülle hält je nach Gütegrad Wind, Feuchtigkeit und Schmutz ab und verbessert die Isoliereigenschaften des Schlafsacks. Natürlich schlägt innen zwischen Hülle und Schlafsack Kondenswasser ab, das besonders bei Daunensäcken die Wärmeeigenschaft beeinträchtigen kann – die Ausnahme bilden Hüllen aus Gore-Tex, das zwar Regen abhält, aber den Dunst nach draußen läßt. Ein Schlafsacküberzug ist unerläßlich, wenn man ohne Zelt im Freien campiert, er verbessert den Temperaturbereich um 3–4 Grad. So erhöht sich die Untergrenze bei dem vom Verfasser bevorzugten Caravan Wings auf –10°. Zur Not tut es auch

Der Caravan Wings erlaubt ein Hantieren im Biwak, ohne die schützende Wärme des Schlafsacks zu verlassen, was besonders beim morgendlichen Feuermachen und Kaffeekochen sehr angenehm ist!

Gratwanderung in den Ötztaler Alpen – bei wenigen Sportarten ist das Gemeinschaftserlebnis und das Erfahren der Natur so stark wie beim Bergsteigen. ▶

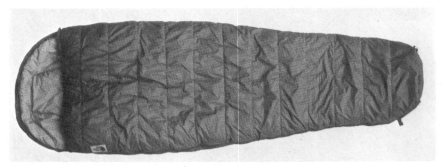

Der »Snowshoe« aus der Polarguard-Serie der amerikanischen Fa. North Face wird als Drei-Jahreszeiten-Schlafsack bezeichnet, er ist statt mit den feuchtigkeitsempfindlichen Daunen mit der Polarguard-Synthetik-Fiber gefüllt, die schneller trocknet, weniger Feuchtigkeit aufnimmt, aber mehr Platz braucht. Die modernen Mumienformen sind im Gegensatz zu früher so groß geschnitten, daß man sich bequem in ihnen drehen kann und sich nicht mit dem ganzen Schlafsack bewegt.

Fjällrävens »Alp & Ocean« mit Synthetikfüllung kostet rund DM 320.– und ist speziell für tiefe Temperaturen und Nässe geschaffen. Die meisten der Fjällräven-Schlafsäcke gibt es in Links- und Rechtsausführung, so daß man zwei Schlafsäcke zusammenschließen kann.

Zwei moderne Biwaksäcke aus Gore-Tex mit eingenähtem Moskitonetz im Kopfbereich. Gewicht: 510 Gramm! Preis: rund DM 300.–.

Felsklettern im Kamin.

eine große Plastikfolie, ein Stoffsack oder der an der Kante verknüpfte und umgeschlagene Poncho.

Biwaksack

Der Biwaksack ist ein Zwischending – Schlafsackhülle, Einmannzelt und Notunterkunft zugleich, und mag für den Einzelwanderer die ideale Lösung sein. Biwaksäcke gibt es in den verschiedensten Ausführungen: Sie reichen vom großen, orangefarbigen Plastikschlauch bis zum exklusiven Gore-Tex-Modell mit wasserabweisender Wanne, eingearbeiteten Moskitonetz und kleinem

Am Ith-Gebirgszug bei Hannover.

Gegenseitiges Vertrauen, richtiger Umgang mit der Ausrüstung und Erfahrung durch Training und Ausbildung reduzieren den Risikobereich beim Klettern. Diese Aufnahme verdeutlicht auch die Bedeutung von Gamaschen und Kniebundhosen, die zum Abkühlen geöffnet werden können, um die Körperwärmung zu regulieren. Gamaschen sind auch im Flachlandschnee eines der wichtigsten Ausrüstungsmittel zum Schutz der Füße.

Zeltgestänge im Kopfbereich. Gewichtsmäßig liegen selbst diese Luxusausführungen bei 500–600 Gramm und stellen damit eine gute Alternative zum richtigen Zelt mit seinem 2-kg-Packen dar, preislich allerdings nehmen sie sich wenig und kosten zwischen 250,– DM und 400,– DM! Mit einem solchen Mini-Zelt kann man selbst bei Schneetreiben und Nieselregen noch halbwegs gut schlafen, bei Platz- und Dauerregen aber ist immer ein Zelt vorzuziehen.

* Als Wegweiser durch Material- und Produktgewirr auf dem Gebiet von Schlaf- und Biwaksäcken, Isomatten und Packbeuteln, sei hier wieder Wolfgang Uhls »Handbuch für Rucksackreisende« empfohlen.

Iso-Matten

Der beste Schlafsack wärmt auf die Dauer nicht, wenn man damit direkt auf dem Boden liegt, innerhalb kürzester Zeit ist selbst von der Sonne ausgedörrter Wüstensand, der eben noch 50° heiß war, ausgekühlt. In einer Survivalsituation wird daher ein Bettlager aus Tannenzweigen, Laub, Heu oder ähnlichem mindestens zehn Zentimeter hoch aufgeschichtet, um eine Schutzschicht vor der Bodenkälte zu haben. Da man beim Survivaltraining – besonders in unseren Breitengraden – beim Sammeln solcher natürlicher Isolation sehr bald auf Grenzen stößt, ist es ratsam, eine Isomatte zur Grundausstattung des Gepäcks hinzuzufügen. Isomatten gibt es ab 15,– DM aufwärts in allen Farben und Formen, sogar mit selbstfüllenden Luftkammern und ähnlichen Schikanen. Der herkömmliche Bettersatz des Campingfreunds, die Luftmatratze, fällt aus Gewichtsgründen für den Survivaleinsatz aus*. Hat man keine Isomatte zur Hand, muß eine andere Unterlage für die notwendige Schutzschicht vor der Bodenkälte sorgen: Eine zusammengefaltete Wolldecke, mehrere Lagen Pappe oder Zeitungspapier, der Poncholiner (sofern

Ein Mittelding zwischen Biwaksack und Zelt sind diese röhrenartigen Kleinstzelte, die es in Einzel- und Zwei-Mann-Ausführung gibt. Ihr Vorteil liegt im geringen Gewicht. Dieses Doppeldach-Modell wiegt einschließlich der Bügel kaum drei Pfund und kostet weniger als DM 200.–.

man der glückliche Besitzer eines solchen Wunders ist!), selbst ein paar Bretter sind besser als die nackte Erde. Recht gut schläft es sich auf einer ausgehobenen Tür, dem Bodeneinsatz aus Schlauchboot oder Kanu, den Fußmatten des Fahrzeugs oder Styropor-Verpackungsplatten.

Der beste Schlafsack nützt nichts, wenn man ihn nicht dabei hat, wenn er gestohlen wurde, im Bach liegt oder andersweitig nicht zur Hand ist. Man kann natürlich eine Nacht auch ohne Schlafsack überstehen, sich am Feuer braten lassen (meist einseitig, während die abgewandte Körperhälfte auskühlt), sich Gras, Heu, Zeitungspapier, Schilf und »Rohrkolbenwolle« zwischen Kleidung und Körper stopfen und auf warme Zeiten hoffen. Keine Schlafsäcke haben die russischen Soldaten. Sie übernachten selbst bei Minustemperaturen in ihren Schnee- und Erdlöchern in eine Zeltbahn gehüllt. Der russische Armeemantel, der fast bis zu den Knöcheln reicht, wird als Schlafsackersatz benutzt, und jeder Rekrut lernt, wie er sich mit Heu, Zeitungspapier oder Lumpen extra Schutzschichten schafft: Dann werden die Beine angezogen, der Mantel fest um Körper und Beine gewickelt, der Kragen hochgeschlagen, das Fußende mit einem Stück Schnur, einem Gürtel oder Riemen zusammengeschnürt, die Ärmel ineinandergesteckt und an Mütterchen Rußland und den Sieg des Marxismus-Leninismus gedacht. Durchfrorene Nächte gehören seit jeher zum Erlebnisrepertoire jedes Sowjetsoldaten, aber selbst an der mandschurischen Grenze kommt es bei den dort im Fronteinsatz gegenüber China winters und sommers ausharrenden Söhnen der siegreichen Arbeiterklasse selten zu Erfrierungen. Die bei »westlichen Armeen« vorhandenen »Parkas« eignen sich für solche Experimente natürlich nicht, sie sind viel zu kurz.

Auch die Bewohner arktischer Regionen kannten ursprünglich keinen Schlafsack. Die aus Pelzen und Fellen von Robben, Eisbären oder Rentieren genähten Hosen und Kapuzenmäntel

 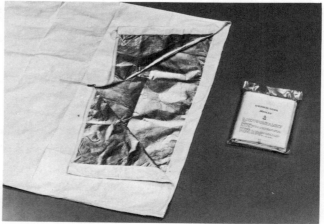

Links: Wer knapp bei Kasse ist, kann sich auch eine solche Ein-Mann-Hundehütte aus Segeltuch selbst nähen. – *Rechts:* Als Bestandteil für Not- und Reserveausrüstungen ist dieser Kälteschutzsack von Söhngen gedacht. Das außen weiße Vliesmaterial ist innen alu-bedampft und wirkt wie die Sirius-Rettungsdecken, nur ohne das lästige Knittergeräusch. Der Einstieg hat Reißverschluß und Zugschnur, der 100 cm breite Behelfsschlafsack ist 205 cm lang und kann auch als zusätzliche Schlafsackhülle zur Erhöhung des Temperaturbereichs benutzt werden. Gewicht: 190 Gramm!

Kletterübung an einem Treppengerüst mit Sicherungsseil...

... und anschließendes Abseilen mit Abseilgerät »Skygenie«.

Links: Abseilen mit Karabiner und einem provisorischem Sitzgurt aus einem Seilende, wie es jeder Survivalist beherrschen sollte. Zweites Seil ist Sicherung!

Rechts: Auch diese Form des Abseilens sollte jeder Survivalist erlernen: Das Seil ist um Oberschenkel, Brust und linke Schulter geführt und hält den Kletterer nur durch Reibung. Diese Methode ist nur beim einfachen Abseilen über kurze Strecken brauchbar, weil Druck und Reibungshitze sonst zu groß werden.

haben, unabhängig von der geographischen Entfernung, etwas gemeinsam: Sie sind so geschnitten, daß ihr Träger nach Zuziehen der Kapuze, Einziehen der Ärmel und dem Zuschnüren der unteren Mantelöffnung darin wie in einem Schlafsack übernachten kann. Die Zweckmäßigkeit dieser Kleidung wurde erst vor kurzem von einem sechsköpfigen sowjetischen Forscherteam bewiesen, die von der Beringstraße bis nach Murmansk 10 000 Kilometer in acht Monaten mit Hundeschlitten zurücklegten. Selbst Schneestürme, bei denen Schlittenhunde erfroren, überstanden die sechs bei −50° Celsius und Windstärken von 30 m/sec. ohne Zelte oder Schlafsäcke, d. h., die reale Temperatur betrug einschließlich des Windfaktors −94° Celsius! Sie waren gekleidet mit dem sackartigen »Mariza«-Anzug der in der Tundra einheimischen Tschuktschen, der aus Kapuzenmantel, Hose und Hemd aus Rentierfell besteht. Zum Schlaf rollten sich die Männer mit den Schlittenhunden zusammen, zogen den Kopf und die Arme in den Mantel ein und verstopften Ärmel- und Halsöffnung. Der untere Teil der Mariza wird um die Knöchel zugebunden, so daß die Schlafenden schließlich nur noch einer länglichen Fellrolle ähnelten.

In einer Notlage muß man improvisieren können, und »Schlafsäcke« lassen sich aus allem möglichen herstellen: Basis ist immer ein Sack oder sackähnliches Gebilde, also auch Kartoffel-, Kohlen- oder Mehlsäcke aus mehrlagigem Papier, Jute oder festem Nylongewebe. Besonders der Schlafsacküberzug eignet sich, da er genau die Mumienform hat. Zwei lange Schaumstoffmatten, oder aneinandergeklebte Schaumstoffreste mit einer Stärke von 2–2,5 cm, in Schlafsackform vernäht oder verklebt, bieten bereits guten Kälteschutz in Verbindung mit einer äußeren Hülle. Ähnlich kann aus Lagen von Zeitungspapier, Teppichstücken, dem Inhalt von Polstermöbeln im Katastrophenfall eine brauchbare Isolierung geschaffen werden, zwischen die man zum Schlafen kriecht. Einzelne Decken, Bettbezüge oder Gardinenstoff, wonach man im Notfall greift, können in ihrer Wärmewirkung erhöht werden, wenn man sie zu einem Schlauch zusammenrollt oder faltet, dessen Fußende mit einer Schnur wie eine Wurst zusammengebunden wird. Ähnlich verfährt man auch mit Fallschirmseide, die um so besser wärmt je mehr Lagen man übereinanderschnürt. Früher waren

Schlafsäcke relativ eng geschnitten, denn je kleiner der um den Körper zu erwärmende Luftraum war, desto schneller erwärmte er sich und hielt die Wärme. Heute sind die Schlafsäcke wesentlich geräumiger, so daß man sich beim Schlafen nicht mit, sondern im Kokon drehen kann. Aber die meisten Markenmodelle in Mumienform haben im Halsbereich eine Schnur zur Regulierung dieser Öffnung, aus der sonst ein großer Teil der warmen Luft entweichen kann.

Ein ähnlicher Kniff wird beim improvisierten Schlafsack benutzt. Ideal wäre eine Situation, bei der nur Mund und Nase des Schlafenden aus einem kleinen Loch herausschauen – und wer über eine genügende Materiallänge verfügt, kann sich eine solche Wurst herstellen, die über den Kopf reicht und nur noch einen kleinen Gesichtsbereich offenläßt. Bei der normalen Sackform aber muß dafür gesorgt werden, daß zur Öffnung hin nicht zuviel Wärme entweichen kann, besonders wenn der Schlafende sich bewegt. Die wärmenden Hüllen sollen so nah wie möglich am Körper sein, und zu diesem Zweck werden um Unterschenkel, Oberschenkel, Hüften und Bauch Schnüre gebunden, die den Sack an den Körper ziehen, ihn aber nicht zu stark einschnüren. Ein letzter Zugverschluß gehört in den Halsbereich. Hier wird eine Schnur so durch Löcher des Schlafsacks geführt, daß sie von innen betätigt werden kann. Bleiben Kopf und Hals von diesem Verpackungsmaterial frei, muß auch hier Abhilfe geschaffen werden: Mehr als 20 % der Körperwärme kann über diese gut durchbluteten Hautpartien verlorengehen. Ein Sack, ein Schal, ein Unterhemd oder ein anderes Kleidungsstück können diesen Wärmeverlust einschränken, wenn man keine geeignete Mütze hat.

Die Deckenrolle

Vor der allgemeinen Verbreitung des Schlafsacks schliefen Soldaten, Wanderer und andere Outdoorgeplagten mit mehreren Decken. Zur Grundausstattung eines US-Bürgerkriegssoldaten gehörten z. B. drei je fünf Pfund schwere, graue Wolldecken von 2,17 × 1,7 m. Legte man eine unter den Körper als Isolierung gegen die Bodenkälte, hielten auch die zwei übrigen Decken noch einigermaßen warm. Sehr bald aber verringerten die Feldzugsveteranen ihr Gepäck; ein oder zwei Decken ver-

schwanden, dafür rollte man sich ohne sich auszuziehen in eine Decke, die zusätzlich mit einer gummierten Segeltuchfläche, dem Poncho, oder mit einer Zeltleinwand abgedeckt war. Nicht viel anders sieht es bei der heutigen US-Armee aus, die für den Einsatz in milden Klimazonen pro Mann einen Poncho und den Poncholiner ausgibt, eine aus Polyesterfaser bestehende »Steppdecke«, die zusammen mit dem Poncho einen hervorragenden Behelfsschlafsack abgibt.

Eine andere Clique von Naturburschen entwickelte im vorigen Jahrhundert aus Decken und Segeltuch ein Campingbett, das auch heute noch seinesgleichen suchen kann und in gewissem Maße als Vorläufer der Biwaksäcke zu sehen ist: Die »bedroll« der Cowboys, die, je nach Region, im Süden nur aus einer Decke und einem Stück Segeltuch und im Norden (»storm roll«) aus einer Kapoksteppdecke, einer Persenning und zwei Wolldecken bestand. Diese Sturmrolle läßt sich auch heute noch mit verhältnismäßig niedrigen Kosten nachbauen. Die Grundlage bildete eine Bahn gummiertes oder anderweitig wasserdicht imprägniertes Segeltuch (Tarpaulin, oder »Tarp«) von etwa 2,10 × 5,40 m Ausmaßen. An den Längsseiten saßen in regelmäßigen Abständen von etwa 50 cm Karabinerhaken und Ösen. Heute könnte man das mit Laschen oder Druckknöpfen vereinfachen. Die Steppdecke wurde nun so mit den beiden Wolldecken kombiniert und gefaltet, daß sie einen rundum geschlossenen Sack bildete. Eine Hälfte der Tarp-Bahn bildete nun die Unterseite, der andere Teil wurde übergeschlagen und an den Kanten zusammengeknüpft. Bei einer Gesamtlänge von über zweieinhalb Metern konnte der Cowboy in diesem Sturmbett abgedeckt liegen oder bei schönem Wetter den Oberteil etwas zurückschlagen. Bei schlechtem Wetter und drohenden Schneefall wurden die Seitenkanten auf jeder Seite rund 20 cm umgefaltet und untergezogen. Trotzdem blieb dieser Schlafsack noch geräumig und schützte seinen Besitzer auch vor Schneestürmen. Nicht wenige Cowboys fanden sich auf den Weiden des Nordens morgens in einer Schneewehe wieder, sie hatten Wetterumsturz und Schneefall einfach verschlafen. Zum Packen wurde die Bettrolle mit den in ihr ausgebreiteten Decken so gefaltet, daß die Karabiner beider Längsseiten nach innen kamen und zusammenschlossen. Die Bahn war jetzt etwa einen Meter breit und wurde zusammengerollt und mit Riemen festgeschnallt. Für heutige Verhältnisse sind die Maße dieses Cowboybetts etwas reichlich*. Fünf Meter Länge und anderthalb Meter Breite der Segeltuchbahn würden auch reichen, besonders wenn zum Schutz gegen Bodenkälte eine Isomatte hinzugefügt wird. Ein solcher selbstgebauter Biwaksack ist nicht nur etwas für Westernfans und Survivalpuristen, sondern auch für Globetrotter mit beschränktem Geldbeutel oder in der Fremde gestohlener Ausrüstung. Segeltuch und Wolldecken kann man fast überall auf dem Globus verhältnismäßig günstig erwerben.

* Die Maße entstammen H. J. Stammels Lexikon »Der Cowboy-Legende und Wirklichkeit«, rororo 1976, wo sich auch Zeichnung und Photo einer solchen Rolle unter dem Stichwort Bett im Band I findet.

Rucksack – den Haushalt auf dem Buckel!

»Das Kind braucht einen Rucksack!« Mit dem Kind war die zwölfjährige Tochter gemeint; die Zeit: 1945, ein Jahr in dem Hunderttausende von Ost nach West und von West nach Ost flüchteten. Zehntausende kamen auf diesen Trecks um, brachen entkräftet in Schneewehen zusammen, verhungerten, oder wurden zu Opfern der sich stetig vorwärtsbewegenden Fronten. Dem Vater waren Flüchtlinge und Flucht nicht unbekannt, er hatte sie 1940 in Frankreich, später in Rußland und auf dem Balkan gesehen, wie sie mühsam ihre Habe in Kartons, Koffern und auf Handkarren mitschleppten. Ein Rucksack war in jenen Tagen wichtiger als eine gutgefüllte Geldbörse, er mußte warme Kleidung, Ersatzstrümpfe, ein Regencape und Nahrung enthalten, damit man auch dann versorgt war, wenn man vom Treck, von seinen Leuten getrennt wurde. Ein Koffer konnte liegenbleiben, konnte in der Hast, der Angst und dem Durcheinander verlorengehen oder gestohlen werden. Ein Rucksack aber blieb immer »am Mann«, auch wenn der Mann nur ein zwölfjähriges Kind war. Beide überlebten, nicht zuletzt wegen der vorausschauenden Planung des Vaters...

Auch heute noch ist ein guter Rucksack Gold wert und trotz des vielschichtigen und farbigen Angebots genauso schwer zu finden, wie ein guter Freund. Da gibt es Tagesrucksäcke für kleine Ausflüge, Globetrotter-Modelle mit massiven Tragegestellen aus Alu-Rohr, traditionelle Kraxen, ausgediente Armeetornister und Packsäcke. Schnell hat man drei-, vierhundert Mark ausgegeben, nur um am ersten Reisetag festzustellen, daß man sich einen wirbelsäulenschädigenden Affen aufgebunden hat. Die nächste Ernüchterung kommt dann beim Auspacken – schnell erweist sich da das teuer bezahlte Stück als Pharaonengrab, das zwar viel enthält, aber nicht das Rätsel preisgibt, wohin denn nun die gesuchten trockenen Strümpfe gerutscht sind.

Ein guter Rucksack muß so gestaltet

Bei dieser Tour durch ein wegeloses, fast unberührtes Bergtal wurden mehrere Rucksack-Konzepte getestet. Das Rahmenmodell im Vordergrund erwies sich als ausgesprochen hinderlich und blieb aufgrund seiner Höhe und des außenliegenden Alu-Rahmens laufend an überhängenden Ästen und Felsen hängen. Der traditionelle Rucksack mit Rückengestell genügte für kurze Ausflugstouren von zwei, drei Tagen, bei denen nicht zuviel Ausrüstung mitgeführt werden mußte.

Zwei Kober Alpamayo-Modelle mit innenliegendem Tragegestell, die sich in diesem unwegsamen Gelände als besonders brauchbar erwiesen haben.

sein, daß die in ihm gelagerten Einzelteile ohne umständliches, vollständiges Auspacken greifbar sind. Er muß eine Anzahl Außentaschen, Riemen und Halterungen haben, um Ausrüstungsteile darin oder daran unterzubringen. Gleichzeitig braucht der zentrale Stauraum ein oder mehrere Unterteilungen, um ein Verrutschen der Ladung zu verhindern. Das Gewicht des Rucksacks wird über Schulter- und Hüftgurte auf den Körper verteilt, das Tragegestell sorgt für den richtigen Sitz am Körper. Rucksäcke ohne Tragegestell in Art der traditionellen Jagdmodelle sind nur etwas für leichte Ladungen und Tagesausflüge. Für längere Strecken oder Reisen mit vollem Gepäck sind diese Varianten zu unbequem – das ganze Gewicht wird nur mit den Schultergurten gehalten, der Rückteil des Rucksacks liegt gegen den Körper an, und schnell ist die Kleidung an dieser Stelle durchgeschwitzt.

Während die Entwicklung militärischer Rucksäcke und Sturmgepäcke allem Augenschein nach 1945 stehengeblieben ist, hat sich seitdem einiges auf dem Freizeitsektor an neuen Rucksack-

Fjällraven Gyro Soft (links) mit innenliegendem Gestell und einem Volumen von 40–60 l und der Rahmenrucksack »Raven Gyro« mit 70 Liter Packvolumen, dessen Hüftrahmen zu den besten dieser Klasse zählt. Preise: DM 349.– und 459.–.

▶▶ **Lowes »Commando« (Preis: DM 698.–)** wurde Ende der Siebziger von Mike Lowe und Tom Cook entwickelt, die beide Ex-Special Forces Offiziere waren und mit ihrem zuerst LOCO genannten Expeditionsrucksack etwas speziell für extreme Bedingungen anbieten wollten. Der mit innenliegendem Tragegestell ausgestattete Softpack kann 30–80 Liter fassen, plus weitere 30 Liter in den Außentaschen und dem ausgezogenen Deckel! Der Deckel kann abgenommen und als Kleinstrucksack benutzt werden. Der Clou des »Commando« ist der Bauchgurt mit integriertem Abseilsitz. Mit den Möglichkeiten zusätzlicher Unterbringung von Skiern, Seilbündel und anderer Ausrüstungsteile ist der »Commando« trotz seines militärischen Namens auch etwas für zivile Extremtouristen, die einen großen, ausbaufähigen Softpack brauchen, mit dem sie sich auch abseilen und zur Not auch Fallschirmspringen können.

▶ **Zu den ausgetüfteltsten Rahmenrucksäcken gehören die der Rückenform angepaßten Jan-Sport-Modelle, die auch individuell verstellbar sind. Die Kraxen sind in zwei unterschiedlichen Ausgangsgrößen erhältlich – für Leute über und unter 170 cm Länge.

designs getan. Die herkömmlichen Leinen- und Baumwollstoffe sind von neuartigen Nylongeweben abgelöst worden. Anhand der von Generationen verfluchten Ledergurte mit Filzunterlagen sind dick wattierte Schulterriemen getreten, und als revolutionäre Neuerung wurde der Hüftgurt eingeführt. Dick Kelty, der in den USA etwa so viel für die Entwicklung des Rucksacks wie Henry Ford für das Auto getan hat, kam als erster auf die Idee, den nach dem Zweiten Weltkrieg aus Alurohr gefertigten Packrahmen mit einem breiten Hüftgurt zu versehen, damit etwa 30–50 % der Gewichtslast von den bis dato strapazierten Schultern auf die Hüften verlagert wurde. Heute gehört der Hüftgurt einfach dazu, und ganze Generationen von Rucksacktouristen können sich nicht mehr vorstellen, wie es ohne diese Erfindung war, als man die schmerzenden Schultern zuerst durch Ziehen an den Riemen, dann durch immer stärkeres Vorbeugen des Oberkörpers zu entlasten suchte, nur um schließlich mit den Händen nach hinten unter den Rucksack zu greifen und ihn anzuheben, bis auch die Hände

Der US-Armee-Rucksack »ALICE« aus Vietnamtagen: Ein Nylonrucksack in mittlerer und großer Ausführung, der drei große Außentaschen und ein Rückengestell hat, das aber wenig taugt. Der Rucksack ist für mittlere Lasten bis 25 Pfund gut ohne diesen Rahmen zu gebrauchen und muß bei größerer Beladung unbedingt mit dem Kraxenrahmen LC-2 kombiniert werden, den es aber in Surplusläden selten zu kaufen gibt.

Schlingen zur Seilbefestigung
RV-Tasche für den Gurt
Befestigungsstift
Sitzgurt

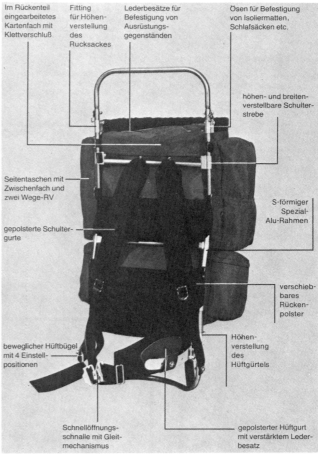

Im Rückenteil eingearbeitetes Kartenfach mit Klettverschluß
Fitting für Höhenverstellung des Rucksackes
Lederbesätze für Befestigung von Ausrüstungsgegenständen
Ösen für Befestigung von Isoliermatten, Schlafsäcken etc.
höhen- und breitenverstellbare Schulterstrebe
Seitentaschen mit Zwischenfach und zwei Wege-RV
S-förmiger Spezial-Alu-Rahmen
gepolsterte Schultergurte
verschiebbares Rückenpolster
beweglicher Hüftbügel mit 4 Einstellpositionen
Höhenverstellung des Hüftgürtels
Schnellöffnungsschnalle mit Gleitmechanismus
gepolsterter Hüftgurt mit verstärktem Lederbesatz

Der gute Sitz und die Brauchbarkeit eines Rucksacks erweist sich bei solchen Einlagen, wo ein Verrutschen den Träger sofort aus dem Gleichgewicht bringen würde. Beim Springen und Klettern zeigt sich auch, ob der Rucksack richtig gepackt ist.

ob dieser ungewohnten Anstrengung zu schmerzen begannen.

Unter ernsthaften Rucksackträgern gibt es heute eigentlich nur noch einen Streitpunkt zum Thema Design: Rahmengestellmodell oder innenliegende Ausführungen, Softpacks genannt. Alle anderen Möglichkeiten, besonders die rahmenlosen Jagdrucksäcke, sind definitiv »out«, weil ihre Lastkapazität kaum für einen Wochenendausflug mit Zelt und Schlafsack ausreicht. Statt dessen ist ein fast unversöhnlicher Streit zwischen den Anhängern von Packrahmen und Softpacks entstanden. Beide Varianten haben ihre Vor- und Nachteile, die hier kurz angeführt werden sollen, um dem Leser bei der Anschaffung die wesentlichsten Kriterien vor Augen zu halten:

– Die Packrahmen-Modelle sind die entfernten Nachfahren der Yukon-Tragegestelle und Kraxen amerikanischer Trapper oder europäischer Bergbauern. Sie fanden eine Neuauflage in den US-Army-Packboards des Zweiten Weltkriegs, die man auch heute noch in Surplusläden finden kann und die für den Transport von Kisten und Kanistern gedacht waren: Es waren einfache 1 m hohe Holzbretter mit Segeltuchbespannung, auf die die Lasten mit Riemen und Schnüren festgezurrt wurden. Der moderne Packrahmen hat an die Stelle des Holzes ein Gestänge aus verschweißten, verschraubten oder bei Billigangeboten verlöteten Leichtmetallröhren gesetzt. Je nach Ausführung und Modell ist dieses Gestell mehr oder weniger stark anatomisch ausgeformt – es kann eine einfache Leiterform haben oder eine dem Rücken nachgebildete S-Form mit Hüftmulden. Der Packsack mit seinen Unterteilungen und Außentaschen wird mit Schlaufen oder Ösen an diesem Rahmen befestigt.

Der Vorteil des Packrahmens liegt in dem Umstand, daß er sehr schwer bepackt werden kann und durch seine rigide Grundform auch Lasten von 100 Pfund aufnehmen könnte. Er kann außerdem dem Besitzer auch als Packbrett für Kisten, Kanister, ein Reh, Holz oder ähnliche Lasten dienen, sobald man den Packsack abgeknüpft hat. Die überall freiliegenden Gestellrohre bieten außerdem die Möglichkeit, zusätzliche Lasten über den Packsack zu schnallen.

Die Nachteile sind durch das sperrige Gestell gegeben, besonders wenn man für die Anreise auf Fahrzeuge, Bahn oder Bus angewiesen ist. Im Gelände kann sich die rechteckige, überall am Körper überstehende Form beim Klettern, im Gesträuch und überhaupt abweits der Wege als sehr hinderlich erweisen. Probleme ergeben sich auch bei der Auswahl: Jeder Körper ist anders, und Hüftbreite, Länge zwischen Schultern und Hüftknochen, sowie Schulterbreite müssen dem jeweils gewählten Rahmen entsprechen. Die meisten Markenfirmen fertigen deshalb zwei bis drei Rahmengrößen von ihren teuren Modellen, aber auch diese Standardgrößen decken sich nicht unbedingt mit den anatomischen Gegebenheiten des Benutzers, der beim Kauf sorgfältige Anproben und Gehversuche unternehmen muß. Schwachpunkte der Rahmengestellrucksäcke sind die Verbindungen zwischen Rohr und Packsack, die Verletzungsgefahr bei Stürzen (einige Expeditions- und Abenteuerreisen-Veranstalter verbieten daher ausdrücklich solche Modelle) und der lockere Sitz des Gestells am Rücken. Bei jeder heftigen Bewegung verschiebt sich das Gewicht seitlich.

– Die Softpacks mit ihren innenliegenden Gestellstangen sind erst seit 1970 auf dem Markt, sie wurden speziell für den Gebrauch im Gebirge entwickelt. Anders als beim Rahmenmodell bildet der Softpack eine Einheit von Riemen, Packsack und Gestell, das lediglich in Form von biegsamen Stangen in dafür genähten Schlaufen im Innern existiert. Der gesamte Rucksack ist schmaler, um den Träger beim Skilaufen, in dichtbewaldeten Terrain oder beim Klettern im Gebirge nicht im Weg zu sein – seine Aufnahmekapazität ist deshalb auch geringer. Ein ausgeklügeltes Schulterriemen-System erlaubt das Anpassen des Rucksacks auf jede Körpergröße und ein Verstellen der Beriemung während des Marsches. Der oder die Träger(in) kann den Packsack an den Körper heranziehen oder ihn etwas senkrechter stellen, um das Gewicht von den Schultern auf die Hüften zu verlagern. Ein Brustriemen sorgt für Armfreiheit, wenn bestimmte Tätigkeiten das erfordern. Bessere (und damit teurere) Modelle haben seitliche Riemen am Packsack, um die Breite bei halber Last zu variieren oder zusätzliche Lasten anzubringen.

Im Gelände ist der Softpack durch seinen engeren Sitz am Körper problemloser – beim Klettern, schnellen Laufen, Skilanglauf oder Abseilen. Für den Extremtouristen und alle, die sich abseits der ausgetretenen Pfade bewegen wollen, ist der Innengestellrucksack von größerem Vorteil als ein Rahmenmodell.

Ein guter Rucksack dieser Ausführungen ist heute kaum noch unter 200,– DM zu haben, mit Außentaschen, Zusatzriemen und Reparaturset liegt der Gesamtpreis eines »Lowe-Softy« im Bereich der 400-Mark-Grenze. Die Rahmengestellrucksäcke beginnen bei etwa 190,– DM für einen Bergans-Telemark und reichen bis 500,– DM für die exklusiven Varianten mit Höhenverstellung von JanSport. Dazwischen liegt eine reiche Auswahl der Firmen VauDe, Karrimor, Kober, Elite, North Face, TomCat und Südwest-Versand – um nur die bekanntesten Markenfirmen zu nennen.

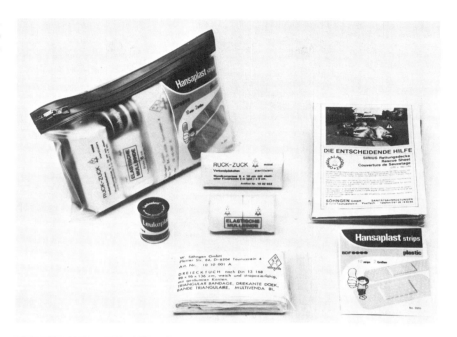

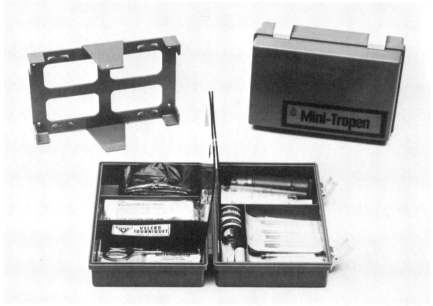

In den Rucksack gehört zugriffsbereit ein kleines Erste-Hilfe-Bündel oder eine Art Hausapotheke, die je nach Reisegebiet und -länge ausgestattet ist. Söhngen bietet u. a. diese zwei Mini-Pakete an, in die man noch zusätzlich etwas hineinstopfen kann: Der verschließbare Plastikbeutel wiegt ab Werk 190 Gramm und ist 21×14×4 cm groß und hat genügend Platz für eine Schere, Pinzette, weitere Pflaster und Tabletten. Der Mini-Tropen mit Fahrzeughalterung ist 18×12×7 cm groß und enthält Schlangenbiß-Set, Einwegspritzen und Verbandszeug. Ähnlich kann man sich auch eine eigene Zusammenstellung von Verbandszeug in einer Alu-Schachtel oder Trangia-Box wasserdicht und bruchfest einpacken und im Plastikbeutel versiegeln. Platz für ein solches Päckchen ist im Rucksackdeckelfach oder in einer Außentasche.

Rucksackersatz

Der Survivalist muß improvisieren können und zur Not auch ohne eines der technisch hochmodernen Rucksackwunder auskommen, wenn es die Situation – oder das selbstgewählte Trainingsszenario – es befiehlt. Ein Tragegestell ist schnell aus Ästen, Schnur oder Draht und einigen Riemen zurechtgezimmert. Handwerklich Begabte können sich auch im Flechten von Tragekörben aus Weidenruten versuchen, so wie sie die Indianer und auch heute noch einige Volksgruppen in Asien und Afrika benutzen.

Seine Habseligkeiten kann man auch in einer Deckenrolle im Stil des amerikanischen (oder spanischen, russischen je nach Vorliebe!) Bürgerkriegs unterbringen: Die Decke wird auf dem Boden ausgelegt und so um die Traglast gefaltet, daß sie am Ende eine Wurst von rund anderthalb Meter Länge ergibt, an den Enden und in der Mitte zusammengebunden. Jetzt braucht man das ganze Gebilde nur noch knicken und an den Enden zusammenschnüren und über die Schulter werfen. Ein zweites Deckenrollenmodell geht sogar noch bis auf das 18. Jahrhundert zurück und ist besonders dann sehr brauchbar, wenn man seine Nahrungsmittel in bulkigen Säckchen oder Beuteln hat, die in der länglichen Deckenrolle schlecht Platz gefunden hätten. Decke oder Segeltuchbahn werden als Bündel so zusammengerollt, daß sie ein Paket von etwa 50–60 cm Länge ergeben. Ins Zentrum dieser zusammengeschnürten Rolle hat man ein Seil, zwei Hosengürtel oder einen ähnlichen Riemen gelegt, den man nun schräg über der Brust zusammenbinden kann.

Merke:

Kein Rucksack – auch nicht die modernen aus Nylon und Cordura – ist absolut wasserfest! Es empfiehlt sich daher, alle Einzelheiten in zusammenhängenden Gruppen in Plastiksäckchen zu verstauen, die man später auch zum Abtransport des Abfalls aus der Wildnis gebrauchen kann. Ordnung muß sein: verschiedenfarbige Plastikbeutel oder eine entsprechende Kennzeichnung mit Tesastreifen hilft beim Aufspüren von Kleidungsstücken, Handtüchern und Eßbarem im dichtgepackten Durcheinander des Rucksacks. Das Einpacken erfolgt nach Gewicht und der Häufigkeit des Gebrauchs: Die schwersten Materialien – etwa Stiefel, Munitionspäckchen usw. – kommen nach oben in Körpernähe, leichtere Elemente wie Kleidung nach unten und außen. Der Schwerpunkt des gepackten Rucksacks sollte möglichst nahe der Wirbelsäule und oberhalb der Schulterblätter liegen.

Sachen, die ständig gebraucht werden, wie Kochgeschirr, Toilettenpapier und Hygienebeutel kommen in Außentaschen oder unterhalb der Verschlußklappen. Der Rucksack sollte mit genügend Riemen und Schnallen versehen sein, um zusätzlich Werkzeug, Zeltstangen, Wasserbehälter und anderes außen anschnallen zu können. Riemen und Schnallen zum Improvisieren, zur Reparatur und zum Festschnallen des Rucksacks in genügender Anzahl zusätzlich mitnehmen!

TOUREN IN SCHNEE UND EIS

Skiwanderungen sind ein Wintererlebnis besonderer Art und lassen für die Extremtour-Gestaltung viel Raum. Ob man als Einzelwanderer oder in der Gruppe, in Loipen oder die eigene Spur in die unberührte Winterlandschaft tritt, das Biwakieren im Freien – in einer Scheune, im Zelt, in einer Felshöhle oder im Schneeloch – und das Überwinden von Strecken und Höhen vereinigt sich zu einem Survivalabenteuer, für das man nicht unbedingt nach Kanada, in die Arktis oder nach Norwegen reisen muß. Obwohl: Hat man einmal daran Geschmack gefunden, dann träumt man doch von einer Ski- oder Schlittentour jenseits des Polarkreises, in Nordnorwegen, den kanadischen Northwest Territories oder in Grönland. Solche Touren unter fachkundiger Führung kann man heute schon buchen, z.B. nach Grönland im Reisebüro Spandau, 1000 Berlin 20, Charlottenstraße 14, Tel. (0 30) 3 33 50 35 oder bei Thürmer-Reisen, 8000 München 83, Zeisigweg 9, Tel. (0 89) 4 30 17 79.

Hat man keine Hundeschlitten, muß man einen Teil der Ausrüstung auf eine Akja legen und sich selbst davorspannen, wie diese Norweger. Eine Schneewanne der Bergwacht, die nach dem gleichen Prinzip wie die Akja funktioniert. Die starren Holme ermöglichen eine schnelle Abfahrt mit der Wanne, wobei ein zweiter Mann von hinten mit Seilen sichern sollte. In einer Überlebenssituation kann man sich eine solche Rutsche zum Transport von Ausrüstung oder einen Verletzten auch mit Skiern, einem Poncho oder einem Stück Blech (Kühlerhaube, Flugzeugwand) improvisieren.

Aufstieg am Gletscher. ▶

Alte indianische Schneeschuhe: Auch in Deutschland gewinnt das Schneeschuhlaufen immer mehr Freunde – einige Wintersportorte sind sogar schon dazu übergegangen, einen Ausleihservice einzurichten! In dicht bewaldetem Gelände, bei tiefem Schnee und mit Rucksackgepäck sind Schneeschuhe oft vorteilhafter als Skier, das Gehen mit diesen »Trittflächen« an den Sohlen ist viel einfacher zu erlernen als das Skilaufen.

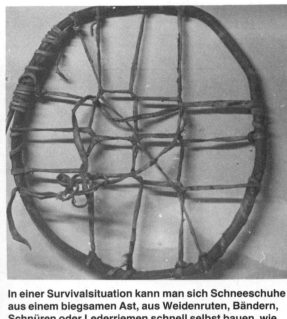

In einer Survivalsituation kann man sich Schneeschuhe aus einem biegsamen Ast, aus Weidenruten, Bändern, Schnüren oder Lederriemen schnell selbst bauen, wie dieses Bild eines einfachen Modells zeigt.

Die länglichen Schneeschuhe in Tropfenform sind für das Laufen über tiefem Schnee in offenem Gelände und mit großen Lasten besser geeignet als die kürzeren, ovalen »bear-paw«-(Bärentatzen-) Modelle, die für max. 175 Pfund Gewicht gedacht sind. Im Preis zwischen DM 250.– bis DM 350.– liegen diese klassischen kanadischen Modelle mit Rohhautbespannung und Eschenrahmen. Das Modell links außen ist 140×25 cm groß und für große Personen und eine Belastung von über 200 Pfund, die mittlere und kleine Version sind resp. für 180 und 150 Pfund Gewicht und haben die Ausmaße 120×36 cm und 90×25 cm. Moderne Schneeschuhe werden auch mit Aluminiumrahmen und Draht- oder Kunststoffbespannung hergestellt und sind entsprechend leichter und billiger – ihnen fehlt nur leider der klassische »Look« und die Atmosphäre von Jack London und Yukon-Goldfieber!

»Whiteout« Höchste Alarmstufe. Wind und kleine Schneeflocken verdichten sich zu einem Schneenebel, bei dem man keine zwei Meter weit sehen kann und bei –60° durch Windchill-Faktor im Freien sofort in Erfrierungsgefahr gerät. Bei dieser arktischen Klimabedingung kann man sich nur im Zelt, in der Schneehöhle oder in der Hütte einigeln und hoffen, daß die Vorräte reichen, während man auf besseres Wetter wartet. Hilfe von außen ist nicht zu erwarten. Kein Suchtrupp kann sich in dieser weißen Hölle zurechtfinden, jeder Flugdienst bleibt am Boden liegen.

Werkzeug und Waffen

Der Survivalist braucht zwei Arten von Hilfsmitteln in einer Notsituation: Waffen zum Jagen (und in bestimmten Lagen zur Verteidigung) und Werkzeuge zum Zubereiten seiner Nahrung, zum Bau von Unterkunft, Tragegestellen und anderem Lebensnotwendigen. Waffen und Werkzeuge sparen Zeit und vor allem Energie: Statt die Äste für das Schutzdach mühsam vom Baum zu brechen, kann eine Axt den gleichen Arbeitsvorgang mit geringerem Krafteinsatz schnell und elegant vollbringen. Eine Schußwaffe, ob Bogen, Armbrust, Steinschleuder oder Gewehr, erlaubt das Erlegen von Wild auf Entfernungen mit geringem Arbeitsaufwand – der Jäger muß lediglich warten oder pirschen können, bis ein Tier in seine Reichweite gerät. Alle anderen Arten der Jagd, das Fallenstellen oder die in der Steinzeit benutzte Hetzjagd, bei der Tiere aus ihren Verstecken getrieben und über einen Abgrund in die Tiefe gestürzt werden, kosten Zeit, sind in einer Extremsituation nicht durchführbar oder für den Survivalisten ungeeignet. Eine Survivalsituation aber wird gerade dadurch gekennzeichnet, daß man das gängige Instrumentarium an Waffen, Werkzeugen und anderen Hilfsmitteln nicht zur Hand hat – die Abwesenheit macht die Notlage aus. Für das Überlebenstraining geben wir uns daher mit dem Allernotwendigsten zufrieden und üben uns in der Improvisation.

Das »No. I Skinner« der John Russel & Co. Green River Messerfabrik, die seit über 150 Jahren Klingen fertigt und auch dieses Original aus der Pelzhandelsära herstellte. Ein solches Messer war das primäre Survivalmittel von Mountainmen und Indianern.

Eine der wesentlichsten Errungenschaften der Entwicklungsgeschichte menschlicher Zivilisation war und ist die Einführung des Messers aus Eisen oder Stahl. Die Indianer Nordamerikas und andere Naturvölker hatten zwar Jahrhunderte hindurch Steinwerkzeuge und -waffen benutzt, sie hatten große Fertigkeiten im Umgang und im Erstellen von Schabern, Pfeilspitzen, Steinäxten und messerartigen Schnittwerkzeugen bewiesen, aber vom ersten Kontakt mit der weißen Kultur wurden Stahlklingen und Messer zum begehrtesten Tauschobjekt. Das Messer vereinfachte Arbeitsgänge und erleichterte viele Tätigkeiten des Alltags, besonders die Zubereitung von Nahrung und Kleidung. Für den Survivalisten gehört ein Messer zur absolut notwendigen Grundausstattung – es ist zwar nicht unmöglich, eine Notsituation in der Wildnis ohne Messer durchzustehen, aber es ist sehr viel einfacher »mit«!

Auf der Suche nach einem Survivalmesser ...

Betrachtet man die einschlägigen Kataloge, so ist man über die Survivalmesser-Schwemme erstaunt. Seit einigen Jahren kommen immer wieder neue Messermodelle auf den Markt, die den Anspruch erheben, in einer Notsituation das Nonplusultra zu sein. Hollywood mit dem Sylvester-Stallone-Film »Rambo« tat ein übriges, um diese Modeerscheinung zu unterstützen. Wollte man eine Klassifizierung dieser Messermodelle unternehmen, so kommt man auf folgende Gemeinsamkeiten: Eine mehr oder weniger martialische Klinge mit Sägerücken und beidseitig geschliffener Spitze ist mit einer schweren, breiten Parierstange und einem Hohlgriff versehen, in dem für das Survival notwendige Utensilien, wie Tabletten, Angelhaken und Sehne und Streichhölzer, Platz haben sollen. Je nach Ausführung ist an der Scheide oder am Messerknauf noch ein Mini-Kompaß, ein Signalspiegel, Wetzstein oder ähnliches angebracht. Der Preis liegt weit über 50,– DM und bewegt sich nicht

Mancher Survivalist glaubt, daß zum Trip auch das Führen einer großkalibrigen Pistole wie dieser 45er Colt Government gehört. Außer zur Notwehr stellen solcherart Waffen in der Wildnis mehr eine Belastung als eine Hilfe dar.

118

»Rambo« mit dem von Jimmy Lile aus Russelsville Arkansas hergestellten 35 cm langen Survivalmesser, das als begrenzte Auflage von 100 Stück heute bereits ein begehrtes Sammlerobjekt ist. Der Film (USA-Titel »First Blood«) brachte die Survivalmesser-Mode erst richtig ins Rollen.

Eins von vielen Hohlraumgriff-Survivalmessern: Das »Explora-Survival« (Kostenpunkt: rund DM 300.–), von der spanischen Firma Marto-Brewer, wurde angeblich von »Top-Survival-Experten« empfohlen, wie der Werbetext sagt, von einigen sogar als »revolutionäre Neuentwicklung« gepriesen.

selten in den Höhen, die man für den Kauf eines guten Rucksacks veranschlagt. Gewichtsmäßig sind diese Messermonster auch nicht zu verachten. Einige bringen mehr als 1000 Gramm auf die Waage. Auch hier sind die Asiaten fleißig am Kopieren und haben zumeist minderwertige Dubletten zu Preisen unter 50,- DM auf den Markt geworfen, die man auf den ersten Blick an den schlechten Lederscheiden und wenig überzeugenden Klingen erkennt. Der angehende Überlebenskünstler ist mit solch einem Instrument schlecht beraten. Nichts gegen den Kauf eines guten, feststehenden Jagdmessers, mit einer für das Aufwirken gestalteten Klingen- und Griffform. Aber die martialisch anmutenden (und oft noch mit Namen wie »Commando« betitelten) Messertypen, denen Survival- und Allzweckqualitäten angedichtet werden, sind eher etwas für den Sammler von Blankwaffen-Kuriositäten oder den Lehnstuhl-Survivalisten! In fast jedem Drittweltland und auch in einigen europäischen Staaten läuft man Gefahr mit solch einem Meucheleisen an der Hüfte die Aufmerksamkeit der Polizei zu erregen. Beschlagnahme und Verdächtigungen, je selbst eine Festnahme

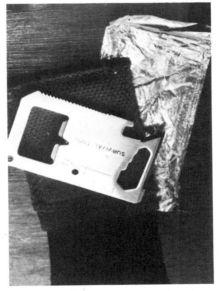

Ein anderes Überlebensmittel, ohne das man nach Meinung der Werbetexter nicht einmal das Haus verlassen dürfte: Dieses »Survival-Tool«, das angeblich als Messer, Säge, Schraubenzieher, Schraubenschlüssel, Nagelzieher, Signalspiegel und Dosenöffner dienen soll – und dazu noch zur Nordung der Karte (sic!) und mit einer Zentimeterskala zur Verfügung steht, kostet im deutschen Handel zwischen DM 9.90 und DM 19.80.

oder Strafanzeige wegen Verstoßes gegen eine Waffenkontrollbestimmung können folgen. Da ist es eine schlechte Idee, im hohlen Knauf eines solchen Messers etwa Geld und Dokumente aufzubewahren, wie es eine Firma empfiehlt. Gerade martialische Dolche und Messer üben in bestimmten Drittweltländern, besonders im arabischen Raum, eine große Anziehungskraft auf Langfinger und ähnlich unfreundlich gesinnte Zeitgenossen aus. Dann ist bei einem Überfall nicht nur das teure Messer, sondern auch die Geldreserve und das Flugticket weg!

Was die vielgerühmten Allzweckqualitäten solcher Messer anbelangt, so sind sie nach dem Prinzip der wollmilchgebenden Vollblutrindsau von jedem etwas und von allen nichts wirklich. Als Selbstverteidigungsinstrument ist ein Messer nur in der Hand eines geübten Kämpfers wirklich gefährlich, der Globetrotter und Extremtourist sollte sich nicht heldenhaft-romantischen Tagträumen hingeben. Bei einer Konfrontation mit einem übelgesonnenen Einheimischen tut er gut daran, eher sein Heil in der Flucht zu suchen, oder – falls dies nicht möglich – zu einem kräftigen Knüppel, einem Stuhl oder Berg-

Militärische Klingen: Oben eine französische Machete, die mit ihrer Länge von 52 cm, Klingenbreite von 6 mm und einem Gewicht von 850 Gramm wirklich für den Einsatz gebaut ist und die handelsüblichen Billigmodelle in den Schatten stellt. Darunter das K-Bar der US Marines, das Gerber MK II, ursprünglich für Hubschrauberbesatzungen in Vietnam entwickelt, und drei Bajonette aus den USA, Deutschland und der UdSSR. Als Campingmesser ist das Original-K-Bar immer noch die günstigste Anschaffung – es kostet DM 70.– bei Schaake in Sonthofen.

stock zu greifen, mit dem man »Abstand aufbauen« kann. Außerdem: Wie schon eingangs erwähnt, sieht eine Polizeibehörde messerbewaffnete Ausländer nicht gerade mit Wohlwollen in ihrem Terrain. Wenn diese dann noch in eine zwielichtige Messerstecherei mit blutigem Ausgang verwickelt sind, kann es schnell kritisch werden – der andere hat nicht nur wegen seiner besseren Sprachkenntnisse »Heimvorteile«.

Als Spieß oder Saufeder sind die Survivalmesser auch wenig geeignet. Dazu ist der Durchmesser des Hohlgriffs zu gering. Wer trotzdem meint, mit einem derart ausgerüsteten Jagdmittel auf die Sauhatz gehen zu müssen, dem sei ein Besuch im nächsten Jagdmuseum und eine Besichtigung der dort sicher noch vorhandenen massiven Saufedern geraten. Für das Aufwirken von anderweitig gejagtem Wild ist kaum ein Survivalmesser mit seiner geraden, massiven Klinge handlich genug. Das gleiche gilt für andere Arbeiten in der Wildnis: Die Sägezahnung an der Klingenoberseite kapituliert schon bei armdicken Ästen, und als Hauwerkzeug ist ein Messer zu kurz und ein kleines Handbeil wesentlich besser geeignet. Was den Hohlraum im Griff anbelangt, so ist er viel zu begrenzt, um ein vernünftiges Survival-Set aufzunehmen, außerdem siehe oben: Ist das Messer weg, ist dann auch die Notausrüstung für den Ernstfall nicht zur Hand. Gerade der Survivalist darf nicht »alle seine Eier in einen Korb legen«, um ein amerikanisches Sprichwort zu zitieren.

Die hier gegen Survivalmodelle aufgeführte Argumentation ist auch für die Macheten-Mode gültig: Wo braucht man in Europa tatsächlich noch eine Machete? Wo in Kanada, in den USA? Die Länder, in denen man sich tatsächlich mit dem Haumesser einen Weg durch den Busch bahnen muß (und darf!) sind begrenzt. Als Allzweckwerkzeug für Camping und Lagerfeuer ist ein solches Ungetüm denkbar fehl am Platz. Eine Taschensäge, eine Axt oder ein kleines Handbeil sind – je nach Aufgabenbereich für das Überlebenstraining – besser einsetzbar und vielseitiger verwendbar als ein Haumesser, mit dem man noch nicht einmal einen Pflock in den Boden schlagen kann.

Man sollte sich also nicht von den farbenprächtigen Katalogen und Verkaufssprüchen verwirren lassen und sein Geld für ein solches Survival-Kuriosum aus dem Fenster werfen. Das primäre Arbeitsgerät des Survivalisten mit Erfahrung ist ein Klappmesser oder ein dem Fahrtenmesser nicht unähnliches Jagdmesser mit Griff, dessen feststehende Klinge 12 cm Länge nicht zu überschreiten braucht – die meisten zum Aufwirken gedachten Jagdklingen sind nicht länger als 8–10 cm, sind nur auf einer Seite geschliffen und haben eine Handlage, die ein festes Drücken beim Schneiden, mit aufgelegtem Dau-

men ermöglichen. Die nach amerikanischen Vorbildern wie »Buck-Knife« auch hierzulande gefertigten einklingigen Klappmesser von Herbertz, Puma oder Aitor erfüllen diese Bedingungen. Aber auch andere, nicht von Markenherstellern produzierte Kopien dieser Modellart reichen für den Wildniseinsatz, vorausgesetzt, Klinge und Verankerung sind von Qualität. Für den Survivalgebrauch ist es lediglich unerläßlich, daß die Klinge feststellbar ist, damit sie nicht im falschen Moment abklappen und die Finger verletzen kann. Optisches Beiwerk, wie Edelholz- und Hirschhorngriffschalen, ist unwichtig und in diesem Bereich kann man sparen. Beim Überlebenstraining ist ein Messer immer rauhem, rücksichtslosem Gebrauch ausgesetzt. Es kann leicht verlorengehen und sollte deshalb keine »Anschaffung fürs Leben« und unersetzbar sein. Einige gute Klappmesser mit Zusatzklingen und einer kleinen Säge zum Trennen von Gelenkknochen sind z. B. bei Frankonia unter der Bezeichnung »Brigant« zum Preis von 32,– DM – 49,– DM erhältlich. Ähnlich billig sind die Herbertz-Klappmesser aus Solingen mit Holzgriffschalen oder die feststehenden Finnenmesser, deren schlanke, scharfe Klingen sich besonders zum Zerlegen von Fischen eignen. Wer unbedingt ein Arbeitsmesser an der Hüfte tragen will, sollte einen scharfen Blick auf diese finnischen Modelle werfen, die von Lappen und Samen seit Jahrhunderten unverändert im hohen Norden bei der Jagd, beim Fischfang und im täglichen Leben gleichermaßen mit Erfolg benutzt wurden. Wer darüber hinaus immer noch nach militärischen, oder militärähnlichen Gürtelmessern trachtet, der sollte dem Beispiel des Fachjournalisten Martin Pehl vom Schweizer Waffenmagazin folgen, der nach einschlägigen Tests verschiedener Bajonette als Campinggeräte das österreichische Glock-Kampfmesser und das KCB 70 Kombi-Bajonett empfahl, deren Scheiden als Drahtschere und Schraubenzieher fungieren können. Das Glock kostet bei einschlägigen Händlern (z. B. K. H. Schaake in Sonthofen) etwa 50,– DM, das KCB ist in verschiedenen Klingenlängen zwischen 65,– DM und 79,– DM zu haben.
Das zweitwichtigste Instrument ist und bleibt ein kleines Handbeil, das man am besten im Werkzeugladen kauft. Es soll gleichzeitig als Hammerersatz, zum Aufhacken von Eis und für Holzarbeiten gebraucht werden. Es braucht nicht

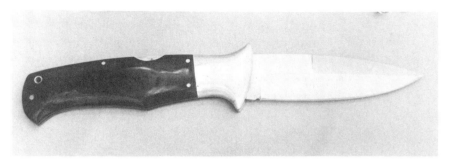

Wenn für die wirklichen Survivalspezialisten ein Klappmesser genug ist, kann man sich als ziviler Extremtourist durchaus auch damit begnügen und braucht nicht nach Super-Hohlraumgriffmodellen zu schielen. Das von Al Mar in Oregon für den SERE-Kurs der Special Forces entwickelte Messer (hier der Prototyp Nr. 4) hat eine Klingenlänge von 114 mm und eine Breite von 3 mm an der ungeschliffenen Oberkante. Ausgeklappt ist es 26,7 cm lang und kostet etwa $ 135.–. Auch dies ist heute schon wieder ein Sammlerobjekt, für den Einsatz reicht auch ein billigeres Klappmesser!

länger als der Unterarm zu sein und nicht mehr als zwei Pfund zu wiegen: Nur wer in die Wildnis für einen längeren Aufenthalt ziehen will, braucht eine Axt. Der Survivalist spart seine Kräfte und fällt keine Bäume oder trennt Holzstämme mit der Schneide durch – zu dickes Brennholz wird nicht mühsam durchgehackt, sondern durchgebrannt. Muß in einer Notlage tatsächlich ein Baum gefällt werden, so wird er etwas »angenagt«, dann entfacht man an seinem Fuß ein Feuer; das verkohlte Holz wird von Zeit zu Zeit abgeschlagen, damit die Flammen wieder neue Nahrung haben. Dergestalt kann man Bäume auch mit einer Steinaxt zum Umstürzen bringen, genauso, wie es Naturvölker heute noch, oder unsere Ahnen in der Steinzeit taten! Mit Messer und Hausbeil läßt sich in kürzester Zeit ein Schutzdach erstellen, können Holzstücke zu Zeltheringen, Tragegestellen, Zeltstangen und vielem

Eine kleine Drahtzange kann in der Wildnis unschätzbare Hilfe sein und paßt in jeden Basis-Set. Dieser Winzling wiegt nur 60 Gramm und ist ganze 12 cm lang, schneidet aber durch Stacheldraht und ist besonders beim Fallenbau brauchbar. Daneben ein kleines Sandvik-Hausbeil und ein Faustkeil aus scharfkantigem Stein, den man auch als Beilkopf brauchen kann. Das Sandvik-Beil wiegt nur 750 Gramm, wobei 150 Gramm auf den 40 cm langen Hickory-Stil entfallen.

mehr hergerichtet werden. Der Survivalist sollte aber auch lernen, wie man aus einem Stück hartem Gestein, aus Flint oder Granit, aus einem Eisenstück, einer Blechstrebe, aus den Überresten eines Auto- oder Flugzeugwracks, Behelfswerkzeuge durch Abschleifen, Schaben oder Zurechtschlagen herstellt.

Die besten Inspirationen dazu erhält man beim Besuch eines Museums, das völkerkundliche oder historische Ausstellungsstücke aus der Steinzeit oder von Naturvölkern besitzt.

Ein kleines Handbeil gehört zur Grundausstattung jedes Survivalisten; es ist bei Ausflügen, Jagdtouren und Kanutrips unentbehrlich – weniger, um damit Bäume zu fällen, Flöße zu bauen oder Blockhütten anzulegen, wie der unbedarfte Lehnstuhl-Survivalist meinen könnte. Derartige Arbeiten, wenn sie überhaupt in unserer heutigen begrenzten Natur durchgeführt werden müssen, brauchen ernsthafteres Werkzeug: langstielige Äxte, eine Säge und ähnliches mehr. Für den Hobby-Überlebenskünstler ist das Handbeil viel eher eine Erweiterung zum Messer, ein Zusatzinstrument, das gleichzeitig als Schneidwerkzeug – etwa auch beim Zerlegen von Wildbret – und als Hammer dient. Damit werden Äste zugeschnitten, die als Zeltstangen für das Lean-to zugespitzt, zu Heringen unterteilt und eingerammt werden. Für diese und andere Arbeiten, etwa das Spalten von Feuerholz, reicht ein kleines Handbeil, eine Axt wäre unhandlich und zu schwer.

Das Handbeil sollte ein kleines scharfes Blatt im 500–600 Gramm-Bereich haben, mehr wäre zuviel, der hintere Teil des Blattes muß als Hammerfläche ausgeformt sein – dieser Bereich ist genauso wichtig wie die Schneide und wird fast genauso oft gebraucht! Die Stiellänge braucht 35–40 cm nicht zu übersteigen, d.h., wir brauchen nicht mehr als die im Heimwerkermarkt als »Hausbeil« bezeichnete kleinste Ausführung. Der Heimwerkermarkt ist auch die sicherste Bezugsquelle für diesen Teil der Ausrüstung. Die in Spezialgeschäften, bei Versandhäusern und Jagdausstattern angebotenen Kombi-Werkzeuge, Vollstahlbeile und Taschenausführungen fallen im Qualitäts- und Preisvergleich weit hinter die Werkzeugbeile aus den Baugeschäften zurück!

Jagdwaffen

Pfeil und Bogen bei einem Wildnistrip herzustellen und damit erfolgreich Wild zu erlegen ist nicht so einfach, wie das manche Survivalhandbücher glauben machen wollen. Neben dem Vorhandensein der geeigneten Holzarten und entsprechender Kenntnisse sind Werkzeuge und Zeit nötig – Zeit für die Herstellung von Bogen und Pfeilen, zum Trocknen und Ablagern des Holzes und zum Erlernen wenigstens rudimentärer Bogenschußtechniken. Die Schlingen- und Fallenjagd ist weniger aufwendig und erfolgversprechender. Wer sich unvermittelt in einer Notlage befindet, sollte sich auf zwei andere Fertigkeiten zurückbesinnen: Das Werfen von Steinen und Hartholzknüppeln. Beide Jagdarten werden auch heute noch ausgeübt, so etwa bei den arabischen Schäfern oder den koreanischen Bauern. Mit etwas Übung kann man mit faustgroßen Steinen oder unterarmlangen Knüppeln auf Entfernungen von 10–15 m Niederwild so treffen, daß es für einen Moment betäubt oder verwirrt an der Stelle verharrt, genügend Zeit, um es zu errei-

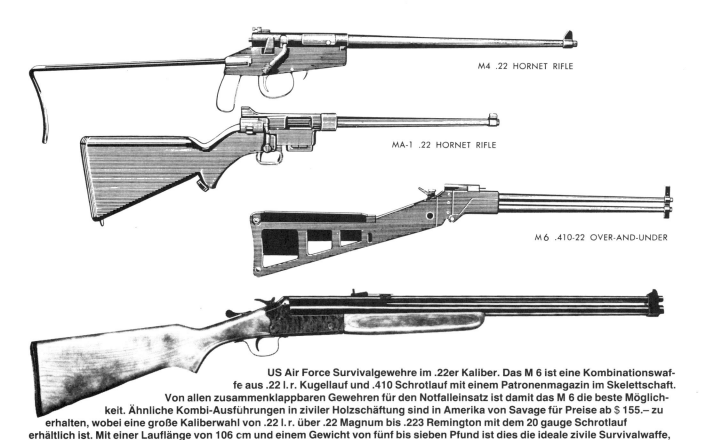

US Air Force Survivalgewehre im .22er Kaliber. Das M 6 ist eine Kombinationswaffe aus .22 l.r. Kugellauf und .410 Schrotlauf mit einem Patronenmagazin im Skelettschaft. Von allen zusammenklappbaren Gewehren für den Notfalleinsatz ist damit das M 6 die beste Möglichkeit. Ähnliche Kombi-Ausführungen in ziviler Holzschäftung sind in Amerika von Savage für Preise ab $ 155.– zu erhalten, wobei eine große Kaliberwahl von .22 l.r. über .22 Magnum bis .223 Remington mit dem 20 gauge Schrotlauf erhältlich ist. Mit einer Lauflänge von 106 cm und einem Gewicht von fünf bis sieben Pfund ist dies die ideale zivile Survivalwaffe, mit der man dank Schrot, Randfeuerpatrone und Flintenlaufgeschoß verschiedene Jagdmöglichkeiten hat.

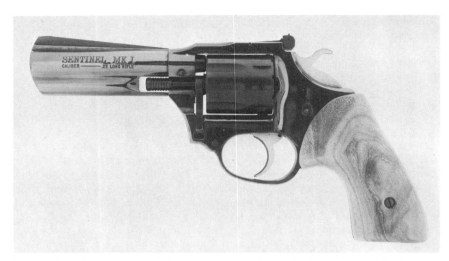

Wenn schon Faustfeuerwaffe, dann sollte es so etwas wie dieser neunschüssige Sentinel-Revolver im Kaliber .22 l. r. oder .22 Magnum sein. Er war 1985 bei Frankonia im Sonderangebot für DM 298.– zu haben.

Bei der Jagd mit KK-Waffen muß geringe Einsatzweite und Munitionswirkung durch saubere Geschoßplazierung ausgeglichen werden. Eine Astgabel als Schießstock unterstützt den Anschlag, hier mit der Remington 66 Nylon, einem halbautomatischen .22 l. r. Gewehr, das preisgünstig und leicht ist, außerdem schwimmfähig! Waffengewicht: 2 kg ohne ZF.

chen, einzufangen oder durch Stockhiebe zu töten. Eine verfeinerte Jagdart dagegen ist die südamerikanische Bola. Dazu braucht man sieben bis zwölf Steine, eine gleichgroße Zahl von Riemen oder Schnüren und kleine Beutel aus Stoff, Segeltuch oder Rohhaut, in die man die Steine einschnüren kann. Die Steine – nicht größer als 5–8 cm Durchmesser – kommen an das eine Ende der Riemen, die jeweils freien Enden der rund einen Meter langen Verbindungen werden zusammengefaßt und zu einem Zentrum verschnürt. Radartig kann man nun dieses Bündel über den Kopf kreisen lassen und in Richtung auf ein Ziel »abschießen«, das sich in dem Gewirr von Riemen und Gewichten verheddern soll. Auf diese Weise läßt sich sogar ein Reh erlegen – wenn man sich nah genug heranpirschen kann!

Schußwaffen sind in einer Survivalsituation die Lösung für viele Probleme: Mit ihnen kann man auf einfachste Art ein Feuer entzünden, Signale geben, Nahrungsmittel beschaffen oder sich selbst verteidigen. Gerade aber in Europa ist die Anschaffung und das Führen von Feuerwaffen streng reglementiert, während sie in anderen Teilen der Welt fast schon zur Grundausstattung gehören. An dieser Stelle soll nicht die gesetzliche Situation, die Beschaffung von Gewehren oder Faustfeuerwaffen debattiert werden, sondern lediglich die Kriterien der Auswahl für den Survivalübenden. Eine Durchsicht von Fachzeitschriften, jagdlichen Lehrbüchern und ähnlicher Literatur läßt den Laien ratlos und verwirrt: Welches Kaliber, welche Waffenart, wieviel Munition, Büchse oder Flinte? Ganz desorientiert ist ein solcher Leser, wenn ihm einige amerikanische »Survival«-Magazine in die Hand fallen, in denen es nur so von taktischen Gefechtsüberlegungen, Maschinenwaffen und Magnum-Kalibern spukt. Diese militante Abart hat recht wenig mit den spezifischen Überlebenssorgen gemein, deren man sich bei einem Kanutrip in Kanada, Alaska oder einer Wildnistour in einem tropischen Regenwald gegenübersieht. Deshalb: Große Kaliber scheiden für das Überlebenstraining aus! Die einzige Ausnahme ist die Jagdflinte, die uns durch ihre vielfältige Munitionswahl vom Flintenlaufgeschoß bis zum kleinsten Jagdschrot die Möglichkeit gibt, jeder Jagdsituation (und auch der Verteidigung gegenüber Bären) gerecht zu werden. Allerdings: Flintenmunition ist verhält-

Fleischbeschaffungsquelle Nr. 1 bleibt die Schlingenjagd in einer Survivalsituation, wie hier vor einem Kaninchenbau.

nismäßig schwer und braucht viel Platz. Mehr als einhundert Patronen kann man schlecht mitführen, ohne große Kompromisse in bezug auf Traglast und Packvolumen einzugehen.

Anders dagegen das Kleinkaliber .22 l.r. (5,6 mm Randfeuer): Diese Munition ist fast überall auf der Welt erhältlich, sie ist billig und man kann damit bis auf 200 m einen Hasen erlegen – vorausgesetzt, man könnte einen Hasen auf diese Entfernung überhaupt noch erkennen. Die Munition ist rückstoßarm, verhältnismäßig leise und ihre Benutzung als Sportpatrone im Scheibenschießen sagt genügend über die Treffergenauigkeit aus. Waffen für diese Patrone sind überall auf der Welt für wenig Geld zu haben. Zuverlässige Gewehre lassen sich bereits für 200,– DM auftreiben, eine ganze Galerie von Revolvern und Pistolen aller Hersteller- und Güteklassen ist ebenfalls für Preise von 150,– DM bis über 1000,– DM erhältlich. Da die 22er-Patronen im Vergleich zu den normalen Zentralfeuer-Kalibern wenig Druck beim Abschuß in der Waffe erzeugt, ist die Instandhaltung, die Reinigung und Reparaturanfälligkeit auf ein Minimum beschränkt.

Kleinkaliberwaffen haben den Ruf, »ewig« zu halten und wenig Pflege zu brauchen.

Der Besitzer einer Kleinkaliberwaffe, ob als Pistole, Revolver oder Gewehr, hat breite Auswahlmöglichkeiten in bezug auf die Munition: Die Palette reicht von der normalen Sportmunition mit Bleigeschoß bis zu Hochgeschwindigkeitsladungen mit verkupferten Hohlspitzgeschossen, die sich besonders für die Jagd mit dem Gewehr auf Kleinwild anbieten. Ein wichtiger Pluspunkt für das Kleinkaliber aber ist die Gewichtsfrage. Ein KK-Gewehr für jagdliche Zwecke wiegt in der Regel zwischen vier bis sechs Pfund mit Zielfernrohr, 1000 Schuß in zwei 500er Packungen liegen etwa bei sieben bis siebeneinhalb Pfund, so daß man für das gesamte Paket nicht mehr als sieben Kilogramm ansetzen braucht.

Im Vergleich dazu wiegt ein reguläres Jagdgewehr, Kaliber .30-06 zwischen sieben und acht Pfund ohne Zielfernrohr, das mit Montage gleichfalls mit ein bis zwei Pfund Gewicht zu Buche schlägt. 100 Schuß Munition .30-06 oder einer ähnlichen vergleichbaren Munitionsart wiegen zwischen sieben und acht Pfund, Gesamtgewicht des Bewaffnungspakets mit nur 100 Schuß: ca. 7,5–9 kg.

Was aber könnte man mit einer solchen Großkaliberwaffe jagen? – Selbstverständlich alle Arten von Hochwild bis zum Bären. Der Abschuß dieser Wildarten aber ist in den meisten Erdteilen begrenzt und streng reglementiert an bestimmte Jagdzeiten gebunden. Zudem erfordert die Jagd auf dieses Wild Erfahrung und eine gehörige Portion an jagdlichem Geschick. Für den Schuß auf Nieder- oder Federwild bleibt eine solche Waffe nutzlos: Von einer .30-06, ja selbst von einer .357 Magnum, 9 mm Para oder einer ähnlichen Faustfeuerpatrone getroffen, würde von einem Hasen kaum noch genug für eine Suppe übrigbleiben. Gerade aber das Kleinwild – Kaninchen, Eichhörnchen, Vögel usw. – sind in einer Survivalsituation realistische Jagdziele.

Zugegeben, die .22er Patrone hat ihre Grenzen und sollte jenseits der 100 m-Marke keinem Wild mehr angetragen werden, aber mit Ausnahme ganz bestimmter Gebiete, wie z. B. der Arktis, bleibt sie für den erfahrenen Survivalisten die erste Wahl.

Jagdbogen und Armbrust

Der Bogen ist besonders in den USA und Kanada in den letzten Jahren zur alternativen Jagdwaffe geworden, für die in den meisten Staaten eine besondere Jagdsaison eingerichtet wurde. Die dabei benutzten Bögen haben jedoch wenig mit den Langbögen eines Robin Hood oder Winnetou gemein – es sind rollengelagerte »Compound-Bögen« mit Zugkraftunterstützung, die ihren Pfeil mit 50–80 Pfund Auftreffenergie ins Ziel schießen können. Im Anschaffungspreis sind sie mit regulären Jagdbüchsen vergleichbar. Eine Ausnahme bilden die normalen Feldbögen, mit denen noch immer einige Traditionalisten auf die Hirschjagd gehen, aber auch sie haben eine Zugkraft von über 40 Pfund, damit sie auf Entfernungen von 30–40 m noch Trefferwirkung haben können. Im Gegensatz zum Jagdgewehr ist der Bogen auch für Niederwild und sogar zum Fischen (mit einer speziellen Sehnenrolle) gleichermaßen einsetzbar –; aber dem erfolgreichen Gebrauch geht eine lange Zeit des Schießtrainings und dem geduldigen Erlernen von Pirsch- und Ansitzmethoden voraus. Der Vorteil des Bogens liegt in seinem geräuscharmen Abschluß und dem Umstand, daß man die Pfeile nach dem Üben oder bei Fehlschüssen wieder einsammeln kann und sich so das Problem des Munitionsnachschubs nicht stellt.

Anders als bei Schußwaffen ist der Besitz von Pfeil und Bogen in den wenigsten europäischen Ländern beschränkt, und vielerorts kann man sich einfach eine Bastscheibe oder einen Strohballen zum Üben aufstellen. Mit Blick auf eine Extremtour in Nordamerika bietet sich daher gerade für das Überlebenstraining in Deutschland dieses Jagdmittel als günstige Möglichkeit an. Aber Vorsicht! Hierzulande – und in den meisten europäischen Ländern gilt die Jagd mit Pfeil, Bogen oder Armbrust als unwaidmännisch und wird als Jagd-

Pfeilspitzen: Links ein Fred Bear Razor, für die Jagd auf Großwild – neben dem Fiberglaspfeil, in der Mitte Stahlspitzen für das Scheibenschießen, die sich auch zum Fischen oder zum Schuß auf Klein- und Flugwild eignen, rechts außen ein Holzpfeil mit selbstgemachter Spitze.

Rechte Seite oben:
Barnettbögen mit 150 und 175 (Commando) Pfund Zuggewicht.

frevel oder Wilderei strafrechtlich verfolgt.

Die Armbrust, bzw. ihr moderner, technisch weiterentwickelter Nachfahr mit Zielfernrohr, erfreut sich in manchen Abenteuer- und Survivalkatalogen einer ungeahnten Renaissance. Ohne Zweifel sind die als »Panzer«- oder »Commando«-Armbrust angebotenen Schußgeräte ernstzunehmende Waffen, die man jagdlich auf 50 m und mehr einsetzen kann. Jagdrechtlich ist ihr Gebrauch in den meisten Ländern mehr beschränkt als der des Bogens, und von der Palette der Einsatzmöglichkeiten entfällt bei der Armbrust die Möglichkeit des Pfeilfischens. Preislich

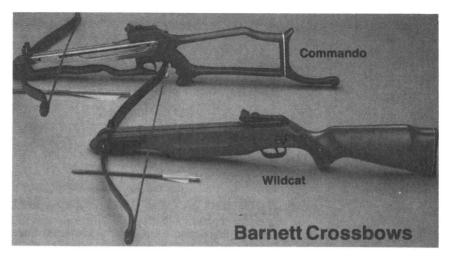

Nach dem Schuß kommt das richtige Ausnehmen des erjagten Wildes. Bei warmen Außentemperaturen kann Fleisch innerhalb kurzer Zeit schlecht werden, wenn es nicht richtig behandelt wird. Der durch Kopfschuß getötete Wüstenvogel wird hier sofort abgezogen, damit das Fleisch abkühlen kann.

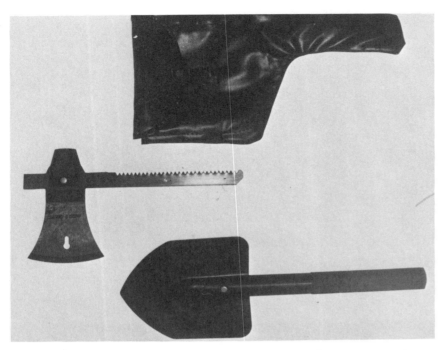

liegen diese Instrumente mit über 650,– DM über dem Anschaffungspreis guter Jagd- oder Feldbögen, ihr paramilitärisches Aussehen dürfte auch bei den Grenzkontrollen gewisse Schwierigkeiten bereiten. Verglichen mit dem Bogen weist die Armbrust damit mehr Nachteile auf, als dies ihre Vorteile – die Möglichkeit, die Waffe unbegrenzt von der persönlichen Haltekraft gespannt und schußbereit zu führen und der gewehrähnliche Anschlag – rechtfertigen könnte. Zudem wird die Armbrust von vielen Traditionalisten im Survivaltraining als »zu modernistisch« abgelehnt.

Werkzeuge in der Wildnis

Der Aussteiger, der sich eine Hütte abseits der Zivilisation bauen möchte, wird kaum ohne einen ganzen Satz an Werkzeugen, Nägeln und anderem Hilfsmaterial auskommen. Im Gegensatz dazu braucht der Extremtourist, Überlebenstrainierende oder Globetrotter nur wenig. Er will sich ja nicht auf Jahre an einem Ort einrichten, sondern ein Gebiet bewandern, eine Strecke zurücklegen und behelfsmäßige, kurzzeitige Unterkünfte herstellen. Hierbei wird Improvisation fast Selbstzweck, und der Stolz der Survivalisten liegt darin, so wenig Hilfsmittel wie möglich zu verwenden. Einige Werkzeuge aber sind so vielseitig brauchbar oder erleichtern das Leben derart, daß sie auch eingefleischte Naturburschen nicht missen mögen. Dazu gehört die Schere, die neben ihrem Zweck als Arbeitsgerät auch der Hygiene beim Stutzen von Bart, Finger- und Zehennägeln dient. Eine kleine Flachzange mit Schneidflächen für Draht ist für Reparaturen und dem Bau von Drahtfallen zwar nicht unerläßlich, aber sehr hilfreich. Außerdem kann man mit ihr auch einmal einen heißen Topf vom Feuer nehmen. Wer sich entschieden hat, anstelle der herkömmlichen Erdnägel oder Zeltheringe in der Wildnis nur mit selbstgeschnitzten Pfosten auszukommen, sollte einen alten Indianer-

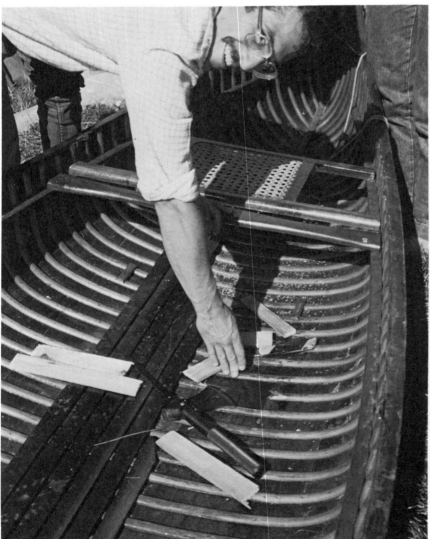

Oben: Wenn schon Kombi-Werkzeuge, dann so etwas wie dieses russische Schanzzeug, dessen Axtklinge und Säge aus bestem Stahl sind. Preis: DM 42.–, bei Schaake in Sonthofen. Ein guter Ausrüstungsgegenstand für Kanu, Pkw, bei Zelttrips und Pferde-Trekking. Gewicht der Schaufel-Beil-Kombi: 2,7 kg.

Unten: Beim Flicken dieses Kanulecks bewährte sich das russische Beil.

Trick nicht außer acht lassen: Bevor die für das Tipi gebrauchten Holzpfosten in den Boden geschlagen wurden, bohrten die Prärieindianer das Loch mit einem großen Nagel, einem zugespitzten Eisenstab oder einer Brechstange vor. Der gleiche Eisendorn wurde auch bei kleinen Grabarbeiten, dem Aufbrechen der Feuergrube und ähnlichen Verrichtungen benutzt. Natürlich kann man solche Löcher auch mit dem Messer bohren, aber dies dürfte der Klinge auf Dauer nicht gerade förderlich sein. Ein 15–20 cm langer Eisendorn, aus einem Stück Schrott zurechtgeschliffen, oder ein Baunagel ist als Werkzeug vielseitig verwendbar und stellt gewichtsmäßig oder im Anschaffungspreis keine Belastung dar.

Wer mit dem Fahrzeug, dem Kanu, ja selbst mit einem Pferd unterwegs ist, braucht entsprechendes Reparaturzeug, das von dem umfangreichen Werkzeugsatz für ein Fahrzeug bis zur Lederahle zur Instandhaltung von Sattelzeug reichen kann. Wer nur mit dem Rucksack auf dem Rücken seinen eigenen Füßen vertraut, sollte trotzdem Zwirn und stabile Nadeln einige Leder- oder Nylonriemen und Stoff mitführen, um an Rucksack, Kleidung und Zeltbahn aufkommende Schäden zu bereinigen. Wolfgang Uhl hat im Anschluß an sein »Handbuch für Rucksackreisende« einige Checklisten aufgeführt, die auch Vorschläge für die Zusammenstellung von Reparatursets enthalten.

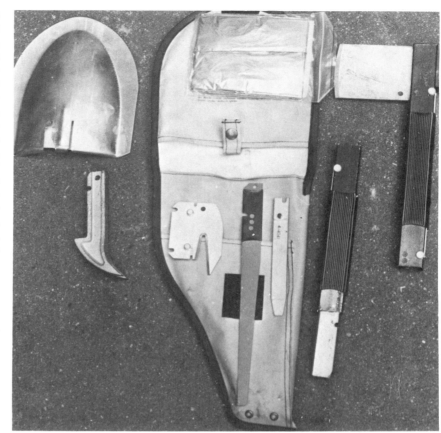

Der »SOS Rescue Kit« ist ein 2,8 kg schweres Notwerkzeug, das ursprünglich für schwedische Hubschrauber- und Flugzeugbesatzungen entwickelt wurde. Es enthält Brecheisen und Blechschere, Sägen, Schaufel, Beil und Stecheisen, und man kann damit Fahrzeuge, Flugzeuge und Kisten aufschneiden und -brechen und sich sogar durch eine Mauer arbeiten. Ein Spezialwerkzeug für die Fahrzeugausstattung bei Expeditionen oder Extremtouren von SAS Inc., Victoria House, Vernon Place, London WC1B 4DF.

Oben links und unten: Der Krater Caldera de Taboriente auf Isla de la Palma ist einer der größten vulkanischen Krater der Erde und ein hervorragendes Gebiet für Bergwanderungen und Survivaltouren mit seiner einzigartigen Fauna und Flora.

Oben rechts: Montanas del Fuego (Kanarische Inseln). Die Mehrheit der auf dem vulkanischen Gestein wachsenden Flechten sind eßbar.

Auch Schottland bietet mit seinen menschenleeren Hochebenen und wasserreichen Tälern genügend Terrain für ausgedehnte Extremtouren.

Die Schottischen Steilküsten mit ihren zahlreichen Seeräuber- und Schmugglernestern sind eine naheliegende Möglichkeit für eine erlebnisreiche Klettertour mit Abseilübungen. Sie dient auch den britischen Commandos für ihre Ausbildung.

Pferdetouren haben ihren besonderen Reiz, verlangen aber Fürsorge und Kenntnisse der besonderen Belange der vierbeinigen Gefährten, nebst genauer Kenntnisse der Packbesattlung, Streckenetappen und Fütterung.

Abenteuertrips – Extremtouren

Ein Fallbeispiel

Am Ende eines jeden Trainings, jeder Planung und aller Vorbereitungen steht die Tour, bei der Theorie in die Praxis umgesetzt werden soll. Nun muß man nicht unbedingt im birmesischen Dschungel, an den Quellen des Nils oder in den Schneewüsten der Arktis nach Abenteuern suchen. Das gleiche Naturerlebnis, die gleiche Abgeschiedenheit läßt sich auch im schottischen Hochland, in den Wäldern Norwegens oder Schwedens, ja selbst in einigen Regionen Deutschlands mit weniger finanziellem Aufwand realisieren. Daß Abenteuer auch in Deutschland möglich sind, wenn man nur die richtigen »Lücken« in der dichtbesiedelten Kulturlandschaft findet, wissen einige Eingeweihte nicht erst seit Nehbergs Publikationen, der aber besonders den jungen Lesern wertvolle Anregungen zur Einführung in das Survivalhobby gibt. Einer der interessantesten und am besten geschriebenen Wegweiser für Abenteuerreisen in Deutschland ist das von Rolf Fuhrmann verfaßte Buch »Schwarzwald Eskimos« (Moby Dick Verlag, Ottersberg). Hier wird der Ausflug per Schneeschuh und Hundeschlitten in dem verschneiten Schwarzwald und Bayerischen Nationalforst survivalgerecht mit vielen Tips und Kniffen und recht humorvoll beschrieben.

Es ist sogar ratsam, die eigenen Survivalkenntnisse, Leistungs- und Leidensvermögen zuerst bei kürzeren Touren in vertrauter Umgebung anzutesten, bevor man sich auf die teuer bezahlte Extremreise in ferne Länder macht. Bei Kanutouren, Ski- oder Bergreisen ist es sogar fast Pflicht, erst hierzulande ausgiebig die Techniken zu erlernen und die Ausdauer zu trainieren, sonst kann man schon in den ersten Tagen böse Überraschungen erleben.

Monument Valley, Arizona

Ein Erlebnis besonderer Art ist der Abstieg ins Grand Canyon, bei dem man durch verschiedene Vegetationszonen kommt, uralte indianische Felshäuser und Wandzeichnungen sieht und sich der Hitze, der Bergluft und den gewaltigen Höhenunterschieden stellen kann.

WÜSTENTOUREN

Nicht jede Wüste ist das klassische Sandmeer der gängigen Vorstellung, wie dieser Teil des Nordsinai. Bereits 200 km südlich davon bietet sich das Bild der Geröllandschaften, die völlig andere Anforderungen an Schuhwerk und Ausdauer stellen.

Ein Wasserloch an einer Savcha, einer salzbedeckten Ebene. Auch dieses Wasser kann man auf dem Umweg über eine Sonnendestille trinkbar machen!

Oben: Begegnungen.

Unten: In den Wintermonaten schützen die Beduinen ihre Zelte mit einer Jeriba, einer mannshohen Hecke aus zusammengedrücktem Dornengestrüpp vor Wind und Sandstürmen. Wer länger an einer Stelle kampiert, sollte sich diese altbewährte Methode zunutze machen.

WANDERN ZU WASSER

Eines der traditionellen Mittel zum Reisen ist das Kanu – ob nun als schmales Faltboot und Kajak oder als breiter Kanadier. Kanutouren können auch in Deutschland zum unvergeßlichen Naturerlebnis und zu einem kleinen Abenteuer werden – trotz Umweltverschmutzung, Schleusen, Kanalisierungen und ähnlichen Einbrüchen der Zivilisation. Das »Deutsche Fluß- und Zeltwanderbuch«, herausgegeben vom »Deutschen Kanu-Verband e.V.« (Berta-Allee 8, 4100 Duisburg 1) gibt Hinweise auf eine Vielzahl Bäche und Flüsse, die abseits der großen Straßen und Siedlungszentren in der Lüneburger Heide, im Weserbergland, in Bayern und in anderen Teilen der Bundesrepublik liegen. Daß selbst ein Zwei- oder Drei-Tage-Trip auf den auf den ersten Blick so zahm erscheinenden deutschen Gewässern durchaus abenteuerreich sein kann, zeigen bereits die in diesem Kanuführer enthaltenen Hinweise auf Schwierigkeitsgrade, Strom-

◀ **Übungsfahrt in der Lüneburger Heide.**

Auf der fränkischen Wisent, mit Kanadier und Kajaks. Kentern kann man auch in Deutschland üben. ▶

Zum Kanutrip gehört immer auch die Portage, das Umtragen von Hindernissen.

schnellen und Wirbel. Man kann auf der fränkischen Wisent durchaus genauso in einer Stromschnelle kentern und »Schiffbruch« erleiden wie auf irgendeinem Bach in den kanadischen North-West-Territories. Zur Probe und zur Gewöhnung ist es aber besser, man bezahlt sein Lehrgeld hier, nahe der rettenden Autostraße, als in der Wildnis, wo bei Kanubruch und Verlust der Ausrüstung aus dem Abenteuerurlaub ein Kampf ums Überleben wird.

Für die Wandertour bietet sich der Kanadier an – diese breiten Boote mit dem geringen Tiefgang vertragen Stromschnellen und Untiefen noch am besten und können eine gehörige Menge an Ausrüstung aufnehmen. Sie sind langsamer als die schlanken Kajaks und schwieriger zu lenken. Aber als Lastenträger und Fortbewegungsmittel in der Wildnis sind sie unvergleichlich. Wer mit einem Kanu auf dem Fluß unterwegs ist, dem eröffnet sich ein Naturerlebnis, wie es zu Fuß, auf dem Fahrrad oder mit dem Motorboot nicht erreichbar ist. Gleichzeitig sind Kanureisen mehr als nur auf dem Wasser dahinpaddeln! Das Umtragen von Stromschnellen und Hindernissen erfordert den ganzen Einsatz und die Zusammenarbeit des Teams, und eine Kanustrecke mit all ihren kleinen und großen Schwierigkeiten, ihren Anforderungen an Zusammenarbeit und Geschicklichkeit, kann ein wichtiger Prüfstein werden, bevor man auf die »große« Tour geht.

Jeder Abenteuerurlaub, den man allein oder in der Gruppe durchführt, ist aber gleichzeitig auch immer eine Grenzbegehung: Man will die eigenen Leistungsgrenzen erkunden, die Extreme erfahren und trifft sich plötzlich selbst, wird mit dem eigenen Ich konfrontiert, mit den eigenen Möglich- und Unzulänglichkeiten. In der Gruppe wird diese Erfahrung noch multipliziert und plötzlich treten Probleme und Konflikte auf, die unter normalen Umständen nie zum Vorschein gekommen wären. Fast jede Gruppe, die gemeinsam einen Abenteuerurlaub durchgeführt hat, hat in der einen oder anderen Form diese Schwierigkeiten mit sich selbst – gerade dort, wo man nun an den Zielen monatelanger Reiseplanungen und gemeinsamer Vorbereitungen angekommen ist.

Körperliche Anstrengungen, erste Entbehrungen oder andere physische Belastungen (andauernde Kälte, Nässe, Dauerregen) sind auslösende Momente für Streitigkeiten, Eifersüchteleien und schlechte Stimmung, die jede noch so gute Gruppe vor die eigentliche Belastungsprobe stellt. Jede wissenschaftliche Expedition kann ein Lied von dieser Art »Gruppenkoller« singen. Ein Fallbeispiel für einen Abenteuerurlaub mit allen Härten kann der Polizeibeamte Otto Schneller erzählen:

Alaska – eines der letzten Abenteuer

Die Idee wurde geboren, als vor einigen Jahren fünf Beamte einer Dienststelle gemeinsam zu der Meinung gelangt waren, daß die übliche Art, seinen Urlaub zu verbringen, doch nicht das Gelbe vom Ei sein könne. Zu fortgeschrittener Stunde und in leichter Bierlaune beschloß man, einmal alles ganz anders zu machen und einigte sich auf das Urlaubsziel Alaska.

Auf der Suche nach Literatur und inspiriert durch Zeitungsberichte kamen wir überein, als Hauptbestandteil dieses Urlaubs eine Kanutour auf einem der vielen Flüsse dieses riesigen Landes durchzuführen. Von diesen vagen Vorstellungen bis zur Umsetzung in die Tat war jedoch ein weiter Weg. Zunächst galt es, Informationen zu sammeln, und langsam wurde uns klar, daß bei dem dort herrschenden arktischen Winter unser Vorhaben nur in den Sommermonaten durchführbar ist.

Ein glücklicher Zufall brachte die Realisierung ein großes Stück voran. Wir lernten beim Skifahren einen jungen Mann kennen, dessen Onkel vor über 15 Jahren nach Alaska ausgewandert war. Er und zwei Freunde hätten sowieso die Absicht gehabt, diesen in nächster Zeit zu besuchen. Unsere Reisegruppe war so auf acht Mann angewachsen und unsere Planungen nahmen konkrete Formen an, als wir erfuhren, daß besagter Onkel uns einen großen Teil der Ausrüstung zur Verfügung stellen konnte.

Es blieb also nur noch übrig, Verwandte, Angetraute und Familien von der Notwendigkeit zu überzeugen, daß ein Mann einmal im Leben etwas Derartiges machen müsse; es galt Flugtermine festzulegen und Urlaubsgesuche zu koordinieren. Im Juni 1982 flogen wir von Stuttgart nach London und von dort nach Anchorage in Alaska. Die letzte Wegstrecke von 350 Meilen besorgte der Onkel, der uns Ankommende vom Flughafen nach Fairbanks fuhr – eine Fahrt übrigens, bei der wir unverhofft mit dem Preisschock konfrontiert wurden. Eine Handvoll Spaghetti kostete 9,50 $ – was erst in Relation zu den in Alaska dank Ölboom gezahlten Stundenlöhnen von 30,– $ für Hilfsarbeiter bis 90,– $ für Facharbeiter an der Trans-Alaska-Pipeline verständlich wird.

Um uns im Hinblick auf unsere Kanutour an das Leben in der Wildnis zu gewöhnen, nahmen wir den Vorschlag unseres Gastgebers dankend an, ihn für einige Tage zu seiner Goldmine zu begleiten. Diese lag fernab von jeder befestigten Straße in unendlich erscheinenden Wäldern aus Krüppelfichten, der vorherrschenden Vegetationsart in diesem Teil des nördlichsten Bundesstaates der USA. Hier wurde uns zum

erstenmal die Leere und Weite des Landes bewußt. Die Mine liegt zwei Stunden von der nächsten Ansiedlung entfernt und war nur nach beschwerlicher Fahrt auf halbverwucherten Trampelpfaden zu erreichen. Die nächsten Tage waren mit Fischen und Goldwaschen angefüllt und überwiegend damit, uns mit irgendwelchen Mitteln einzureiben oder einzusprühen, von denen wir hofften, daß sie uns die Moskitos vom Leib halten würden.

Dank guter Kontakte zur örtlichen Polizei erhielten wir den Rest unserer Ausrüstung, also auch Kanus, Waffen und Munition unentgeltlich geliehen. Außerdem bekamen wir eine Menge nützlicher Ratschläge mit auf den Weg. Wir wollten einen Teil des Birch-Creeks bis hinunter zum Yukon befahren, von dem wir uns ein unvergeßliches Erlebnis versprachen. Der Birch-Creek entspringt im Hochgebirge und führt zwei Drittel seines Verlaufs durch gebirgige Landschaft. Erst im letzten Teil zieht er sich dann durch sumpfiges Flachland bis zu seiner Einmündung in den Yukon. Unsere Tour begann im oberen Teil an einem Zuflußarm, der mit Fahrzeugen erreichbar war. Hier setzten wir die Alu-Kanus ein und hatten den letzten Kontakt mit der Zivilisation.

Gleich zu Beginn war der Fluß überraschend reißend und an vielen Stellen flach. Wir mußten immer wieder in das nur rund 5 Grad kalte Wasser steigen, um die Boote über Felsen und Sandbänke zu heben. Nur die Hälfte von uns hatte überhaupt hüfthohe Gummistiefel, die anderen waren nach wenigen Minuten bis auf die Haut durchnäßt. Bald brach auch das erste Paddel und wir begannen die Voraussicht unserer Gastgeber zu schätzen, die uns mit Ersatzpaddeln ausgestattet hatten ...

Und dann die Landplage Alaskas. In Myriaden fielen sie über uns her, diese Wappenvögel des Staates Alaska, wie wir sie ironisch nannten – Moskitos. Erfahrene Trapper wurden von ihnen an den Rand des Wahnsinns getrieben, alte Indianer und Eskimos zwangen sie zu den wildesten Kriegstänzen – es braucht kaum noch erwähnt zu werden, wie wir Greenhorns von diesen Mükkenschwärmen geplagt wurden. Wir wurden sie auf der ganzen Tour nicht mehr los! Angesichts dieser widrigen Umstände suchten wir bereits nach zwei Stunden Fahrt den ersten Lagerplatz, für den nur eine Kies- oder Sandbank in Frage kam, denn im bewachse-

nen Ufergelände war die Moskitoplage unerträglich.

Trockenes Schwemmholz für das Lagerfeuer gab es genug, so daß wir wenigstens Schuhe und Kleidungsstücke trocknen konnten und einige Konserven zum Erwärmen brachten. Eine Dose des streng rationierten Bieres wurde für jeden ausgegeben, dann krochen wir in unsere feuchten Schlafsäcke. Der nächste Tag begann, wie der erste geendet hatte, es regnete in Strömen. Der Regen wusch uns das Moskitospray aus dem Gesicht. Das scharfe Zeug, das selbst unsere Regenanzüge zerfraß, lief uns in die Augen und brannte wie Feuer.

Im Laufe dieser Tagesstrecke wurde der Fluß etwas tiefer, ohne allerdings eine Verminderung in der Fließgeschwindigkeit aufzuweisen: Verborgene Felsen, wirbelnde Kehrwasser, von Bibern abgenagte oder vom Wasser weggespülte Baumstämme machten uns schwer zu schaffen. Nach kurzer Zeit erwischte es das erste Kanu – es lief auf einen im Wasser verborgenen Stamm auf und kenterte. Entgegen der dringenden Empfehlung erfahrener Kanuten war die Ausrüstung nicht genügend festgezurrt gewesen, und die beiden Insassen konnten nur noch versuchen, schwimmend zu retten, was sich erwischen ließ. Beim Versuch, den vorbeitreibenden Verpflegungssack des ersten Kanus zu bergen, kenterte das zweite Boot. Als wir Bilanz zogen, fehlte der Eier- und Biervorrat, Tabak und Zigaretten waren durchnäßt und unbrauchbar. Ein weiteres Paddel, ein Paar Stiefel und zwei Angeln waren verlorengegangen. So mußten auch die fest eingeplanten Fische – neben Eiern und Bier – von der Speisekarte gestrichen werden. Zusätzlich mußten wir uns bei einer weiteren Rast zu der Erkenntnis durchringen, daß wir unseren Standort auf der Flußkarte nicht mehr bestimmen konnten. Ohne Orientierung paddelten wir weiter, total durchnäßt und im strömenden Regen und versuchten uns damit zu trösten, daß die Haut bekanntlich kein Wasser durchlasse. Nach 12 Stunden im Boot schlugen wir unser Lager auf. Jede der Kanubesatzungen war zigmal im Wasser gewesen, ohne jedoch weitere Ausrüstungsstücke zu verlieren, da wir alles angebunden hatten.

Total erschöpft und frierend, mit nassen Zelten und Schlafsäcken hatte die Stimmung ihren absoluten Tiefpunkt erreicht. Langjährige Freunde gerieten sich wegen eines Platzes am Kochfeuer

in die Haare und nahezu alle wirkten auf eine ungewöhnliche Art gereizt. Als einer sagte: »Wenn mich jetzt einer fragen würde, wo ich lieber wäre, hier oder zu Hause bei Frau und Familie, dann würde ich mich für letzteres entscheiden«, erntete er stummes Kopfnicken in unserer nassen Runde.

In den nächsten Tagen änderte sich glücklicherweise vieles: Der Fluß wurde tiefer und langsamer, wir mußten nur noch selten aussteigen und die Boote abseilen oder tragen. Die Landschaft wechselte, und wir kamen durch wildromantische Schluchten und dichte Wälder. Das Wetter blieb trocken, manchmal schien sogar die Sonne. Mit dem Wetter besserte sich auch unsere Stimmung und wir genossen die einmalige Schönheit dieser unberührten Natur. Wir sahen Elche, Uhus, Weißkopfseeadler, Biber und jede Menge anderer Tiere. Manchmal schossen wir eine Ente, um unseren Speiseplan aufzubessern. Ansonsten gab es, weil unser Dosenvorrat zu Ende ging, morgens Bratkartoffeln mit Zwiebeln und abends Zwiebeln mit Bratkartoffeln. Eine achtköpfige Wildgänsefamilie fingen wir nach wilder Jagd mit der Hand, da derjenige, der die Schrotflinte im Kanu hatte, einen Familien-Abschuß aus waidmännischen Gründen verweigerte. Als jeder nun mit seinem Vogel in der Hand dastand, taten uns die halberwachsenen Gänse leid. Sie landeten statt im Kochtopf wieder im Fluß. An jedem Lagerplatz fanden wir jetzt frische Bären- und Wolfsspuren; die riesigen Abdrücke machten uns vorsichtig und die Jagdgewehre blieben immer in Griffnähe. Nur wenn wir die Geruchsmischung aus Schweiß, Rauch und Moskitospray nicht mehr ertrugen, badeten wir unter Zusammennahme allen Mutes im eiskalten Wasser des Flusses, wobei man mit dem ganzen Körper den Mückenschwärmen schutzlos preisgegeben war.

Als wir zwei Drittel der Strecke geschafft hatten, blieben die Berge zurück, der Fluß verlief nun tief und träge durch eine sumpfige Ebene. Bisher hatten wir die Paddel vornehmlich zum Steuern eingesetzt, jetzt mußten wir ständig paddeln, um einigermaßen in Fahrt zu bleiben. Es wurde schwierig, den richtigen Weg zu finden. Der Birch-Creek teilte sich häufig, ein Seitenarm sah wie der andere aus und irgendwo endeten diese Ausbuchtungen und Zuflüsse im Sumpf. Eine letzte kritische Situation brachte uns noch einmal alle Gefahren einer solchen Ka-

nufahrt nahe: Ein sintflutartiger Regenfall im Gebirge ließ den Fluß innerhalb von wenigen Stunden so schnell anschwellen, daß er unser Nachtlager überflutete und eins der Boote abtrieb. Als wir durch das ins Zelt eindringende Wasser unsanft geweckt wurden, war das Kanu glücklicherweise noch in Sichtweite, so daß es ohne große Anstrengungen wieder eingefangen werden konnte. Ohne die Boote wären wir in eine kritische Situation geraten, da die Vegetation in dieser Sumpfebene ein Fortkommen nur auf dem Wasser ermöglicht. Am selben Tag erreichten wir unser Ziel, die einzige Brücke, die den Fluß vor seiner Einmündung in den Yukon überquert. Hier sollten wir abgeholt werden, aber der abgesprochene Termin ließ noch zwei Tage auf sich warten.

Schließlich war es soweit – unsere Gastgeber trafen mit den Fahrzeugen ein, Kanus und Ausrüstung wurden verladen, und in der 25 Meilen entfernten Goldgräberstadt Circle-Hot-Springs hatte die Zivilisation uns wieder eingeholt. Ein heißes Bad, eine Rasur der verfilzte Bärte, und abgemagerte Gesichter kamen zum Vorschein – einige von uns hatten bis zu 12 Kilo abgenommen!

Eine Extremtour, ein Survivaltrip, eine Bergwanderung oder eine Kanureise ist nicht immer das reine Vergnügen – die körperlichen Anstrengungen, das Zusammenwirken unterschiedlicher Charaktere und die Unmöglichkeit sich der Gruppe zu entziehen, wirken als dynamischer Prozeß, der jede noch so sorgfältig geplante Reise zum Scheitern bringen kann. Spätestens nach drei, vier Tagen kommt die Krise. Streit entsteht wegen der geringsten Anlässe. Solche Konflikte können nie ganz vermieden, aber von Anfang an vorbedacht und eingeplant werden. Die richtige Einteilung der alltäglichen Arbeiten, das Zusammenstellen von Zweier-Trupps, die sich nach dem buddy-System gegenseitig unterstützen, eine klare und von allen Mitgliedern akzeptierte Führungsstruktur und Aufgabenteilung sind der Schlüssel zum Gelingen eines Abenteuertrips mit mehreren. Aber auch Kleinigkeiten können den Krisenpunkt überwinden helfen – ein bis zuletzt in Reserve gehaltener Vorrat an Schokolade, eine besonders gute und abwechslungsreiche Mahlzeit, die alle versöhnt. Wer eine Gruppentour plant, muß sich der psychologischen Dynamik bewußt sein; die Verantwortung liegt beim Leiter.

Survival-Literatur

In dem vorliegenden Buch wurden bewußt einzelne Bereiche ausführlich behandelt, während andere Elemente der Überlebenskunst völlig ausgeklammert wurden. Der Digest versteht sich als Handbuch, Führer und Informationsquelle zugleich, aber er sollte nicht Themen »wiederkauen«, die an anderer Stelle ausführlich und gut abgehandelt wurden. Die Fülle der Outdoor-, Abenteuer- und Survivalbücher ist ohnehin schon unüberschaubar genug, als daß man wertvolles Papier mit Wiederholungen vollschreibt. Wie eingangs bereits erwähnt, der Digest kann nicht das einzige Buch sein, das man zum Abenteuerurlaub in die Hand nimmt. Einige Literaturhinweise finden sich im Text, hier sollen nun einige Bücher eine besondere Erwähnung finden, die dem Survivalisten, Tramper und Abenteurer detaillierte Informationen zu bestimmten Spezialgebieten und Problembereichen liefern können.

Wie bei vielen Hobbys und Freizeitgestaltungen muß man mitunter auch beim Survival Lehrgeld bezahlen, wenn es an die Beschaffung von Ausrüstung und Material geht. Wolfgang Uhl hat im Pietsch-Verlag zwei Leitfäden herausgegeben, die sich mit der Materialkunde eingehend beschäftigen, das »Handbuch für Rucksackreisen« und das »Handbuch für die Rucksackküche«. Beide kosten je ca. 29,– DM, aber dies Geld wird spielend durch die Vermeidung von Fehlkäufen eingespart, folgt man den Ratschlägen W. Uhls! Im gleichen Verlag sind von Nigel Gifford »Expeditionen« und von W. R. von Rhamm »Abenteuerurlaub, Handbuch für Individualreisen« erschienen, aus denen man wichtige Ratschläge und Anregungen für die eigenen Unternehmungen ziehen kann.

Zwei Bereiche des Survivals sind in diesem Digest völlig ausgeklammert worden, die Navigation und das Überleben auf dem Wasser. Letzteres hat Bernard Robin in seinem »Navy Survival Handbuch« in derart anschaulicher und durch Fallbeispiele spannend geschriebener Weise dargelegt, daß ein anderer Autor es schwer haben wird, dies besser zu machen. John Boswells »US Army Survival Handbuch« behandelt die Landnavigation mit Karte, Kompaß und Sternen, neben anderen Themen wie Erste Hilfe, Eßbares in der Natur, nukleares Survival, Giftschlangen und vieles andere. Dieses Handbuch ist ein »Muß«, als Lehrbuch und Einweisung in verschiedene Problembereiche des Überlebenstrainings. Es gibt lediglich eine offiziell zugängliche Quelle, die die ganze Spanne des Survivals noch ausführlicher behandelt: U. S. Air Force Survival Training Edition, das aber nur in englischer Sprache erschienen und schwer erhältlich ist.

Eine kurze und gute Einführung ist »Seiltechnik« von Klaus Hoi, eine von VauDe/Edelweiss herausgegebene kleine Schrift übers Klettern. – Lernen sollte man dies aber unter Anleitung erfahrener Bergführer in einer Kletterschule oder einem Alpenverein. Solche Kurse, wie auch Wildwasserfahren, Segeln, Bergwandern etc., kann man im Rahmen des Deutschen Jugendherbergsverbands und dessen Ferienprogrammen erfahren. In der JH-Organisation sollte eigentlich jeder Abenteuerreisende Mitglied sein; die regelmäßig erscheinende und mit dem Mitgliedsbeitrag abonnierte Zeitschrift »Jugendherberge« kündigt die internationalen preiswerten Ferienprogramme an.

Auf dem Zeitschriftenmarkt gibt es nur ein Journal, das man sich, wenn nicht monatlich, dann doch ab und zu, leisten sollte: »abenteuer & reisen«. Diese 8,– DM kostende Monatszeitschrift macht einem Appetit auf Fernreisen, Alternativtouren und Freizeitabenteu-

er, ohne dabei die nahen Erholungsgebiete und Möglichkeiten in Deutschland und den europäischen Nachbarländern zu vernachlässigen. Gleichzeitig wird kritisch und mit hervorragenden Bildern von den Abenteuertips berichtet, ohne in Reiseprospekt-Klischees zu verfallen.

Zum »Leben in der Wildnis« außerdem: Berndt Berglands Taschenbuch dieses Namens aus dem Stein-Verlag und die Bücher von Brigitte und Elmar Engel, Umschau-Verlag Wolfgang Hölker, Münster, besonders ihr Wildnis- und Abenteuer-Kochbuch, das eine lustige Lehnstuhl-Lektüre ist und gute Anregungen gibt.

Eine wichtige Informationsquelle für Survivaltechniken wird sehr oft außer acht gelassen: Völkerkundliche Museen und Museumsdörfer in denen die (Über-)Lebensweise früherer Generationen vorgeführt wird. Besonders die Darstellungen steinzeitlicher oder frühmittelalterlicher Kulturen sind für den Survivalisten in vieler Hinsicht aufschlußreich, da sie Techniken des einfachen Werkzeuggebrauchs, das Erschließen natürlicher Ernährung, Heilpflanzen und das Leben in der Wildnis erläutern. Die meisten dieser Museen oder Dörfer veröffentlichen brauchbare Broschüren und Bücher über diese Themen.

Eine andere Lernmöglichkeit existiert in dem vom Deutschen Jagdverband abgehaltenen Lehrgang für die Jagderlaubnis, den jeder besuchen sollte, der sich mit dem Gedanken an eine Extremtour in die Wälder des hohen Nordens oder in die Dschungel Afrikas und Asiens trägt. Kaum ein anderer außeruniversitärer Lehrgang bietet eine so hervorragende Fülle an Informationen über Wald, Tiere, Naturschutz und die Jagd.

Am Ende aber steht eins: Das Gelesene und Erlernte übungsmäßig praktizieren und auf den Ernstfall vorbereitet zu sein!

Das Berliner Museumsdorf Dahlem ist eine hervorragende Informationsquelle für das primitive Leben. An offenen Tagen erläutern die Mitglieder des Vereins Lebensweise mittelalterlicher Bauern, die Anfertigung von Kleidung, Hütten, Werkzeugen und Gebrauchsgütern des täglichen Lebens vor den Kreuzzügen. Die Schriftenreihe dieser Arbeitsgruppe und der Bildband über das Dorf sind reich an genauen Hinweisen über die Nutzung von Pflanzen, Kräutern und natürlichen Hilfsmitteln.

Bezugsquellen

Eine Wissenschaft für sich ist die richtige Auswahl der eigenen Ausrüstung und Kleidung unter der Fülle des Angebots. Selbst Leitfäden wie dieser Digest oder die Materialkundebücher des Wolfgang Uhl entlassen den potentiellen Käufer nicht aus der Pflicht, sich um Preisgefälle und neueste Entwicklungen zu kümmern. Wer nicht draufzahlen will, kommt nicht umhin, einige Pfund an Katalogbänden zu wälzen, eigene Vergleiche anzustellen und sich genau über die einzelnen Angebote zu informieren. Als Grundsatz bei allen Anschaffungen sollte gelten: »Ich bin zu arm, um Schund zu kaufen!« Oft sind Billig- und Sonderangebote nur ein Werbetrick, um dem Käufer gutes Geld aus der Tasche zu ziehen, während das so Gekaufte kaum eine Saison durchhält und kurze Zeit später ersetzt werden muß. Am Ende hat man mehr Geld als vorgesehen ausgegeben und wünscht sich, lieber gleich den etwas höheren Preis für die Qualitätswaren gezahlt zu haben! Kataloge können bei der Auswahl wichtige Hilsmittel sein, aber man sollte sich über ihre Angaben keine Illusionen machen – die meisten dieser auf Hochglanzpapier und mit guten Photos gedruckten Bändchen werden unter werbe- und verkaufstechnischen Gesichtspunkten von erfahrenen Werbefirmen gemacht. Alle Antworten wollen und können sie nicht geben, und ein Rucksack z. B. muß anprobiert werden – ihn sollte man genausowenig per Versand einkaufen wie ein Paar Schuhe!

Nachstehend einige Bezugsquellen von Katalogen und Ausrüstung. Nochmals: Preise vergleichen! Selbst bei kleinen Ausrüstungsteilen, wie einer EPA-Ration oder eine Metallbüchse, kann man schon drei bis fünf Mark sparen.

- **AfT (Alles für Tramper),** Bundesallee 88, 1000 Berlin 41, Tel.: (030) 8518069
Jährlicher Katalog m. über 100 S., vielen Ratschlägen und echten Informationen zur Materialauswahl. Günstige Angebote auch bei Kleinkram! Viele amerikanische und britische Produkte wie North Face, Lowe, Gregory, Karrimor, Wild Country usw.

- **Albatros,** Altenesser Str. 9, 4300 Essen 1, Tel.: (0201) 326560

- **Ajungilak** – Textilvertriebs GmbH, Getrudenkirchhof 10, 2 Hamburg 1, Tel.: (040) 322035
Norwegische Schlafsäcke von sehr guter Qualität, guter Katalog und Bezugsquellennachweis für Schlaf- und Biwaksäcke, Isomatten und Inletts.

- **atap** – Direktversand, Fuchsbergerallee 5, 2200 Elmshorn
Katalog über Tramperausrüstung, Filialen in Hamburg, Hannover, Bochum, Köln und München mit günstigen Angeboten.

- **Alles für das Freiluftleben,** Wasserstr. 11, 4630 Bochum, Tel. (0234) 360211
Katalog über Kleidung und Ausrüstung, jährl., Firmen wie Bergans, Nike, Ajungilak.

- **»bannat«** – Brandenburgische Str. 6, 1 Berlin 31, Tel.: (030) 8615768
Günstiges Angebot für alle Ausrüstungsstücke, gute Beratung (!), große Auswahl auch an skandinavischen Produkten wie Hel-Sport Zelte, Ajungilak, Fjällraven, Caravan etc., immer einen Anruf wert!

- **B. Tesch Globetrott-Shop,** Korneliusmarkt 56, 5100 Aachen
Einer der Veteranen im Ausrüstungsgeschäft! Importeur für Caravan u. v. a. ausländische Produkte. Gute Beratung.

- **Brigade Quartermaster,** 266 Roswell Street, Marietta, Georgia 30060-9988, USA
Die Adresse in den USA für ausgefallene Ausrüstung, Militärisches, Spezial-Zubehör. Katalog unbedingt anfordern. Einkauf erfolgt über Eurocard oder Dollarbankanweisung.

- **Caravan Backpacking,** Fa. Nordisk Freizeit GmbH, Postfach 3248, 2105 Seevetal 3
Sehr gut gemachte Kataloge und Prospekte mit Hinweisen zur Ausrüstungswahl und Materialanalyse, nebst schönen Stories. Große Auswahl an Qualitätsprodukten.

- **BW-Laden,** Heistedter Str. 1, 2240 Heide 5, Tel.: (0481) 86436
Katalog über Bundeswehr- und US-Army-Ausrüstung für Camper und Tramper

- **Denart & Lechert GmbH,** Globetrotter Ausrüstung, Wiesenring 1, 2 Hamburg 60, Tel. 291223.

- **Frankonia Jagd,** Postfach 6780, 8700 Würzburg 1, Tel.: (0902) 200
Jagdausstatter für Waffen und Ausrüstung, große Messerauswahl, Katalog erscheint jährlich 2×, Filialen in Darmstadt, Hannover, Kassel, Stuttgart, Nürnberg, München.

- **Globetramp,** Hochfelder Str. 49, 4600 Dortmund-Hörde, Tel.: (0231) 420741

- **HEI-HA-Sport,** Hanno Bochmann GmbH, Breite Str. 40, 5 Köln 1, Tel.: (0221) 216742
Bergsport-Katalog mit großer Auswahl an Salewa, Lowe und eigenen Markenprodukten, gute Vergleichstabellen und Beratung im Laden.

- **Kettner,** Postfach 101165, 5000 Köln 1, Tel.: (0221) 5965-4
Jagdausstatter mit Filialen in Köln, Hamburg, Münster, Dortmund, Ratingen, Oldenburg und Hermer, jährlich 2× erscheinender Katalog mit besonders brauchbaren Angeboten in den Bereichen Schlechtwetter-

kleidung (z. B. Barbour), Messer (Kershaw), Trailjacken und Rucksäcke.

– **Klais & Klarrer,** Postfach 1111, 827 Siegsdorf 17, Tel.: (08628) 281
Katalog für Expeditionsausrüstungen und Camping, Zelte, Kleidung, Zubehör

– **Nordlicht,** Kaiser-Wilhelm-Str. 25, 1 Berlin 46, Tel.: (030) 7726646
Berliner Spezialgeschäft für alles, was mit Kanus, Rucksäcken, Schneeschuhlaufen und Schlittenhunden zusammenhängt. Eigene Kanu-Kurse, sehr gute Beratung und Ausrichtung von Alternativ-Urlauben. Katalog lohnt sich!

– **Salewa,** Sportgeräte GmbH Thalkirchner Str. 47, 8 München 2, Tel.: (089) 767708)
Eine der großen Marken im deutschen Ausrüstungsgeschäft für Bergsport und Camping, der über 100 Seiten starke Katalog zeichnet sich durch sachliche Information aus.

– **K. H. Schaake,** Grüntenstr. 27, 8972 Sonthofen/Allgäu, Tel.: (08321) 4200
US- und Bundeswehrausrüstung, gute Messerauswahl, Bezugsquelle für EPAs.

– **Söhngen GmbH,** Platterstr. 84, 6204 Taunusstein-Wehen: Sanitätsmaterial Rettungsdecken, Isomatten, Kälteschutzsäcke etc.

– **Sine,** Liliencronstr. 17, 4100 Duisburg, Tel.: (0203) 376957
Rund 100seitiger Katalog für Rucksackreisende, Filialen in Frankfurt (Oederweg 43), Mainz (Graben 1), Heidelberg (Poststraße 44).

– **Sport-Berger,** 8047 Karlsfeld-Rothschwaige, Tel.: (08131) 95011-12
Katalog für Camping, Trekking, Reisemobilausbau mit Tips und Beratung

– **Sport-Scheck,** Postfach 880, Sendlinger Str. 85, 8 München 33, Tel.: (089) 2166-1
Eine der Großen im Berg- und Sportgeschäft mit präzise informierendem über 500 Seiten großen Katalog für fast alle Sportarten.

– **Süd-West,** Magirusstr. 35, 7900 Ulm, Tel.: (0731) 170-700
Großer Versandhandel mit farbenprächtig aufgemachtem Katalog (2× jährlich), große Bekleidungs- und Zeltauswahl.

– **VauDe,** 7992 Tettnang 1
Hersteller und Vertrieb für Berg-, Camping- und Wintersportausrüstung mit gutem, informativem Katalog, der über die Zentrale oder über Fachgeschäfte bezogen werden kann.

Gefahren-Abwehr

John Boswell
US-Army Survival-Handbuch
Der neueste Stand der Survival-Ausbildung bei amerikanischen Elite-Einheiten.
254 Seiten, 61 Abb., brosch.
DM 29,–/sFr 29,–/öS 212,–
Bestell-Nr. 50838

Bernard Robin
Navy Survival-Handbuch
Hilfreiche Maßnahmen und Regeln, die ein Überleben auf See ermöglichen.
224 Seiten, 70 Karten, brosch.
DM 29,–/sFr 29,–/öS 212,–
Bestell-Nr. 50942

Wayne Merry
Erste Hilfe extrem
Helfen in freier Natur beim Trekking, Wandern, Biken, Klettern.
400 Seiten, 120 sw-Abb., geb.
DM 49,80/sFr 47,50/öS 364,–
Bestell-Nr. 50252

Harald Kruse
Überlebenstechnik von A–Z
Lexikon für das Überleben in Wildnis und Zivilisation mit vielen nützlichen Tips.
208 Seiten, 71 Abb., geb.
DM 39,80/sFr 37,90/öS 291,–
Bestell-Nr. 50033

Thomas Küpper
Survival ALPIN
Gefahren, Orientierung, Erste Hilfe, Rettungstechniken.
ca. 350 Seiten, 150 sw-Abb., 30 Farb-Abb., gebunden
DM ca. 49.80/sFr 47,50/öS 364,–
Bestell-Nr. 50287

Volker Lapp
Wie helfe ich mir draußen
Mit vielen Tips und Hilfen für unterwegs – paßt in jedes Notgepäck.
196 Seiten, 104 Abb., brosch.
DM 19,80/sFr 19,80/öS 145,–
Bestell-Nr. 50070

Hugh McManners
Survival total – Das große Buch des Überlebens
Dieses Buch basiert auf den in jahrzehntelanger Erfahrung perfektionierten Ausbildungsinhalten der britischen Eliteeinheit »Royal Marine Commando«. Es stillt selbst den stärksten Survival-Wissensdurst in einer gelungenen Mischung aus detailgetreuen, aussagestarken Farbfotos und anschaulichen Texten.
192 Seiten, 950 Farb-Abbildungen, gebunden
DM 49,80/sFr 47,50/öS 364,–   Bestell-Nr. 50216

IHR VERLAG FÜR SURVIVAL-BÜCHER
Postfach 10 37 43 · 70032 Stuttgart
Telefon (0711) 21 08 06 5
Telefax (0711) 21 08 07 0

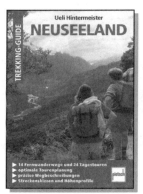

Trekking kompakt

Ueli Hintermeister
Trekking-Guide Neuseeland
Von einfachen Wanderungen bis zu mehrtägigen Treks.
200 Seiten, 37 Farb-Abb.,
34 Zeichnungen, broschiert
DM 39,80/sFr 37,90/öS 291,–
Bestell-Nr. 50260

Herbert Mayr
Trekking-Guide Tirol
Vom Lechtal bis zum Karwendel- und Rofangebirge.
174 Seiten, 33 Farb-Abb.,
20 Zeichnungen, broschiert
DM 39,80/sFr 37,90/öS 291,–
Bestell-Nr. 50274

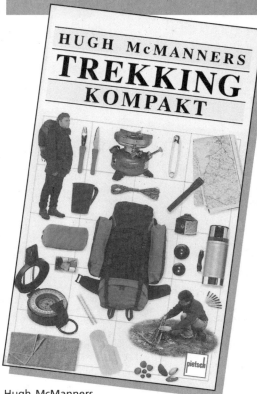

Herbert Mayr
Erlebnis Fernwandern Schweden
172 Seiten, 5 sw-Abb.,
45 Farb-Abb., 7 Zeichnungen,
7 Karten, gebunden
DM 42,–/sFr 40,–/öS 307,–
Bestell-Nr. 50234

Herbert Mayr
Erlebnis Fernwandern Norwegen
6 Touren im Norden Europas.
188 Seiten, 91 sw-Abb.,
79 Farb-Abb., gebunden
DM 42,–/sFr 40,–/öS 307,–
Bestell-Nr. 50190

Hugh McManners
Trekking kompakt
Dieses Handbuch beschreibt alle Voraussetzungen, die zu einer gründlichen Trekking-Ausbildung gehören: von der Tourenplanung über die Ausrüstung und dem Packen des Rucksacks bis zum Umgang mit Karte und Kompaß, der Wetterkunde, dem Tipi-Feuer und der Ersten Hilfe in Notfällen.
160 Seiten, 700 Farb-Abbildungen, broschiert
DM 29,80/sFr 29,80/öS 218,–   Bestell-Nr. 50240

Thomas Lauer
Das Handbuch für Fernwanderer
Wertvolle Tips und Ratschläge.
240 Seiten, 118 Abbildungen,
30 Farb-Abb., gebunden
DM 39,80/sFr 37,90/öS 291,–
Bestell-Nr. 50172

Wolfgang Uhl
Handbuch für Rucksackreisen
Ausrüstung für Wanderer, Bergsteiger und Trekker.
280 Seiten, 100 Abbildungen,
20 Farb-Abb., broschiert
DM 32,–/sFr 30,50/öS 234,–
Bestell-Nr. 50970

IHR VERLAG FÜR
TREKKING-BÜCHER

Postfach 10 37 43 · 70032 Stuttgart
Telefon (0711) 21 08 065
Telefax (0711) 21 08 070

Stand Juni 1997 – Änderungen in Preis und Lieferfähigkeit vorbehalten